ビジネス極意シリーズ

パワポで極める5枚プレゼン

竹島 愼一郎
Shinichiro Takeshima

■ご注意
・本書「ケーススタディ編」に登場する会社名、製品名、商標名等は、事例に使用するために創作・発案されたもので、実在するものとは何ら関係がありません。
・本書の一部または全部を無断転載することは禁止されています。
・本書の内容に関しては将来予告なしに変更することがあります。
・運用した結果の影響については責任を負いかねます。

■商標
・Microsoft、Windows、Microsoft Office のロゴおよび PowerPoint は、米国 Microsoft Corporation の米国その他の国における登録商標です。
・その他記載されている会社名、製品名、各社の商標は登録商標です。
・本文には、TM、®マークは明記しておりません。
・本書のスライド画面で使用している会社名、各種データ、氏名などは架空のものです。

はじめに
「1枚でなければ、5枚！」
良い企画書の条件

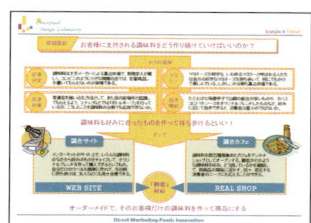
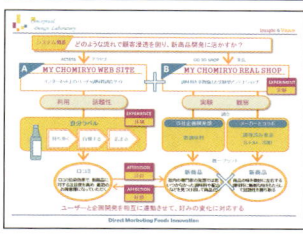
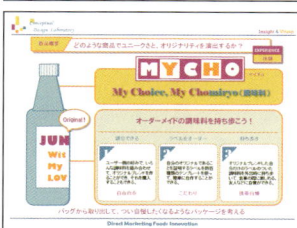

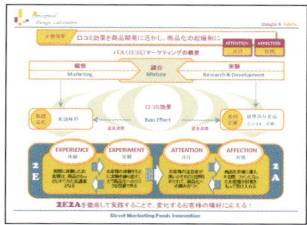

即断即決を可能にするのが前著で提案した「1枚企画書」ですが、プランニングの王道はやはり複数枚の企画書です。ただし枚数は5枚に限定するというのが秘中の秘策です。

1 必要最小限で完結する
…… 5枚プレゼン

「**企画書の枚数が増えて困る**」という意見をよく聞きます。

たしかに企画で考えたことを網羅すると、際限なく長いものになってしまいます。なかには大企画だと主張したいがために数十枚もの企画書を上げてくる人もいます。

このページに掲載したのは本書の事例のひとつですが、5枚で完結しています。それは作成した結果5枚になったのではなく、最初に構図を決め、それぞれの紙に明確な役割を割り振ったから5枚に収まったのです。英語の「SVOC」構文よろしく、構造から企画を考えて提案する方法を、本書では「**5枚プレゼン**」と名づけました。

2 中心になるものが明確
…… コンセプト発想

つぎによく聞く意見は「**企画書を書くとき、どこから取りかかればいいのかわからない**」というものです。

企画書というのは1ページ目からはじまり、最後のページで終わりますが、それはプレゼンの話であって、作成の順番ではありません。「5枚プレゼン」では「**たったひと言で表される何か**」から取りかかり、これを中心に据えて、その前後を固めていきます。その中心をコンセプトといい、左の企画書例では3枚目に盛り込まれています。

コンセプトを中心に据えると、1枚のなかでの表現が明確に打ち出せるだけでなく、複数枚の展開法も締まって見えます。**美しいロジックはきれいな形を求めるのです。**

3 見た瞬間、引き寄せられる
…… 企画書デザイン

　最後の意見は「**企画はできているのに形にするのが苦手だ**」というものです。

　企画の提案とはロジックですが、その対象は商品であれサービスであれ「**具体的に表される何か**」です。そしてそれらはすべてイメージとして描くことができます。たとえば前ページの3枚目でいうとボトルがあって、ラベルに何か描かれていて、ネーミング案を特別な書体で見せています。全体を通して見てもイメージに統一感があり、5枚で何かを強く印象づけようとしているのがわかります。

　企画書というのは内容はもちろん重要ですが、**見せた瞬間「おお」とどよめくようなもの**でなくてはいけません。なぜなら企画とはいまだ実現されていない未来を先取りするものであり、当然、時代を洞察する企画者にも、またそのツール＝企画書にもそれなりのセンスが求められるからです。

　本書は、一般のビジネスパーソンの目にはほとんど触れることのないプロの「**企画書デザイン**」33例を掲げ、その考え方と見せ方を解説したものです。

　事例はベーシックなパターンを網羅しています。ただし「商品の開発企画」をしようという場合「商品の開発企画」の事例だけでなく、いろんなバリエーション（色や形を含めて）にあたってみるようにしてください。

　大切なことはひとつのパターンにあてはめることではなく、いろんな可能性があると知ることです。それによってインスピレーションが広がり、いずれそうしたパターンを離れて、自由に企画を発想できるようになります。

　本書の企画書（実物をP086に掲載）を通していただいたアスキー書籍編集部の遠藤さちえさん、細かな点まで気を配って編集をしていただいた大西望代さん、そしていつもすてきなデザインをしてくれるデザイナーの磯辺加代子さんに感謝の言葉を贈ります。どうもありがとう。

2008年4月
竹島 愼一郎

「本書の読み方」フロー図

CHAPTER	CONTENTS	MEANING
レクチャー編	「5枚プレゼン」の講義	考え方がわかる
ケーススタディ編	「5枚プレゼン」の実践 ＋ 2007バージョン	事例が豊富
作成ポイント編	2002,2003バージョン	作り方がわかる
フォーマット編	「5枚プレゼン」テンプレート	パターンを掲載

ステップアップ　参照　参考　いますぐ企画書を作りたい　利用

この本の構成

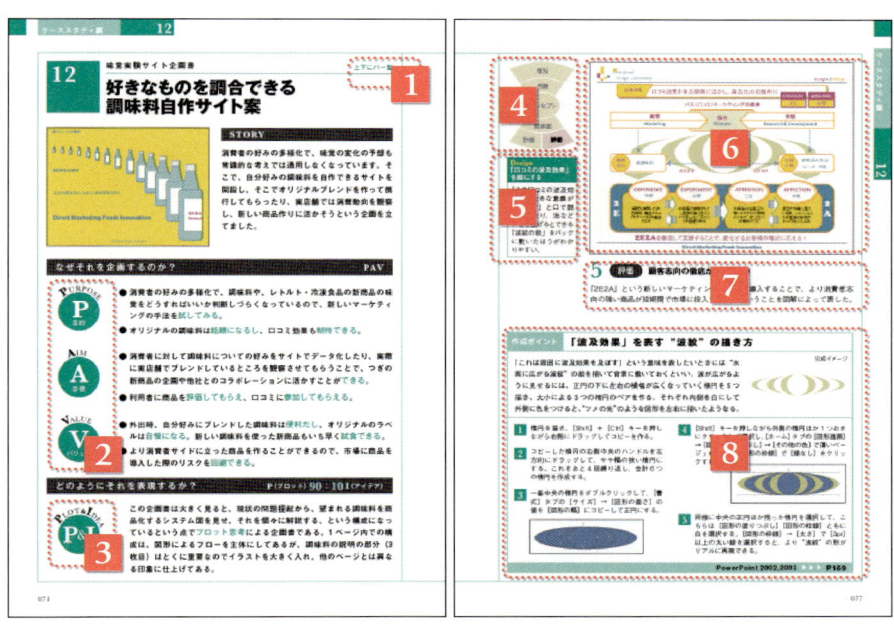

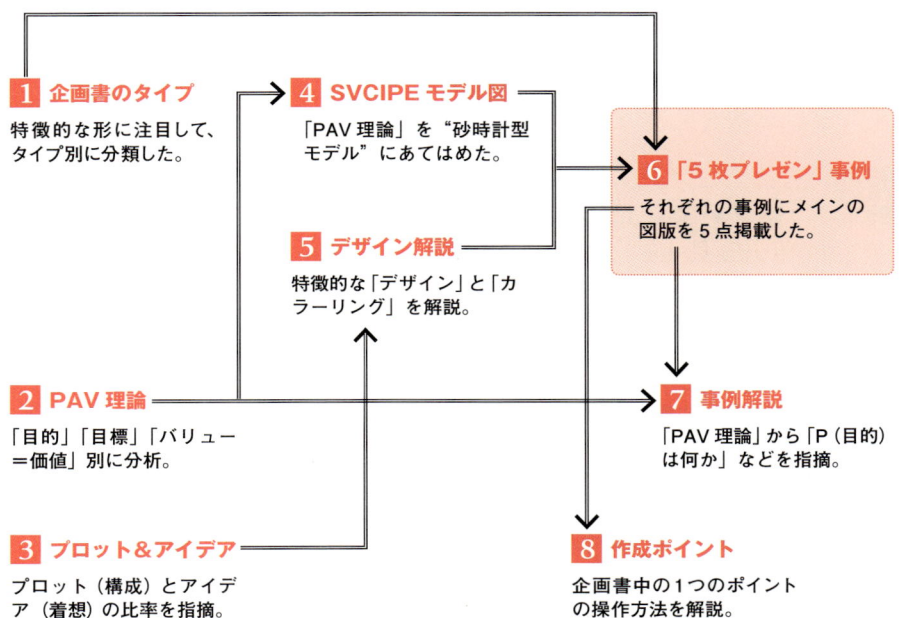

CONTENTS

はじめに …… iii
この本の構成 …… v
目次 …… vi

レクチャー編
「5枚プレゼン」講座 …… 001

論理・展開
- 01 なぜいま「5枚プレゼン」なのか 002
- 02 企画は最初に「PAV」を考える 004
- 03 「2W1H法」とコンセプト発想 006
- 04 「SVCIPEモデル」で構想する 008
- 05 「プロット思考」と「アイデア思考」 010
- 06 「5枚プレゼン」特有の展開法 012

レイアウト
- 07 「5枚プレゼン」のレイアウト 014
- 08 統一感とシリーズ性を出す 016
- 09 「5枚プレゼン」のトップとボトム 018
- 10 "導線"の作り方と「20%ルール」 020
- 11 コンセプトを「概念図」で表現する 022
- 12 ラフスケッチで構図を決める 024
- 13 「囲む」と「流れ」のデザイン 026

ケーススタディ編
「5枚プレゼン」33事例 …… 029

- 01 料理教室の企画書
  サイトと連動した 男性向け料理教室 030
- 02 サイト連動商品企画書
  自費出版を望む人のための 書籍が自作できるシステム 034
- 03 新型店舗企画書
  老舗豆腐店と組んだ コロッケチェーン店企画案 038
- 04 都市活性化企画書
  地方の町を特徴づける デザイン都市宣言 042
- 05 組織改革企画書
  創造性ある社会に変わる 組織改革の提案 046
- 06 販売促進企画書
  4つの戦略からなる ジャムの販促企画 050

07 新しいサイト企画書
亡くなった方の気持ちが届く「見えるメール」システム　054

08 ケータイサイト企画書
曲名を教え合って利用する 音楽配信サービス企画案　058

09 新型カメラ企画書
"カップル御用達"に絞った 新発想カメラの提案　062

10 リサーチ提案企画書
消費者のニーズを反映した ブランド店コンセプト　066

11 旅行用新商品企画書
旅行記を簡単にブログにできる 携帯型録音機の企画案　070

12 味覚実験サイト企画書
好きなものを調合できる 調味料自作サイト案　074

13 経営指針企画書
社員に指針を示す 経営者の経営方針表明　078

14 評価制度改革企画書
従来の弊害を克服する 新しい評価制度の導入　082

15 書籍出版企画書
本書で実際に使用した「5枚プレゼン」企画書　086

16 新雑誌提案企画書
読者のニーズを反映した 新雑誌の創刊企画　090

17 クレーム処理企画書
クレームを全社で解決する 顧客の声を聴取する装置　094

18 新型ソフト企画書
楽しく、暇つぶしにもなる スパムメール撃退ソフト　098

19 新飲料開発企画書
氷で割って飲むという 新発想のビール企画案　102

20 CM制作企画書
新しいビールの 絵コンテ型CM企画　106

21 独立事業企画書
関係者に支援を仰ぐ 独立開業の支援依頼書　110

22 飲食街企画書
お店を持ちたい人のための 自立支援の飲食街の提案　114

23 ゲームソフト企画書
親子のいきちがいを解消する 交換絵日記ソフト　118

24 店舗イベント企画書
フードコートの上客をもてなす カード会員促進企画　122

25 窓口店舗出店企画書
ネットと連動した 旅行カフェ提携企画　126

- **26** テレビ番組企画書
  若者向けの旅行を綴った 映像番組イメージ案　130
- **27** 複合音楽商品企画書
  5つの「好き」が実現できる 音楽に特化した商品企画　134
- **28** 読書関連企画書
  老眼で本が読みづらい人への 複合サービス＆商品企画　138
- **29** 地域活性化企画書
  不景気で落ち込んでいる 地方の町の再生計画　142
- **30** 企業再生企画書
  不祥事を起こした会社の 内外プロモーション企画　146
- **31** ゲームソフト企画書
  鼻歌を演奏し指揮できる 複合的音楽ゲームソフト　150
- **32** テレビCM企画書
  カリスマモデルを使った テレビCM撮影案　154
- **33** 企画を通す会議進行録
  企画をスムーズに通すための 会議進行のシナリオ　158

作成ポイント編

PowerPoint 2002, 2003の操作法 …… 163

- 01 写真に"フィルター"を掛ける方法
- 02 人の頭部の描き方　164
- 03 マスコットキャラクターの描き方
- 04 磁力の出ている磁石の描き方　165
- 05 細長い帯を上下に整列させる
- 06 ジャムの小瓶の描き方　166
- 07 屋根が丸くなった四角形の描き方
- 08 飛んでいく矢の描き方　167
- 09 矢に射抜かれたハート形の描き方
- 10 ハンドバッグの描き方　168
- 11 リング（輪）の描き方
- 12 「波及効果」を表す"波紋"の描き方　169
- 13 テキスト入りの円をジグザグに配置する
- 14 的（ターゲット）の描き方　170
- 15 「サイ」のイラストを使ったアイコン
- 16 紙をとめるピンの描き方　171
- 17 碁盤目状の"方眼紙"の作成法
- 18 斜めに突き刺さったピンの描き方　172
- 19 ビールが注がれたグラスの描き方
- 20 透き通った氷の描き方　173

21 四つ葉のクローバーの描き方
22 "合格"を表す花びらの描き方　174

23 寝かせた「平たい箱」の描き方
24 カードを挿入口に挿入するイラスト　175

25 円を半分に分けて色を施す
26 ハイビジョン放送のイメージ　176

27 「開いた箱」の描き方
28 ファイリングカードの作成法　177

29 「開いた本」の描き方
30 ページのめくれた部分に数字を入れる　178

31 人から聞いた意見を表す吹き出し
32 フィルムのシルエットの描き方　179

33 黄金比に分割してきれいに見せる　180

よく使う図形操作7Tips
1 図形のコピーを水平の位置に作る……180
2 複数の図形を選択状態にする／3 複数の図形をグループ化する／4 複数の図形を縦一列にきれいに揃える……181
5 横に位置する複数の図形を均等に配置する／6 複数の図形をセンターに揃える／7 直前の操作を無効にする……182

付録
「5枚プレゼン」108フォーマット …… 183

A ワン／ツーポイント型　184
B ワンポイント＋バー型　186
C 右／左にバー型　188
D 上／下にバー型　189
E 上下にバー型　191
F 二辺にバー型　196
G 三辺にバー型　197
H 疑似四角形型　200
I 四辺を囲む＋上に項目型　201
J 四辺を囲む＋下に項目型　206
K 四辺を囲む＋横に項目型　208
L 四辺を囲む＋二画面型　209

「5枚プレゼン」フォーマットのダウンロード …… 211
ダウンロードの方法と「5枚プレゼン」作成法 …… 212

「5枚プレゼン」講座

レクチャー編

LECTURE

01 論理・展開
なぜいま「5枚プレゼン」なのか

シンプルでインパクトのある究極の企画書といえば「1枚企画書」であるが、すべての提案が「1枚企画書」で可能なわけではない。企画の内容、あるいは提案する相手によっては1枚ではなく、複数枚の企画書にしたほうがいい場合もある。ただし枚数は、表紙を除いて「5枚に限定する」というのが秘訣である。

▶▶▶
複数枚でなければ語れない内容がある

複数枚の企画書が必要とされるケース

ビジネスでの新しいプレゼンの方法として「1枚企画書」という提案を前著で行いました。これは昨今のビジネスシーンで要求される「スピード企画」「スピード決裁」に応える究極の形であり、また成熟市場における差別化に必要な「思いつき」や「ひらめき」段階のアイデアを吸い上げる格好のツールでもあります。

しかしプレゼンの種類によっては、かならずしも1枚にしないほうが適切な場合があることも確かです。それは、複数枚でなければ語れない内容であったり、社内的な伝統や慣例が存在したり、あるいは提案する相手が1枚ではなく、紙を分けて順序立てて説明することを求めていたりするなど、さまざまなケースが考えられます。

「企画書デザイン」が決め手となる

それでは、複数枚の企画書なら何枚でもいいかというと、そうでもありません。「これは大企画だ」と自慢したいがために、数十枚の企画書を提示する人もいますが、それだと見た瞬間、げんなりします。

企画書というのは、企画したすべてのことを網羅すべきですが、それはエッセンスの話で、企画でたどった思考の道筋を見せたり、苦労して作ったという汗をにじませるものではありません。

とはいっても、見た目がチープな企画書も考えものです。

▶▶▶
付加価値の高い企画の提案が主流になる

現在のような成熟市場において、今後、商品なら商品の差別化をしようとすると、機能面での大きな転換は難しく、それより消費者がそれを手にしたことで得られる喜びや満足感といったものにシフトせざるを得ません。要するに付加価値の高い商品やサービスの提案＝プレゼンが主流になるということで、そこで注目されるのが「企画書デザイン」というものなのです。

▶▶▶
デザインは、感性と想像力と創造性

デザインといっても、それは単なる見た目の良さや小手先のテクニックを指すものではありません。未来を指向する感性、目に見えないものを構想する想像力、それに新たなものを生み出そうとする創造性などすべてを含むのがデザインという概念なのです。

企画書をデザインするとわずか数枚で完結します。ではなぜ5枚なのか、ということを次節より説明することにしましょう。

3つのタイプの企画書の相関関係

通常、PowerPointで企画書を作成すると、■1■のような箇条書き型となる。それが5枚程度のボリュームになると、どのような企画書も■3■の「1枚企画書」にすることができる。それに対して■2■の「5枚プレゼン」を作成するには、デザイン的な観点が必要になってくる。本章はこの方法論について解説したものである。ちなみに「1枚企画書」と「5枚プレゼン」では発想が根本的に異なるので、両者の違いに注目して見ていくことにする。

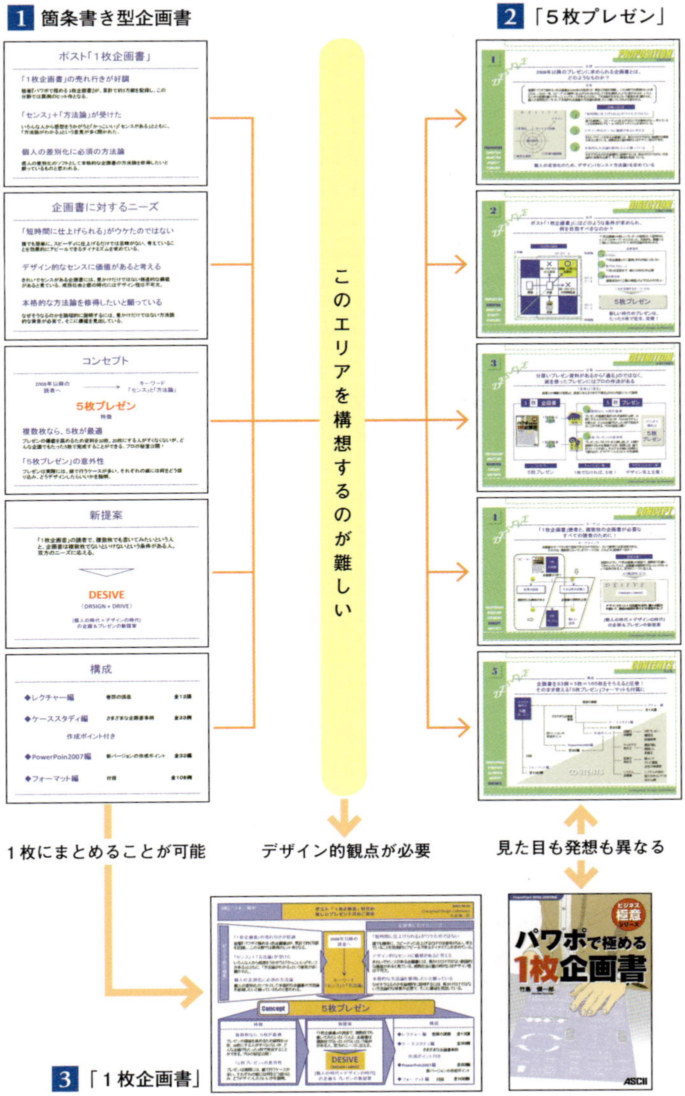

02 論理・展開
企画は最初に「PAV」を考える

企画依頼者の意に反するような企画書が上がってくるのは、企画する側が依頼時に、どのようなものにするかを主観や独断で判断してしまう点に問題がある。そこで最初に考えてほしいのが「PAV」(パブ)、すなわち、その企画のP(Purpose 目的)、A(Aim 目標)、V(Value バリュー＝価値)はそれぞれ何であるか、ということである。

▶▶▶
「なぜそれを企画するのか？」を考える

企画の出発点は「PAV理論」

すぐれた企画の第一条件とは、依頼者の意図した通りのことが盛り込まれている、という点に尽きます。

つまり「何を」「どうする」という立案以前に、企画依頼者が意図したことを理解し、「なぜそれを企画するのか？」を考えなければいけないということです。そのとき明確にすべきは、つぎの3点です。

1. P (Purpose：目的) …… その企画でなすべきこと
2. A (Aim：目標) …… その企画で実現したいこと
3. V (Value：バリュー＝価値) …… 企画することでなし得ること

「目的」と「目標」と「バリュー＝価値」

▶▶▶
「目的」と「目標」は混用されやすい

「目的」と「目標」というのは混用されやすいのですが、まったく異なる概念で、わかりやすく言うと右図 **1** のように図式化できます。

すなわち「目的」とは、こういう意図があって企画を始めたいという起点であり、到達点に向かう指向性でもあります。これを理解しやすくするには（心で「……のために」と唱え）文末で「やる」「する」(Do)と断言します。これから行う企画の決意宣言のようなものです。

それに対して「目標」というのは、「目的」が向かうところの的＝ターゲット＝ゴールです。こちらの文末は「したい」(Want)と実現の願望を込めたフレーズになります。ただし、これでは希望的観測のように聞こえるというのであれば、「を狙う」や、数値目標を掲げて「を目標とする」などとするといいでしょう。

▶▶▶
「バリュー＝価値」は看過されやすい

最後の「バリュー＝価値」は「なぜそれを企画するのか？」という問い掛けのうち、もっとも看過されやすいものです。

それは、その企画を実行することで得られるものや目指すもので、たとえば商品の開発であればユーザーのベネフィット（便益）であり、社内改革であればインナープロモーション、社会的にはフィランソロピー（社会貢献）、時代的にはイノベーション（技術革新）といったものを指します。それによって、どのような価値が新たに生み出されるのかという観点で、とくに「目標」とは別に考えるべきなのです。「5枚プレゼン」ではとりわけこのバリューという概念を重視します。

「PAV理論」によるプランニングシート

上司から企画を依頼されたとき、あるいは外部のクライアントからオリエンテーションを受け、いざ企画に取り掛かろうとするとき、まずその企画の「PAV」（パブ）を明らかにすること。「企画」というと **1** の左側の囲みだけを考えがちだが、右側までを見通していないとコンセプトが定まらない。**3** は **2** の「PAV理論」をもとにしたプランニングシートで、企画書の設計図ともいうべきものである。企画立案の際に活用されたい。

1 「目的」「目標」「バリュー＝価値」の関係図

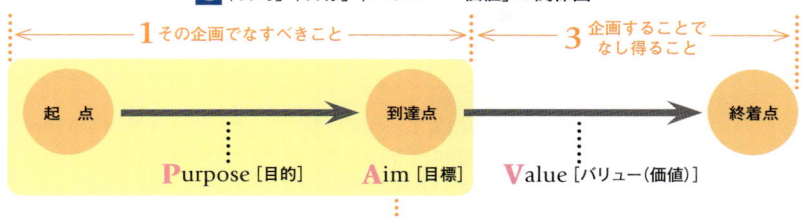

2 「PAV理論」図

3 「PAV理論」によるプランニングシート

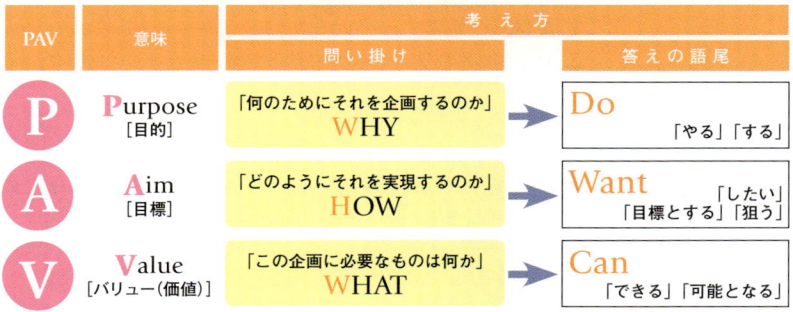

レクチャー編　03

03 論理・展開
「2W1H法」とコンセプト発想

「PAV理論」を実際の企画で運用するには、具体的にどのような問い掛けを行えばいいかを考えるとわかりやすい。それがWhy, What, Howからなる「2W1H法」である。とりわけWhatを発想するバリュー（価値）は重要で、これを構想することでコンセプトを見極めることができる。「5枚プレゼン」とはコンセプト発想の企画書である。

▶▶▶
「2W1H法」で企画内容を考える

目的に合った企画書を上げる秘訣

　内容そのものはすぐれているのにもかかわらずボツになる企画書というのは、前節の「PAV」のいずれかを考慮に入れていなかったり、何かを混同していたか、看過していた点に問題があります。
　といっても理屈の話では少々難しいので、「PAV理論」を具体的に推し進めるための「2W1H法」を以下に記します（右図参照）。

1. **P（Purpose：目的）**……「何のためにそれを企画するのか」（Why）
2. **A（Aim：目標）**……「どのようにそれを実現するのか」（How）
3. **V（Value：バリュー）**……「この企画に必要なものは何か」（What）

バリュー（価値）がコンセプトになる

▶▶▶
「何が（What）」はモノそのものではない

　「PAV」を考えることは、「なぜ（Why）する（Do）」「何が（What）可能になるか（Can）」そして「どのように（How）したいか（Want）」の3つの項目を考えることだと言い換えることができます。
　なかでももっとも重要で、企画の初期段階で決めなければならないのがV（バリュー）です。
　ほとんどの企画は、何か具体的なものを提案します。それは商品であったり、サービスであったり、システムであったりしますが、いずれも形として示すことができるものです。
　一方、企画ではよく「コンセプトは何か」ということが問題にされますが、これはモノではありません。結論から言うと、「この企画に必要なものは何か」というV（バリュー）がコンセプトとなります。
　企画依頼者が求める「問い」に対して「答え」となるのは、具体的には商品かもしれませんが、それによってもたらされる価値＝V（バリュー）です。たとえば時計を例に説明すると、購入する腕時計はモノですが、つけて出かけるウキウキ感や、格好よく見られたいという高揚感に、金銭的な対価以上のV（バリュー）を見出すのです。
　つまり企画書を書き始めるには、それによってもたらされるV（バリュー）というものがわかってないと取り掛かれないのです。
　「5枚プレゼン」はこのコンセプトを中心に組み立てられます。5枚で完結可能なのは、コンセプトを最初に確定しているからなのです。

▶▶▶
バリューがわからないと企画に取り掛かれない

「2W1H法」によるコンセプト策定

企画とは に見るように、企画依頼者の「問い」に対する「答え」であり、その「答え」を導き出すために「2W1H法」というものがある。Why, What, How は「PAV」をわかりやすく問い掛けるためのサブツールと考えるといい。これを使って企画案をうまくまとめていけるようにと考案したのが、2 の企画書整理用シートである。「2W1H法」で考えながら、つぎのページで紹介する「SVCIPEモデル」を構想できるようになっている。

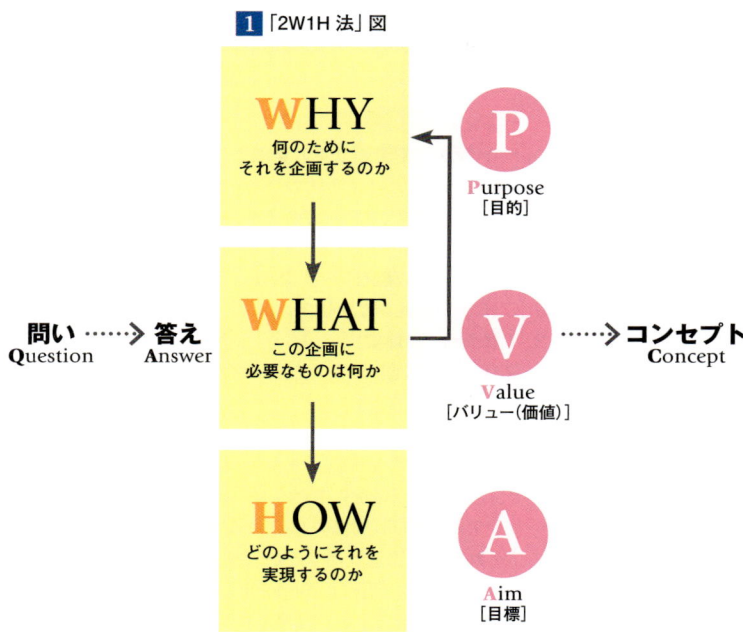

1 「2W1H法」図

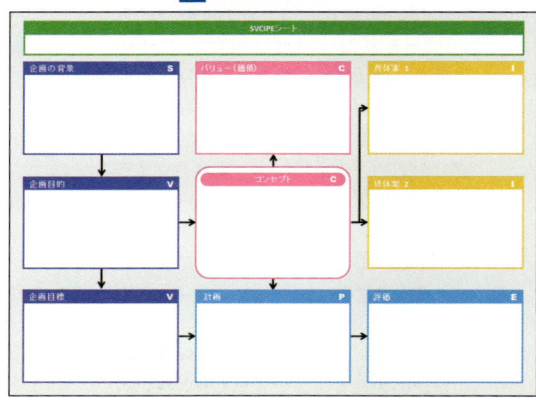

2 企画書整理用シート

04 論理・展開
「SVCIPEモデル」で構想する

複数枚の企画書で大切なのは、考えている企画案をどのように展開していくかである。とくに「5枚プレゼン」では無駄なページはないので、最初にフレームワーク（骨子づくり）から固めていかなくてはいけない。それが「SVCIPE モデル」というもので、これにより5枚それぞれに明確な役割が割り当てられることになる。

▶▶▶
「SVCIPE モデル」で企画の骨子を考える

どのような企画書も SVCIPE で成り立つ

「PAV 理論」で企画立案の整理をし、「2W1H 法」で企画を練り上げたつぎに行うことは、企画のフレームワーク（骨子づくり）です。それが以下のもので、「SVCIPE モデル」といいます。

1. S（Scene：情況）＋ V（View：判断） ……▷ フェーズ 1
2. C（Concept：コンセプト）
3. I（Idea：具体案）
4. P（Plan：計画）／ E（Evaluation：評価）　　　フェーズ 2

中心に据えるのはコンセプトで、それをどう発想したのかという根拠を前段に配置します。つまり「なぜそれを企画するのか」ということで、これは S（情況）をどう V（判断）したか、で成り立ちます。

▶▶▶
「フェーズ 1」は S（情況）と V（判断）

S（情況）と V（判断）はほとんどの場合、1枚のなかで行われます。それでは「情況判断」とひと括りにすればいいようにも思えますが、両者の間には「仮説」（Supposition）の「立証」（Proof）による「事実」（Fact）の抽出、という大事な作業があるので弁別します。F（事実）の究明による V（判断）が、企画書の「フェーズ 1」です。

その企画をどのように成功させるか

▶▶▶
「フェーズ 2」は I（具体案）と P（計画）と E（評価）

「フェーズ 2」は、中核概念であるコンセプトに沿った I（具体案）の提示と、P（計画）あるいは E（評価）からなり、「どのようにそれを実現するのか」ということが課題となります。

補足すると、I（具体案）には C（コンセプト）寄りのものと、P（計画）寄りのものとがあります。商品のアイデアが C（コンセプト）寄りなら、販促計画のアイデアは P（計画）寄りということになります。

P（計画）はスケジュール、スタッフ、予算の3つが主になります。E（評価）は項目タイトルとしては「企画目標」や「今後の展開」ですが、その名の通り、V（バリュー）をどう位置づけるかということを指します。P（計画）と E（評価）は、どちらかを採用する場合もあれば、P（計画）＋ E（評価）と2つを順番に述べる形も考えられます。

以上の内容を図式化したのが右図 **1** です。

「SVCIPE モデル」による企画書

「これを企画してほしい」と言われたとき、「PAV 理論」（企画立案）、「2W1H 法」（企画）に続いて考えるのが **1** の「SVCIPE モデル」（企画書作成）である。「SVCIPE」をそれぞれどう決めるかは、**2** の要領で自問自答する。なおアイデアに関しては、C（コンセプト）寄りのものと P（計画）寄りのものがあることに注意したい。E（評価）とは Evaluation の言葉にあるように「バリューをどう評価するか」ということを意味する。

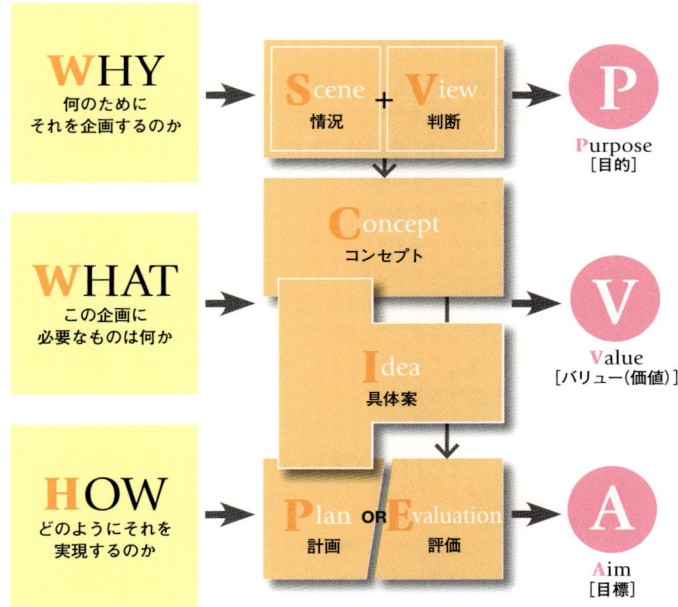

1 「SVCIPE モデル」図

2 「SVCIPE」の考え方

05 論理・展開
「プロット思考」と「アイデア思考」

十分に企画を練ったあと企画書作成に入るが、ここで考えてほしいのが「企画書の3C」と呼ぶものである。それはコンセプト（中核概念）、コンテンツ（企画内容）、コンテクスト（文脈）の3つのCで、最後のコンテクスト（文脈）を発想するには、大きく分けて「プロット思考」と「アイデア思考」の2通りの方法が考えられる。

「企画書の3C」とは

　企画とはここまで説明してきたように「企画立案―企画―企画書作成」の3つのプロセスで成り立ちますが、最後の企画書作成段階で大切なことは、目の前の素材をいかに料理するかです。つまり「企画対象をどのように組み立てるか」を構想しなければなりません。

　企画書をどのようなものにするかを考えるうえで大切なことが3つあります。それはコンセプト（中核概念）、コンテンツ（企画内容）、コンテクスト（文脈）で、以上を「企画書の3C」と呼ぶことにします。

▶▶▶
コンテクスト（文脈）で企画書が生きる

　企画書作成の前段階で、コンセプトとコンテンツを明確にしておくことはここまでで説明したとおりです。それではコンテクストは何かというと、どういう流れ（展開）でコンセプトとコンテンツを生き生きと見せることができるか、ということです。たとえば、小説の良し悪しは取り上げたテーマをどのような語りや描写で表すかにかかっていますが、それが文脈で、企画書でも同様に重要な概念です。

プロットでいくかアイデアでいくか

　コンテクスト（文脈）をストーリー性で展開していくと、プロット（筋書き、構想）重視の企画書になります。それは「SVCIPEモデル」を背景に、一貫した物語に仕上げることを意味します。

▶▶▶
モデルを念頭に置くのが「プロット思考」

　このようにモデルを念頭に置いて、ストーリーを構想するアプローチ法を「プロット思考」と呼ぶことができます。

　企画書の王道というとこの「プロット思考」で、ツボにはまればこの方法で押していけますが、プロットは論理で成り立つものなので、どうしても理詰めになって流れがワンパターンとなりがちです。

　それに対して、最初に「こういう見せ方でインパクトをつけよう」などと意図して作成するのが「アイデア思考」の企画書です。

▶▶▶
大胆な発想とイメージが「アイデア思考」

　「アイデア思考」の例を挙げると、右図 2 のような「意見広告」型の企画書や、「絵コンテ」型の企画書ですが、最初からこうした形でいこうと決めて作成する「アイデアありき」の発想です。

　「アイデア思考」というアプローチ法は、発想の初期段階は見た目重視ですが、最後のところで「プロット思考」型と同様、展開にストーリー性がないと相手を納得させることができません。

「企画書の3C」と2つの思考（アプローチ）法

「コンセプト」と「コンテンツ」という企画で得られた内容を、どのように表現すればもっとも効果的にアピールできるか、というのが「ストーリー」の役割で、その考え方の要になるのが「コンテクスト」である。思考法には2通りあり、「プロット思考」で論理的に企画を組み立てる❶と、ビジュアル重視の「アイデア思考」でイメージをかき立て、ストーリーに落とし込む❷のタイプとがある。後者も最後は論理的な展開が必要となる。

❶ プロット思考（Plot Approach）図

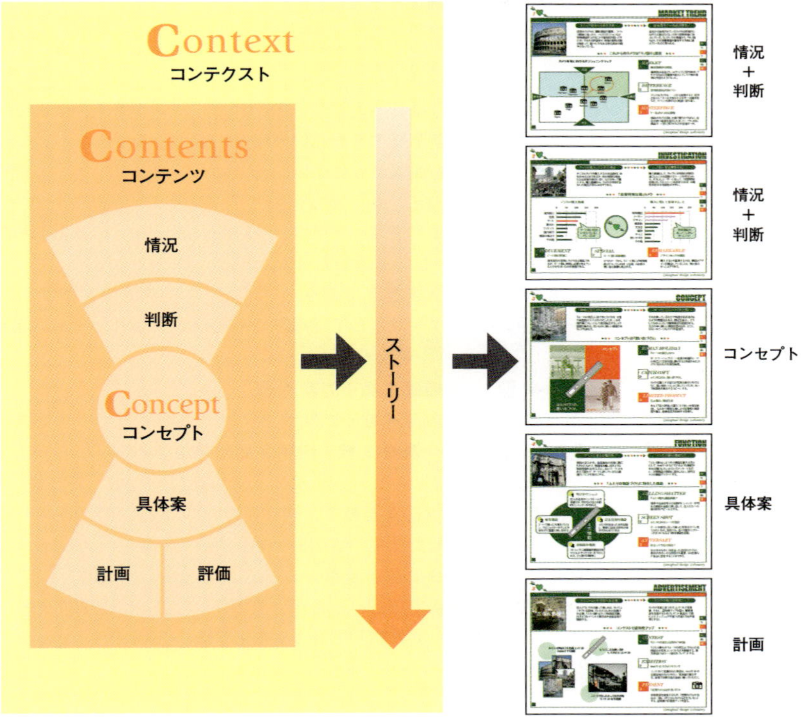

❷ アイデア思考（Idea Approach）の事例（5枚中の1枚）

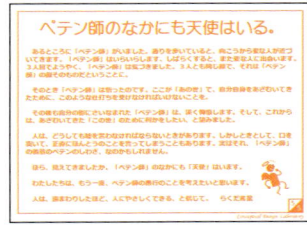
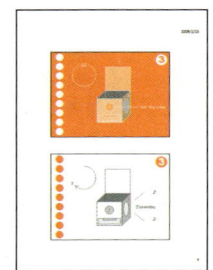

レクチャー編　06

06 論理・展開
「5枚プレゼン」特有の展開法

「SVCIPEモデル」をもとに構想するのが「5枚プレゼン」であるが、それは「SVCIPE」の要素すべてを網羅しなければならないという意味ではない。たとえばアイデアが大きく分けて3つあり、それらを並列的に示したいなら、当然I（具体案）のボリュームが厚くなる。この節ではそうした特徴的な形について見ていく。

並列的な内容を見せる展開法

「5枚プレゼン」は基本的には「SVCIPEモデル」で構想を練りますが、要素のすべてを網羅すべきだという意味ではありません。

たとえば幾度も議論された企画であるならS（情況）とV（判断）は省いて、いきなりC（コンセプト）から入るという形があってもいいわけですし、アイデアを出すのがその企画の目的なら、I（具体案）に4枚くらいを費やしても構いません。

実際にアイデアを提示するケースでは、3枚や4枚を要するケースがよくあり、パターンとしては以下のものが考えられます（右図**1**）。

▶▶▶
3タイプの展開パターン

1. **1-4型** …… 概要1枚＋内容4枚
2. **4-1型** …… 内容4枚＋結論1枚
3. **1-3-1型** …… 概要1枚＋内容3枚＋結論1枚

▶▶▶
「1-4型」「1-3-1型」が多用される

概要を先に1枚にまとめて、内容をひとつひとつ見ていく1と3のタイプはよく使われます（3の例は右図**2**を参照）。2のタイプは、たとえば定量データ2枚＋定性データ2枚で検証し、結論として最後にコンセプトを提示するといったケースです。ちなみに上記にある「内容」は「コンセプト＋具体案」のセットなどいろいろ考えられます。

「コンセプトマップ」とサマリー（レジュメ）

「5枚プレゼン」で特徴的なケースとして、あらましを先に1枚独立した形で見せるケースと、最後に結論を1枚にまとめ上げて提示するケースとがあります。

▶▶▶
Overview（展望）とSummary（要約）

前者は、全体の概要を先にOverview（展望）する目的で添付されるもので、企画業界では「コンセプトマップ」と呼ばれています。

後者は、プレゼン全体で説明したことを最後に総括し、理解しやすいように示すもので、Summary（要約）の役割を担っています。とくにアカデミックな発表の場ではレジュメという言い方を好んで使います。

表現方法としてはいずれも、P007の「企画書整理用シート」のような定型フォーマットのほか、テキスト入りの図形を矢印によるフローで見せる「1枚企画書」の形も考えられます（右図**3**）。

代表的な3タイプの展開法

企画した内容をいくつか見せたいとき、それらを並列的に示すという方法が考えられる。そのタイプが **1** で、使用の一例が **2** である。ここでは最初にシステム図の全体像を見せ、つぎの3枚で説明したいシステムのみを個々に取り上げるという方法をとっている。**3** の例は、P003で示した「1枚企画書」を「コンセプトマップ」として利用し、それ以下の企画内容を4枚で構成した 1-4型 「5枚プレゼン」の例である。

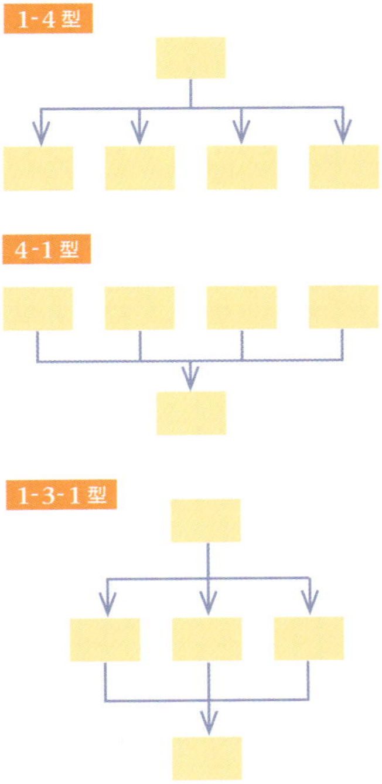

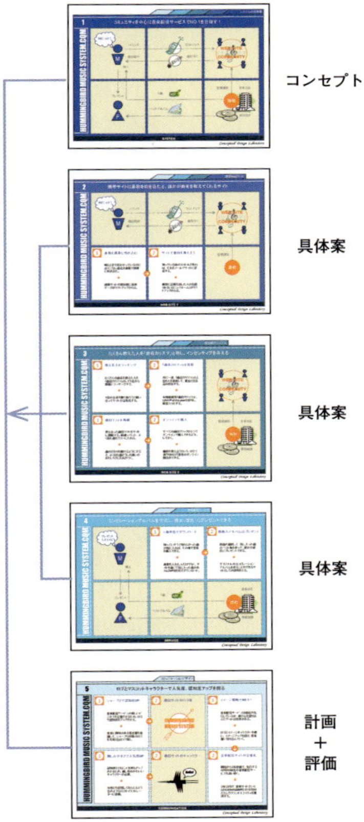

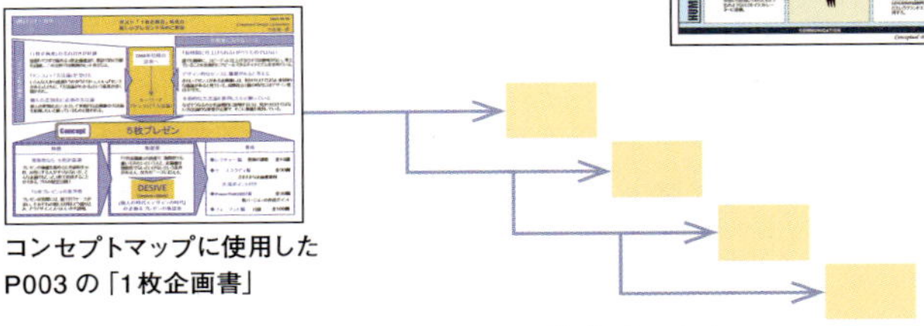

07 「5枚プレゼン」のレイアウト

レイアウト

「5枚プレゼン」の企画書はレイアウトフリーであるが、これはテキストや図形を適当に配置していいという意味ではない。「何でもあり」という制約のないレイアウトでは、かえって紙面をきれいに見せることは難しい。この節では、左右のバランスを整えたり、構図を安定させるいくつかの方法や工夫を紹介する。

▶▶▶
左右の領域を示す「上下にバー型」

▶▶▶
ひとつの世界を表現する「四辺を囲む型」

2つの基本的なレイアウト

「5枚プレゼン」の企画書はデザイン的にきれいに見せることを重視するため、「1枚企画書」のように左右のエリアいっぱいに図形を敷き詰めることをしませんが、ただ単にアキがあるだけだと不自然に見えてしまいます。これを補正するには、上下（天地）にバー（横棒）をつけて「図形などの要素の入るエリアはここですよ」と示します。こうしたタイプを「上下にバー型」と呼ぶことにします（右図 **1**）。

これと同様に多く見られるのが、最初から上下と左右に線を引く「四辺を囲む型」です（同 **2**）。これは「上下にバー型」よりも「ひとつの世界がここにあります」という意識が強くなります。囲まれている分、構図は安定しますが、四辺すべてが囲まれているため窮屈な印象を与えるので、エリア内で意図的にスペースを設けるようにします。

特殊なレイアウト

「5枚プレゼン」は基本的にレイアウトフリーの企画書です。レイアウトを自由に決めていいということは、「企画書の形はこうあるべき」という既成概念を崩して考えていいということでもあります。

▶▶▶
自由な発想のアイデア重視型

「上下にバー型」と「四辺を囲む型」以外にも、大胆な発想で空間を自由に使ったものが考えられます。たとえば右図 **3** のように、大写しの写真の上にテキストを載せたものや、写真を映像に見立ててナレーションなどのスペースを設けた同 **4** がその代表例です。

「1枚企画書」ほどではありませんが、タテ型も考えられます。たとえば、スケッチブック上にテキストやイラストを書き（描き）入れたようなイメージを出したいというときには、レイアウトもスケッチブックを模してタテ型を採用するといいでしょう（同 **5**）。

特殊なものとしては、ヨコ型のものを2枚1組にして印刷するという方法も考えられます（同 **6**）。これは上下の絵をひと組にして何かを表現するもので、この例のように映像とコメントに分け、ちょうどサイレント映画のような雰囲気を出す企画書で活用できます。

2枚1組で機能の説明をするときもこの方法をとると、両者の違いの部分に注目してもらえるので、余計な説明がなくても容易に企画内容を理解してもらえます（実例は P011 図 **2** を参照）。

上下か四辺か、それともアイデア重視か

が「上下にバー型」、2が「四辺を囲む型」である。3と4は、いずれもレイアウトフリーの特徴を活かした斬新な発想の企画書例である。5と6は両方ともタテ型であるが、5はタテでなくてはならない必然的な理由があるもの（スケッチブックのメタファーを利用）、6はヨコ型のページ2枚分を上下に並べて何かを言い表そうとしたものである。このタイプはいろいろ応用ができるので、自由に発想して活用してほしい。

1 上下にバー型
左右の幅の凸凹を上下のバーが補正

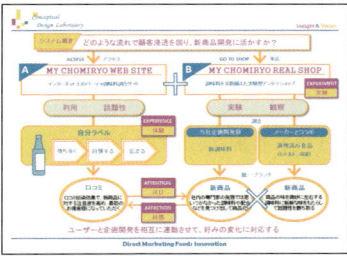

2 四辺を囲む型
周りを囲むと安定感、世界観が生まれる

3 バックに写真型
イメージ写真との相乗効果が期待できる

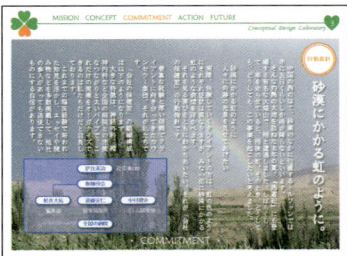

4 絵コンテ型
写真、ナレーション、情景説明に分けた

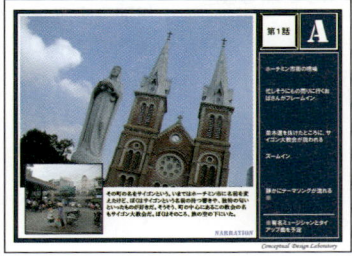

5 タテ型
スケッチブックを模したのでタテにした

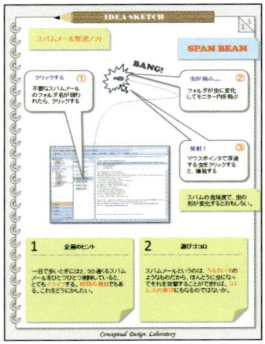

6 2枚1組型
上が映像で、下がナレーションである

08 レイアウト
統一感とシリーズ性を出す

5枚それぞれの見た目がバラバラだと統一感がなく、またそのために何を主張したいのかも薄れてしまう。持っている雰囲気をひとつにし、特徴的な形や色を企画書すべてに踏襲するようにしたい。また5枚が連続したものであることをノンブルや項目タイトルで表し、シリーズ性を印象づける方法もいろいろ模索してみたい。

▶▶▶
形と色を企画書すべてに踏襲する

全体として統一感があるかどうか

　企画書をどのようなスタイルにするかはとても重要です。もちろん内容が第一には違いはありませんが、持っている内容に明確な形を与えなければ、訴えは弱くなってしまします。

　形を考えるとき何を重視するかというと、全体としての統一感です。デザインは形と色とで成り立つものですが、何らかの形が決まったら、それをすべての企画書に踏襲します。たとえば円形が1ヵ所に出てきたら、企画書全体をラウンド（円）デザインにするときれいに見えます。同様に特徴的な図形が四角形ならスクエア（四角形）デザインをすべての企画書に適用するのが統一感の上手な見せ方です。

　そうすることによって、1枚1枚が醸し出す雰囲気が同じとなり、全体としてのポリシーやスティタスなどを明確に伝えることができます。グラフィックデザインではこうした雰囲気や味わいのことを「テイスト」と呼びます（配色についてはP028で説明します）。

▶▶▶
ノンブルでシリーズ性を明らかにする

「5枚プレゼン」のシリーズ性

　スライドでも紙の企画書でも、四隅のどこかにノンブル（ページナンバー）を振っておくのがふつうです。とくに紙だと、たとえば4枚目で2つ前のページを参照してもらいたいとき、2枚目には「2」とわかるようノンブルを大きく入れてあったほうが親切です（「スライド番号」で挿入することは可能ですが、あまり目立ちません）。

　「5枚プレゼン」はかならず5枚で完結し、5枚の紙それぞれが連続したなかでどのような位置づけであるかが明確な企画書です。

▶▶▶
項目タイトルで全体の構成を見せる

　こうしたシリーズ性を強調するには、第一に特徴的なノンブルを入れること、そして「企画の背景」「与件の整理」といった項目タイトルを所定の位置に入れ、そのページが全体の構成のなかでどのような役割を担っているかを明確に示す必要があります。

　シリーズ性の表現については、次章の33例の事例や、巻末の108例の「5枚プレゼン」用フォーマットを参考にしてください。フォーマットは5枚入りのPowerPointファイルの形でダウンロードでき、そのまま利用することもできます（配色や表紙のイメージはそれぞれの企画内容で決まるので独自に考え出してください）。

「統一感」と「シリーズ性」の表し方

は、「5枚プレゼン」の3枚で、企画書すべてに同じテイスト（「D」などのアルファベットの頭文字を大きくデザイン的に入れた）が踏襲されている例で統一感がある。それに対して 2 は、企画書の左側に柱を設け、そこにノンブルと項目タイトルを掲げて、各ページの位置づけを明確に表してあり、シリーズ性があることがよくわかる。どちらもざっと見ただけで、一貫した内容が盛り込まれているという印象を受ける。

1 統一的なマークをつけた
大きなアルファベットとカラーで統一

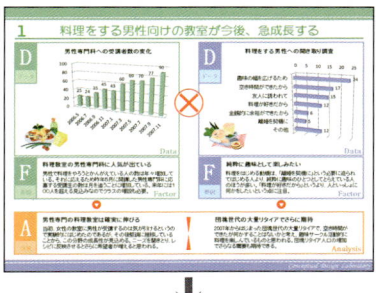

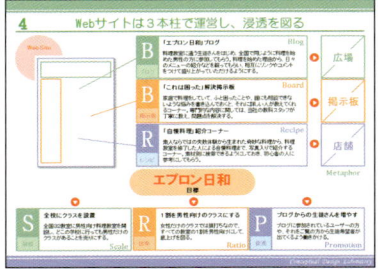

2 シリーズ性を感じるレイアウト
左右に柱を設けた点が特徴的

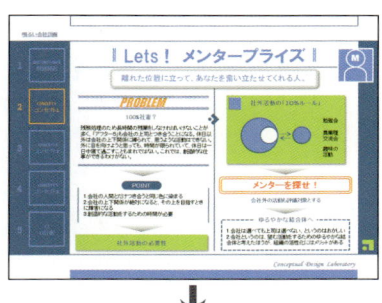

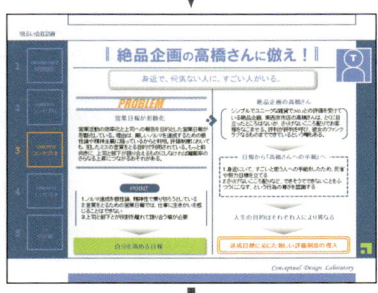

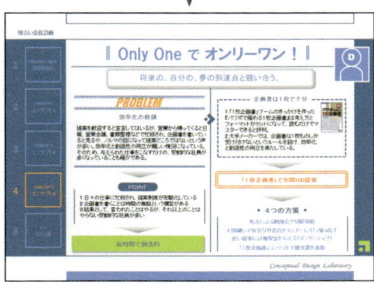

09 レイアウト
「5枚プレゼン」のトップとボトム

「5枚プレゼン」のそれぞれのページが、どういった内容でどう見てほしいのかを瞬時に理解してもらえるよう、見出しのフレーズを書き入れておくといい。タイプとしては、ページの一番上を利用した「トップ型」、一番下の「ボトム型」、トップとボトムが呼応した「問答形式型」、それにつぎのページと連動した「つなぎ言葉型」という形態もある。

一番上で企画内容を展望する「トップ型」

「5枚プレゼン」を流れるようなテンポで見てもらうには、1枚1枚の内容を、極めて短時間の間で把握してもらえるような「見出し」の工夫が必要になってきます。

代表的なものがトップ（一番上の位置）に「問題提起」といったタイトルでフレーズを書き入れるというものです。こうすると説明をしなくとも以下がそれに関する何らかの解決策だということがわかります。このような形態を「トップ型」と呼ぶことにします（右図 1 2）。

▶▶▶
「トップ型」には「展望」と「要約」がある

「トップ型」には2通りの考え方があります。それは、上で例に示した「問題提起」のように、以下に続く企画内容の「展望」（Overview）となるものと、企画内容をひと通り仕上げたあと、大意を「要約」（Summary）する形で最後に書き入れるものです。

いずれにしても、大きくトップの位置に書き入れると、プレゼンをする相手の理解の助けになるとともに、企画者自身がそのページでどのようなことを言いたいのかを確認するのにも役立ちます。

トップとボトムの使い分け

「要約」の意味合いで書き入れるのはトップばかりとは限りません。企画内容をすべて完成し終えたあと、一番下に全体の総括として記載する形式も考えられます。これを「トップ型」に対して「ボトム型」と呼ぶことにしましょう（右図 5）。

ただしボトムを重くすると、人間の視線（と理解）の優先順位は上なので、バランスが悪く見えてしまいます。

▶▶▶
トップとボトムが呼応した「問答形式型」

そういった場合には、トップとボトムに目立つようテキストを書き入れ、たとえば「問題提起」と「結論」のように呼応した関係にするといいでしょう。企画というのは「問い」に対する「答え」と説明しましたが、これをそれぞれのページで行おうというものです。こうしたサンドイッチタイプを「問答形式型」と呼んでおきます（右図 3 4）。

▶▶▶
つぎのページに誘導する「つなぎ言葉型」

「5枚プレゼン」では1枚1枚がつぎのページに構造上、連動しているので「それを解決するには……」というように続くページへと誘導するフレーズを一番下に書き入れる「つなぎ言葉型」という形も考えられます。右図 6 がその一例です。

トップとボトムのタイトルの入れ方

1 **2** はいずれも「トップ型」の例である。「与件の整理」や「企画の背景」といった項目タイトルだけだとそこで考察している企画内容まで想像できないので、こうした呼びかけや疑問形で注目を引く方法は効果的である。**3** **4** は「問答形式型」で、ほとんどの形が以上の2タイプに分類される。**5** は「ボトム型」の典型例。**6** は中央に結論を入れた特殊な例で、下にフレーズを書き入れた「つなぎ言葉型」の例でもある。

1 トップ型
大きく、わかりやすいトップの入れ方

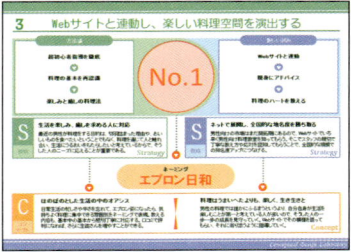

2 トップ型
一番上にタイトルなどを整理して入れた

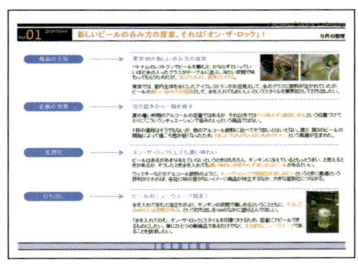

3 問答形式型
上が命題で、下はその結論的回答

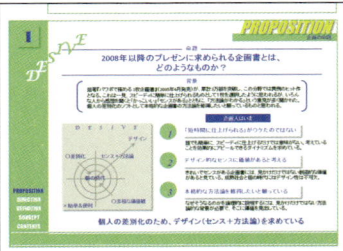

4 問答形式型
上が課題で、下はその結論的回答

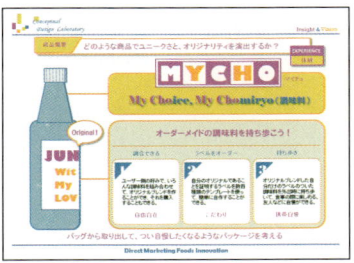

5 ボトム型
内容をまとめ上げ、次ページへの布石に

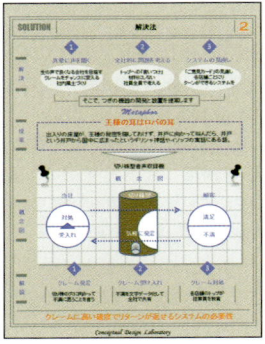

6 つなぎ言葉型
次ページへの「つなぎ言葉」を下に配置

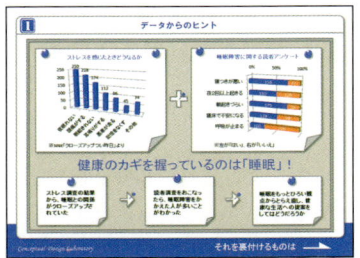

10 レイアウト
"導線"の作り方と「20%ルール」

人がドキュメントを見たとき、自然に視線が流れる方向がある。これを"導線"に利用すれば「1枚企画書」のようにブロック（箱）を矢印によるフローで結ぶ方法をとらずにすむ。また「5枚プレゼン」は5枚を連続して見せるので、できるだけ空間的に余裕を持たせて、そのページ内のどこを一番見てほしいかを明確に示す必要がある。

"導線"で論理を誘導する

▶▶▶
ドキュメントには見えない導線が走っている

「1枚企画書」では限られたスペースで情報を効率的に見せるためエリアいっぱいを使ってブロック（箱）を敷き詰める方法をとりますが、5枚すべてでこれをやるとどうしても窮屈に感じます。

そこでどうするかというと、人がドキュメントを見たとき自然に視線が移動する動きをうまく利用します。

代表的なものが「上から下」「左から右」で、上下2段の場合は「Z型」に移動します。つまり左上から右下に「見えない視線」というものが走っていて、これをうまく利用することで、「図形＋矢印」の流れで見せなくても、すっきりとしたきれいなレイアウトで"導線"を作ることができるのです。右図 1 2 と 3 4 がその比較です。

20%をホワイトスペースにする

▶▶▶
図形外にテキストを独立させる

テキストも図形も大きくすればするほど目立ってわかりやすいと思われるかもしれませんが、そうでもありません。

同じ内容を同じレイアウトで表しても、スペースに余裕がないと理解するのに時間がかかり、ストレスを感じてしまいます。

「5枚プレゼン」で企画書を作成するとき、図形やテキストを入れない余白のエリアを意識して設けるようにしましょう（これをホワイトスペースといいます）。見当としては、だいたい全体の20%くらいを余白にします。こうすると、あとの80%に描かれている情報に意識が集中しやすくなります。

右図 5 6 の2例のようにブロック（箱）を使ってフローで流すやり方をとるときは、意図的にテキストを四角く囲まない部分を作るといいでしょう。そうするとその部分だけが目立ちます。

▶▶▶
「大きく見せる」と「じっくり読ませる」

こうした図解企画書では、「大きく見せる」部分と「じっくり読ませる」部分とを明確に分けます。最初に見た瞬間に「大きく見せる」に意識が集中するようにし、それ以外の内容は「あとで時間があったときにでも読んでおいてください」くらいの潔さで描き分けます。

「大きく見せる」と言いましたが、デザインでは形と色次第で、物理的には小さくても「大きく見せる」ことは可能ですし、そのほうがセンスよく、言いたいことをアピールできることも確かです。

レイアウトの違いとメリハリ

1と**2**、**3**と**4**で「1枚企画書」と「5枚プレゼン」の表現の違いを比較した。盛り込まれた内容は同じだが、「1枚企画書」の形式が5枚続くと、最初から最後までメインディッシュが並んだように見える。図形で囲む部分とそうでない部分とを意図的に描き分け、20％程度のアキを設けるようにしたい。**5**と**6**は強調したいテキストをあえて図形外に出したもの。色と太さで強調すればかえってその部分だけが目立つことになる。

1 「1枚企画書」型
四角形のエリア全体を使って作成

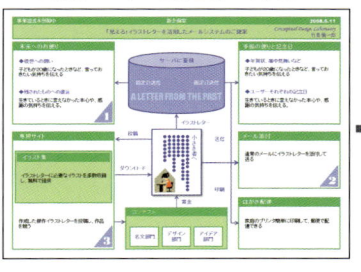

2 「5枚プレゼン」型
テキストのエリアを絞って空間にゆとり

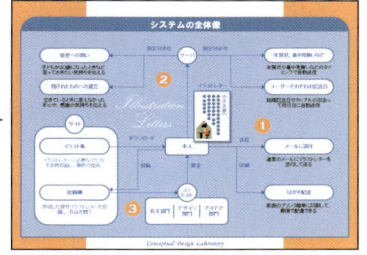

3 「1枚企画書」型
ブロック（箱）の配置で流れを見せる

4 「5枚プレゼン」型
重要語句をブロックの外に出した

5 「5枚プレゼン」型
フローの外の2ヵ所にテキストを入れた

6 「5枚プレゼン」型
右側2ヵ所の重要語句が目立つよう配慮

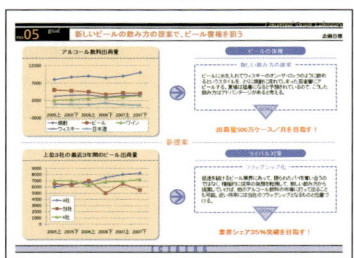

11 レイアウト
コンセプトを「概念図」で表現する

言葉にすると100語以上を費やす概念でも、図解にするとたった1点で表現することができる。図解の最大のメリットは「どれだけ難しい概念もシンプルな形で表せる」ということに尽きる。これは枚数に制限がある「5枚プレゼン」でも有効で、とくにコンセプトを表現する「概念図」でこの図解表現が大いに活躍する。

図解を挿入すべき場面と理由

考えている内容を文章にすると冗長になるという恐れがあるなら、コンパクトに内容を提示できる図解の力を借りるといいでしょう。

使用するケースでは、図解にすることでものごとの仕組みがわかりやすくなるときと、相互にどのような力関係が働いているのかを明確に示す場合とがあります。つまり図解は、言葉で説明すると難しくなってしまう「構造と力学」を視覚化したものだということができます。

▶▶▶
図解は「構造と力学」を表現する

たとえば右図 1 は「力学」的なエネルギーが働いていることを表現したいので図解にしました。一方 2 は、下段がベースになってその上段に3つの要素が成り立つという意味なので、このようなピラミッド型の「構造」をした図解がもっともふさわしいでしょう。

図解にはいろいろな形が考えられますが、基本的なものは右図 5 のように12パターンに分類することができます。たとえば上記の例でいうと前者は上昇型で、後者は階層型ということになります。

コンセプトは「概念図」で表現する

「5枚プレゼン」のなかでもっとも重要なのは、「SVCIPEモデル」で説明したC（コンセプト＝中核概念）を提示するページです。

企画というのは、かならず概念化というプロセスを必要とします。どうしてそれが必要かというと、提案するアイデアの中核に明確なひとつの概念がないと、単なる思いつきや、バラバラのアイデアの寄せ集めと受けとられてしまうからです。

▶▶▶
コンセプトは「概念図」で示す
▶▶▶
「概念図」はできる限りシンプルに表す

それをひと言で表現したものが「コンセプトワード」で、その概念を目に見える形で解き明かしたものが「概念図」です（右図 3 ）。

「概念図」はたとえ難しい内容だとしても、できるだけシンプルな形で表すのが大原則です。つい慣れてくると、難しいことだからと難解な図にしたくなるものですが、もっともクリエイティブな作業とは「誰にでもわかる形にまで簡略化すること」です。企画も図解も目指すところは同じだということができます。

図解を主体にした「5枚プレゼン」もあります。右図 4 は分子構造のメタファーを使って組織のあり方を説いた「概念図」で、こうしたものごとの仕組みや考え方は図解でこそよく表せるものだといえます。

ユニットとパターンで図解が描ける

初心者にとって図解は難しいもの、というイメージがあるが、図解には特有の思考法がある。秘訣は、最初に図解にすべき内容の構成要素（ユニット）がいくつであるかを見極め、そのあとで **5** の12個の図解パターンに当てはめること。下記 **2** は拙著『PowerPointでマスターする「見える」企画書＆プレゼンの極意』（アスキー）掲載の500例の図解サンプルを利用した。図解表現の基礎から作成法までをマスターしたいときに参照されたい。

1「上昇型」の図解
ものごとが発展的に成長する概念図

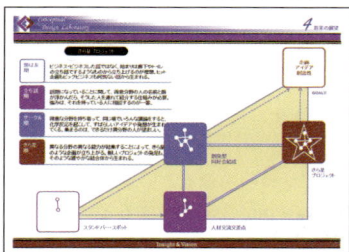

2「階層型」の図解
ピラミッド構造の概念図（書籍を活用）

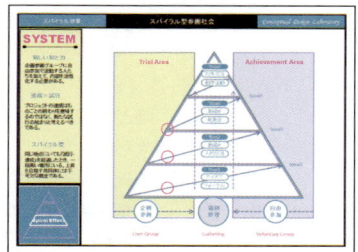

3「外延型」の図解
8要素でコンセプトが成立する概念図

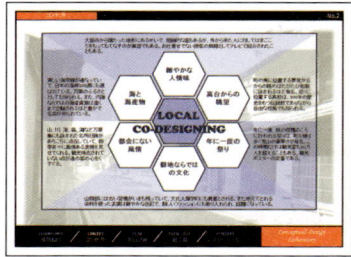

4「相関型」の図解
理想の組織を表した抽象的な概念図

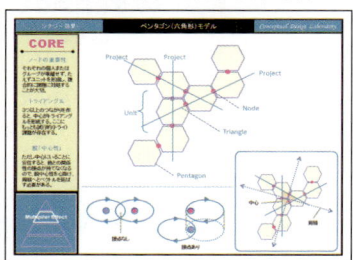

5 12種類の図解パターン

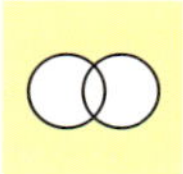

① 交差型 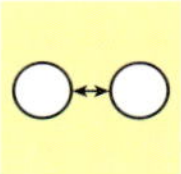　② 対比型 　③ 外延型 　④ 回転型
⑤ 拡散型 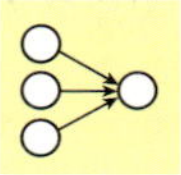　⑥ 合流型 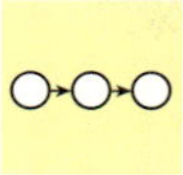　⑦ 展開型 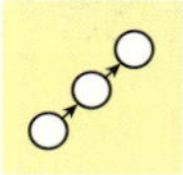　⑧ 上昇型 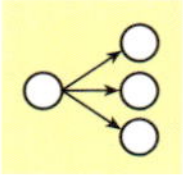
⑨ 階層型 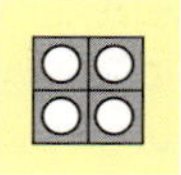　⑩ 区分型 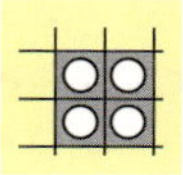　⑪ 行列型 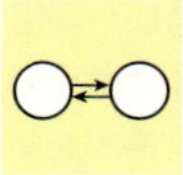　⑫ 相関型

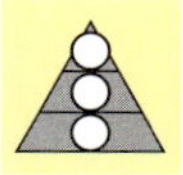

12 レイアウト
ラフスケッチで構図を決める

企画書で伝えなければならないのは、具体的にどのようなイメージを思い描いているかである。頭のなかで描かれていないのに、いきなりPowerPoint上で表現するというのには無理がある。プロは考えているイメージを把握し、絵として定着するようラフスケッチという雑な下絵を描いている。絵になる企画はこうした方法で生まれる。

▶▶▶
PowerPoint上で企画を考えない

▶▶▶
イメージをラフな絵で定着させる

▶▶▶
4分割の構図と「左ビジュアルの法則」

下絵=設計図を描いて考える

「5枚プレゼン」はレイアウトフリーですが、自由度が高ければ高いほど作成の完成度に影響してきます。つまり「うまい」「へた」が出やすくなります。

PowerPointで企画書やプレゼン資料を作るというのはいまや一般的となりましたが、いきなりPowerPoint上で作成するというのは現実的ではありません。プロはどうしているかというと、いったん紙の上で「だいたいこういうイメージになるのではないだろうか」という簡単な絵をササッと描いて、頭のなかでイメージしていたとおりでいいのかどうかを自問自答しているものです。

というのも、人間というのは自分がどのようなことを考えているかわかっていると思いがちですが、描いてみないとわからないものであり、また描いてはじめてわかることも驚くほどたくさんあります。

こうして描く雑な下絵をラフ（スケッチ）といいます。右図 **1** と **2** は実際に「5枚プレゼン」のために作ったラフとその完成図です。

企画書はこのラフを下絵に組み立てていきます。それは、設計書と実際の建築物の関係に似ています。何もないところから家屋やビルが建つわけではないのと同じく、企画書もこうした手書きのアナログ的な設計図をもとに描かれるものなのです。

PowerPoint上で構図を決める

ラフの段階から意識してほしいのは、完成を想定した構図です。構図を決めるときの秘訣は、中央に十字があると想像してイメージを膨らませることにあります。つまり全体を上下左右に4分割した台紙があると思って、その場にふさわしい形を定着させるのです（右図 **3 4**）。

イメージを構築するときも、構図を決めるときも、PowerPoint上で実際に描くときも、基本の構図はこの4分割です。

どうしてこれが有効かというと、4分割した「田の字型」がもっとも安定した構図なのと、P020で見たように、ドキュメント上の導線をZ型に展開させるのに都合がいいからです。ちなみに絵的な要素は、ビジュアルを認識する右脳がつながっている左目の視野が広いため、左側に持ってくるのというのがセオリーです（左ビジュアルの法則）。

構図の描き方と、"導線"の上手な導き方

がラフスケッチで、2がそれをもとに作成した実際の「5枚プレゼン」の企画書である。構図を決める秘訣は4分割で考えることにあるが、3と4はその典型例である（5も同様）。5および6は、企画書上の3つの要素を順番に見せるのに、矢印を用いないで、数字だけで導線を作っている例である。矢印は使ったほうがいい場合は使い、使わない方法があるのであれば、このようにできるだけ数字などで代用したほうがいい。

1 右図のためのラフスケッチ
手書きのラフで構図を決める

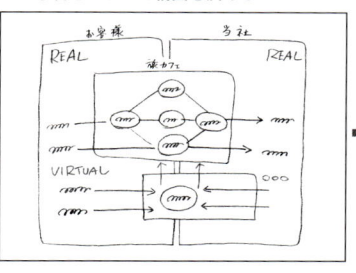

2 ラフをもとに図解を作成
図形を組み合わせてラフを洗練

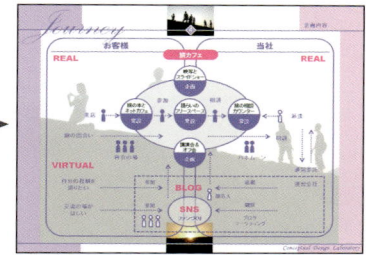

3 4分割の構図上に描く❶
Z型の展開を矢印マークで補足

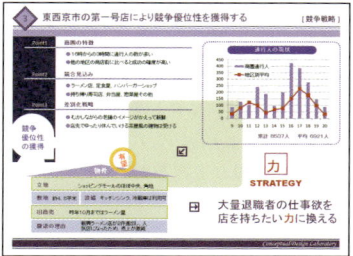

4 4分割の構図上に描く❷
上下左右の構図を下地に作成した

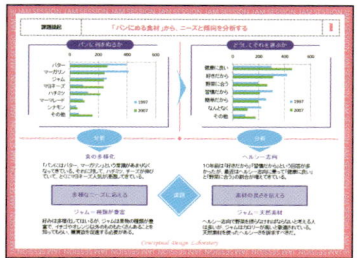

5 番号で導線を作る❶
1から3の数字で見る順序がわかる

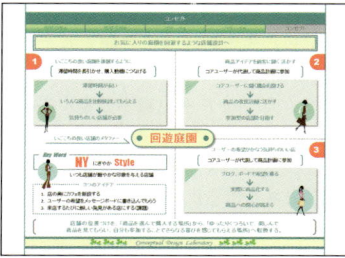

6 番号で導線を作る❷
矢印より数字にしたほうが洗練

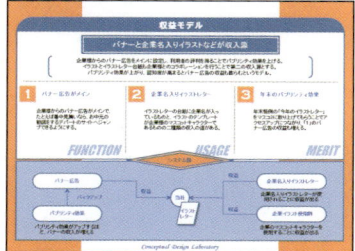

レクチャー編　13

13 レイアウト
「囲む」と「流れ」のデザイン

「5枚プレゼン」に限らないが、企画書とは、書いてあることを理解してもらうだけでなく、そこから想像が膨らんでいくものにしなくてはならない。この2次元の空間デザインを構築するには、「囲む」に関する表現と、「流れ」に係わる工夫をさまざまに駆使して、ひとつの絵として完成された形に仕上げるべきである。

すべてを「囲む」と窮屈に見える

▶▶▶
いろいろな図形で「囲む」工夫をする

「5枚プレゼン」はプレゼン資料としては少ない枚数ですが、5枚を通しで（一度にざっと）見てもらうためには、紙面に「読ませる」ためのさまざまな工夫が必要になってきます。

そこでキーになるのは「囲む」と「流れ」に関するデザインです。

まず「囲む」ですが、すでに触れたようにすべてのテキストを図形で囲んで、矢印によるフローで見せる「1枚企画書」的な見せ方は1枚のみでは有効ですが、5枚続くとメリハリがなく逆効果となります。

右図 **1** の企画書は「5枚プレゼン」の「囲む」に関するデザインの主なものが網羅されている例です。「上下の線で挟む」「左右の線で挟む」「点線で囲む」「二重線で囲む」「薄い立体的な四角形の上に乗せる」といった表現が見られますが、こうしたバリエーションを駆使すると、全体として単調な印象を避けることができます。

ほかにも右図 **2** のように「楕円の中にテキストを入れる」「額縁の中にテキストを収める」といった方法もあります。こうした形は企画書作成のプロセスで、いろいろ考え、工夫してみるといいでしょう。

流れ（展開）をきれいに見せる

▶▶▶
ブロック矢印はデフォルトで使用しない

文章型でない企画書では、論理を流れで見せなければなりません。

「矢」と「棒」からなる「ブロック矢印」は、流れ（展開）を見せるもっともノーマルな図形ですが、デザイン重視の企画書の場合、何も加工しないと「いかにも」といった陳腐な印象を与えてしまいます。それよりは、二等辺三角形を平らにしたもののほうが洗練された印象を与えるので、こちらのほうが比較的よく使われます。

「ブロック矢印」を使う場合も、デフォルト（標準設定）のままで使用しないのはもちろん、単純に縦横を縮めて使わないようにします。

単純に幅を縮めただけだと「矢」の部分だけが異常に狭くなり、見栄えがよくありません。右図 **3** にあるように、かならず「矢」と「棒」のバランスを整えてから使うようにしましょう。

▶▶▶
図形で矢印のバリエーションを増やす

流れや展開を表現するものは「ブロック矢印」や二等辺三角形だけではありません。円などの図形と組み合わせたりすると、（右図 **3** にあるように）豊富なバリエーションを生み出すことができます。

「囲む」と「流れ」の表現法

1では、「囲む」に関する表現のバリエーションがないと単調で、おもしろみに欠ける。**2**でも3ヵ所それぞれ異なる「囲む」表現を用いてあり、矢印がなくてもZ型の「流れ」で読んでもらえるよう配慮した。**3**の矢印のバリエーションは、いずれも次章の事例で使用したもので、どのようなケースで使われているか注目していただきたい。企画書では「見やすさ」とともに「センスがよくて、感じがいい」ということも重要なファクターとなる。

1 5種類の「囲む」表現
「囲む」に交じって上下、左右にバーも

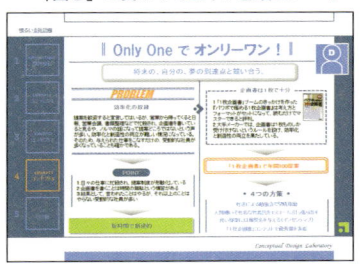

2 3種類の「囲む」表現
窮屈に感じるなら左上のようにデザイン

3 本書で使用した矢印のバリエーション（次章を参照）

キーカラーを選び、相性の良い色を組み合わせる

キーカラーは基調色とその濃淡（か近似の同系色）で構成され、補色（反対色）の関係の強調色でインパクトをつける。3色揃うことでバランスの良い配色となる均整色の使い方も重要である。

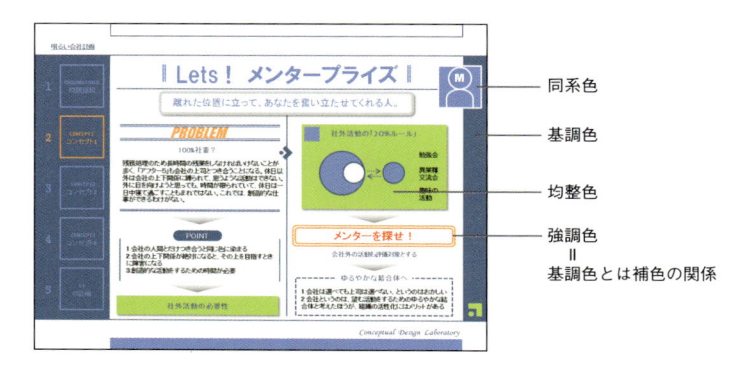

- 同系色
- 基調色
- 均整色
- 強調色
  ＝
  基調色とは補色の関係

- ■ 基調色（Key Color）
  …… 中心となる色、キーカラー
- ■ 同系色（Similar Color）
  …… 基調色に近い系統の色
- ■ 強調色（Accent Color）
  …… もっともインパクトをつけたい部分の色
- ■ 補色（Complementary Color）
  …… 互いに相手を引き立たせる反対色
- ■ 均整色（Balance Color）
  …… 基調色と相性が良いか、
  3色でバランスの良い色

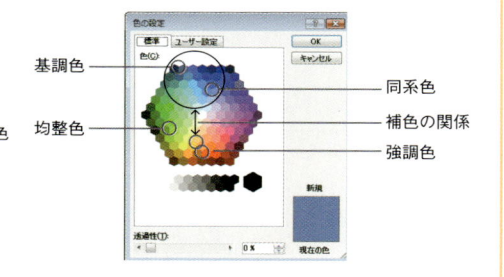

基調色 / 均整色 / 同系色 / 補色の関係 / 強調色

2色と3色による配色の方法

色は、右上の「色相環」にしたがったカラーパレットを見て選ぶというより、相性の良い組み合わせで選択する。下の例のように2色で完結しているものと、3色揃うことでバランスの良い色合いが生み出せるものとがある。

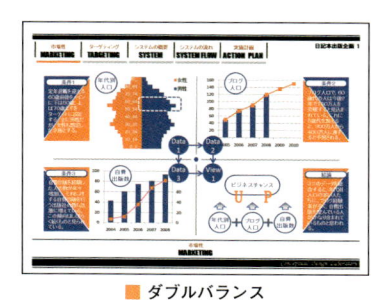

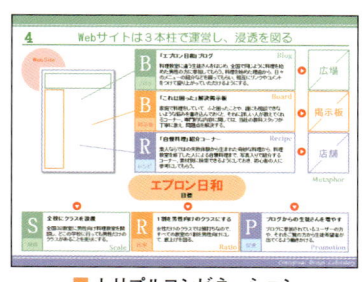

■ ダブルバランス　　　　　■ トリプルコンビネーション

ケーススタディ編
「5枚プレゼン」33事例

CASE STUDY

ケーススタディ編　01

01 サイトと連動した男性向け料理教室

料理教室の企画書　　　　　　　　　　　　　　　　　　　上下にバー型

STORY

団塊世代の大量リタイア以降、空いた時間に料理を学ぼうという人が増えています。このクッキングスクールでも、男性向けのクラスを増設することにより、超初心者の人にも親切に教えられるノウハウをウリにしようと考えています。ここでは男性料理の専用サイトが成功のカギを握っています。

なぜそれを企画するのか？　　　　　　　　　　　　　　PAV

PURPOSE　目的
- リタイアした団塊世代の人で料理教室に通うケースが増えているので、男性向けの教室を増設して、たくさんの受講生が通いやすい態勢を作る。
- 料理をする男性どうしがネット上で交流して、実際の教室への関心を高めてもらえるようなシステムを作る。

AIM　目標
- 他社に先駆けて男性が通いやすい教室の環境を整えるとともに、サイト運営により認知度アップを図り、多くの受講生を集めたい。
- 男性向けの料理教室で培ったノウハウをもとに、いろんな分野の企業とコラボレーションをしたい。

VALUE　バリュー
- リタイア後の趣味として料理を勉強したい男性が気軽に応募でき、気の合った仲間にも出会える。
- 超初心者向けのコースから勉強する環境を提供することができ、口コミで同様の希望を持つ人たちの評判を勝ち取ることができる。

どのようにそれを表現するか？　　　P（プロット）70：30 I（アイデア）

PLOT & IDEA　P&I

2つのデータから要因を探り、「SWOT分析」という手法で内外の環境の分析をして、ビジネス成功の確度を検証し、どのような方策をとればどういった効果が期待できるかを検討している。一連の流れは企画書では基本的なパターンでプロット思考型であるが、見せ方に関しては緑・青・オレンジの3色プラス赤1色をすべてのページに踏襲して統一感を出した点でアイデア思考である。

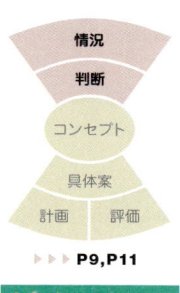

1

料理をする男性向けの教室が今後、急成長する

D データ — 男性専門科への受講者数の変化
2006.5: 25, 2006.9: 24, 2006.11: 35, 2007.1: 45, 2007.3: 43, 2007.5: 60, 2007.7: 70, 2007.9: 77, 2007.11: 90

D データ — 料理をする男性への聞き取り調査
- 趣味の幅を広げるため: 24
- 空き時間ができたから: 17
- 友人に誘われて: 12
- 料理が好きだから: 12
- 金銭的に余裕ができたから: 6
- 離婚を契機に: 5
- その他: 12

F 要因 — 料理教室の男性専門科に人気が出ている
男性で料理をやろうとかんがえている人の数は年々増加している。それに応えるため昨年5月に開講した男性専門科に応募する受講者の数は月を追うごとに増加している。来年には100人を超える見込みなのでクラスの増設も必要。

F 要因 — 純粋に趣味として楽しみたい
料理をはじめる動機は、「離婚を契機に」という必要に迫られてはじめる人より、純粋に趣味そのものとしてとらえている人のほうが多い。「料理が好きだからというより、人といっしょに何かをしたい」という点に注目。

A 引き出し — 男性専門の料理教室は確実に伸びる
当初、女性の教室に男性が受講するのは気が引けるというので実験的にはじめたのであるが、その後急速に推移していることから、この分野の成長性が見込める。ニーズを聞きとり、レシピに反映させるとさらに希望者が増えると思われる。

! 団塊世代の大量リタイアでさらに期待
2007年からはじまった団塊世代の大量リタイアで、空き時間ができたので何かすることはないかと考え、趣味サークル活動などで料理を楽しんでいるものと思われる。団塊リタイア人口の増加でさらなる需要も期待できる。

Conceptual Design Laboratory

Coloring: 主張の強いトリプルコンビネーション
緑色と青色の対比にオレンジ色をからめた、主張の強い3色によるトリプルコンビネーションである。これに赤色が加わって鮮やかな色彩を演出している。

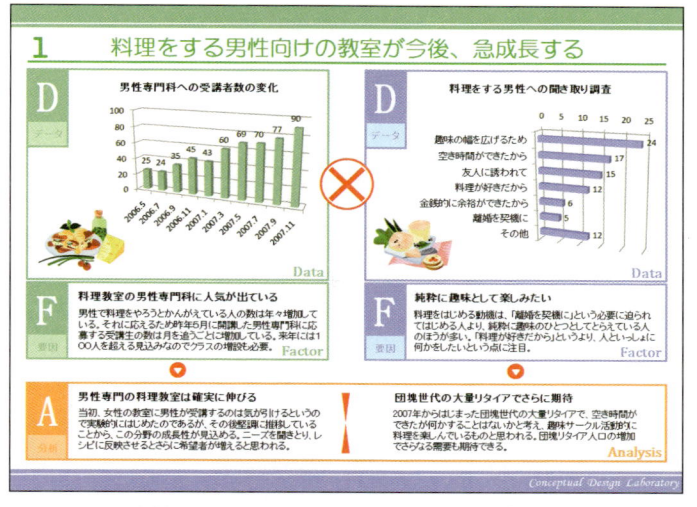

▶▶▶ P9, P11

1 情況＋判断　P（目的）はビジネスチャンスに変えること

構図としては、上段の2つの「データ」の「要因」を、下段で「分析」する形となっている。「データ」は左側の結果を受けて、右側のものを新たに採取した。

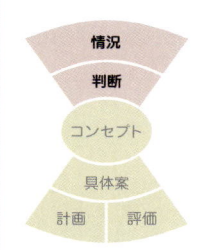

2

内外の環境を分析して、最適の方向性を探る

S 強み（内部環境）
- 料理全般のノウハウがある
- 料理教室として39年の実績がある
- ベテランから若手までスタッフが充実している
- 全国32ヵ所に料理教室を開設している

W 弱み
- 男性向けの教室はほとんど経験がない
- どれくらいの希望者がくるか予想ができない
- 料理未経験者に教えるのは若干苦手
- 全国の料理教室で対応できるか不安

O 機会
- 他社に先がけ、先行優位性を獲得できる
- 男性向けの教室が充実というのは話題性がある
- 料理を希望する男性の需要をはやくから独占できる
- 食品メーカーなどとのコラボレーションの可能性もある

T 脅威（外部環境）
- 一時的な人気である可能性もある
- 大手の参入が相次ぐと差別化が難しい
- スタッフの引き抜き合戦があるかもしれない
- 異業種からの参入が意外と脅威

SO 希望
- 超初心者を教えるノウハウが蓄積できる
- 話題性によって全体が活性化する可能性がある
- 40周年の新しい試みとしてやる価値はある

WT 不安
- まったく新しい生徒さんを迎えることへの不安
- 話題性に走ってしまい士気が低下する可能性も
- すぐにやめる人が続出すると悪い噂が立つ

Conceptual Design Laboratory

Design: イメージ写真を利用する
上の4つの部分はテキストのみだとスカスカの印象を与えるので、料理の写真をイメージ的に用いた。枠取りと同色の薄い膜をかぶせたようにしてある。

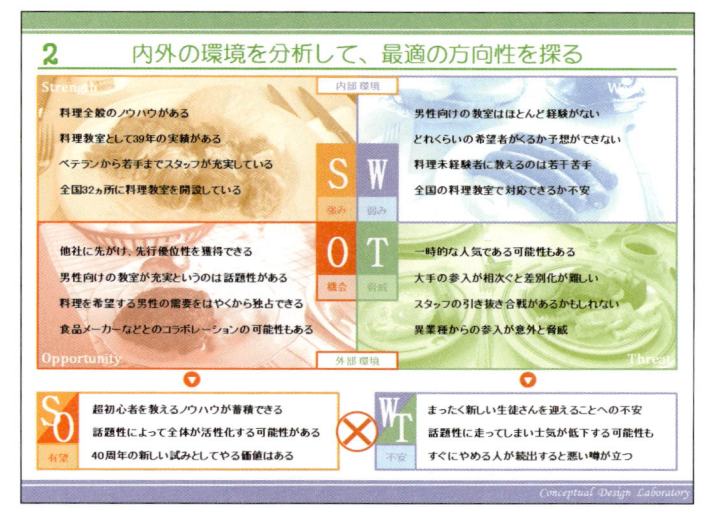

2 情況＋判断　成功の確度を上げるのがP（目的）

成功の確度を上げるため、「強み」と「弱み」（以上、内部環境）、「機会」と「脅威」（以上、外部環境）の4つの観点から検討する「SWOT分析」を利用した。

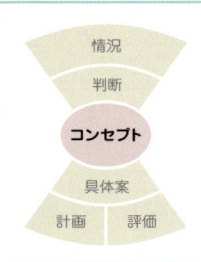

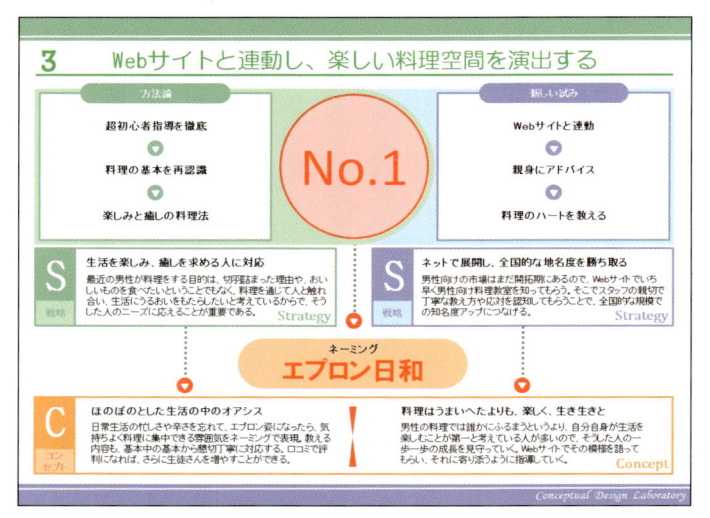

ケーススタディ編　01

3　Webサイトと連動し、楽しい料理空間を演出する

方法論
- 超初心者指導を徹底
- 料理の基本を再認識
- 楽しみと癒しの料理法

No.1

新しい試み
- Webサイトと連動
- 親身にアドバイス
- 料理のハートを教える

S 戦略　生活を楽しみ、癒しを求める人に対応
最近の男性が料理をする目的は、切羽詰まった理由や、おいしいものを食べたいということでなく、料理を通じて人と触れ合い、生活にうるおいをもたらしたいと考えているからです。そうした人のニーズに応えることが重要である。 *Strategy*

S 戦略　ネットで展開し、全国的な地名度を勝ち取る
男性向けの市場はまだ開拓期にあるので、Webサイトでいち早く男性向け料理教室を知ってもらう。そこでスタッフの親切で丁寧な教え方や応対を認知してもらうことで、全国的な規模での知名度アップにつなげる。 *Strategy*

ネーミング
エプロン日和

C コンセプト　ほのぼのとした生活の中のオアシス
日常生活の忙しさや辛さを忘れて、エプロン姿になったら、気持ちよく料理に集中できる雰囲気をネーミングで表現。教える内容も、基本中の基本から懇切丁寧に対応する。口コミで評判になれば、さらに生徒さんを増やすことができる。

料理はうまいへたよりも、楽しく、生き生きと
男性の料理では誰かにふるまうというより、自分自身が生活を楽しむことが第一と考えている人が多いので、そうした人の一歩一歩の成長を見守っていく。Webサイトでの様様を語ってもらい、それに寄り添うように指導していく。 *Concept*

Conceptual Design Laboratory

3　コンセプト　癒しの場を提供できるのがV（バリュー）

シニアの男性が料理教室に求めるものを1枚目、2枚目で分析した結果、「同年輩の人と癒し合い、和める場を求めている」とわかり、コンセプトが決定した。

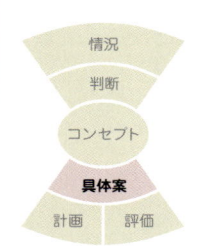

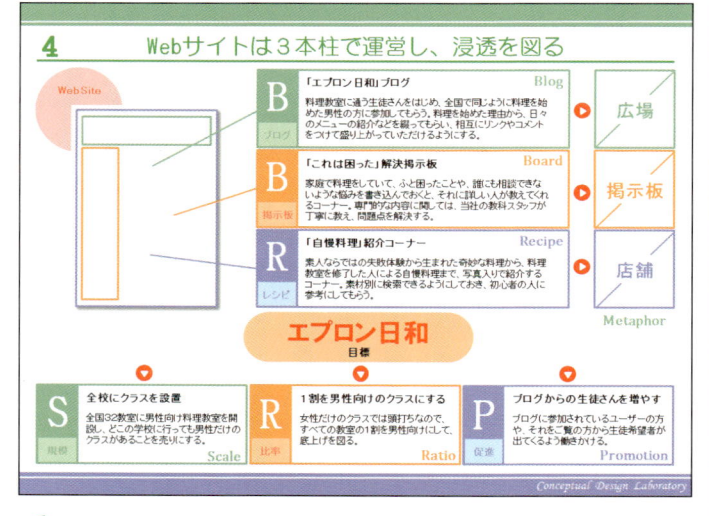

4　Webサイトは3本柱で運営し、浸透を図る

WebSite

B ブログ　「エプロン日和」ブログ　*Blog*
料理教室に通う生徒さんをはじめ、全国で同じように料理を始めた男性の方に参加してもらう。料理を始めた理由から、日々のメニューの紹介などを綴ってもらい、相互にリンクやコメントをつけて盛り上がっていただけるようにする。 → **広場**

B 掲示板　「これは困った」解決掲示板　*Board*
家庭で料理をしていて、ふと困ったことや、誰にも相談できないような悩みを書き込んでみると、それに詳しい人が教えてくれるコーナー。専門的な内容に関しては、当社の教本スタッフが丁寧に教え、問題点を解決する。 → **掲示板**

R レシピ　「自慢料理」紹介コーナー　*Recipe*
素人ならではの失敗体験から生まれた奇妙な料理から、料理教室を修了した人による自慢料理まで、写真入りで紹介するコーナー。素材別に検索できるようにしておき、初心者の人に参考にしてもらう。 → **店舗**

Metaphor

エプロン日和
目標

S 指標　全校にクラスを設置　*Scale*
全国32教室に男性向け料理教室を開設し、どこの学校に行っても男性だけのクラスがあることを売りにする。

R 比率　1割を男性向けのクラスにする　*Ratio*
女性だけのクラスでは頭打ちなので、すべての教室の1割を男性向けにして、底上げを図る。

P 促進　ブログからの生徒さんを増やす　*Promotion*
ブログに参加されているユーザーの方や、それをご覧の方から生徒希望者が出てくるよう働きかける。

Conceptual Design Laboratory

4　具体案　A（目標）はブログを受講者増につなげること

先行者利益をいち早く得るため、シニア向けの料理をテーマとしたブログのサービスを展開し、教室の認知度をアップさせ、ビジネスの成功につなげる。

Coloring
濃淡の使い分けと白ヌキ文字

「S／戦略」という部分に注目すると、濃い緑色の上の「S」は白ヌキにし、下の薄い緑色の上に書いてある「戦略」は濃い緑にしてある。こうするときれいに見える。

Design
シンプルさを徹底する

左上の「Web Site」には何か絵を入れたいところだが、ここも3色によるシンプルなイラストにしてイメージをかきたてるような効果を狙っている。

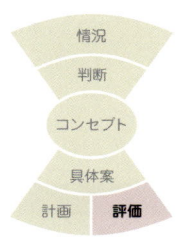

5 男性向けの料理教室の広がりと可能性

Design イメージイラストの使い方

家電なら「電子レンジ」のイラストを基本図形で描いて、アイキャッチャー的に見せるといい。こうしたイラストはシンプルでわかりやすいほど効果的である。

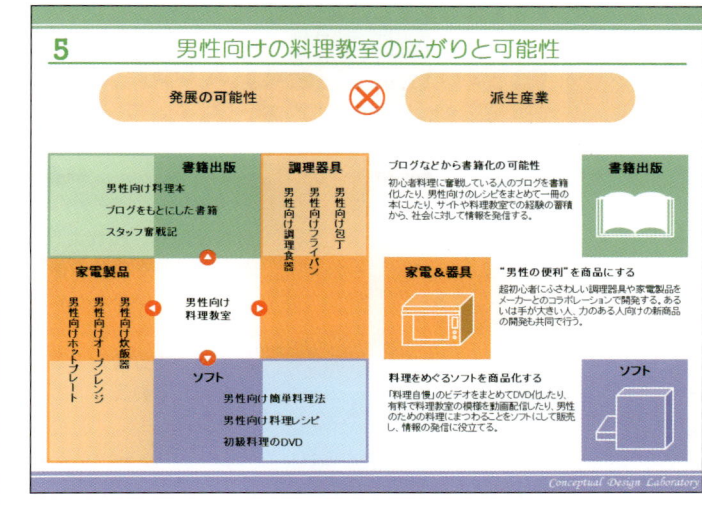

5 評価 派生的なビジネスにつなげるのが A（目標）

「癒しの場の提供」という V（バリュー）を実行することにより、4 つの領域とのコラボレーションに派生し、ビジネスが広がっていくことを表現した。

作成ポイント 写真に"フィルター"を掛ける方法

テキストだけだと素っ気ないというときは、バックに写真を敷くといい。ただし写真をそのまま使うとテキストが見づらくなってしまうときには、フィルターをかけたようにする。PowerPoint 2007 だと写真そのものを加工して「明るさ」の調整を行うが、2003 以前のバージョンだと上に同型の四角形をかぶせて「透過性」の設定を行う。

完成イメージ

1 写真をダブルクリックして、[書式] タブの [サイズ] → [トリミング] をクリックし、写真の上か下の中央に現れたトリミングハンドルを上下にドラッグして横長にする。

2 [ホーム] タブの [図形描画] → [図形の枠線] をクリックし、[その他の線の色] で濃いオレンジ色を選択する。

3 写真をダブルクリックし、[書式] タブの [調整] → [色の変更] をクリックして [アクセント 6 (淡)] をクリックする。

4 写真のシャドーが目立つので、同様に [書式] タブの [明るさ] をクリックして [+10%] をクリックする。

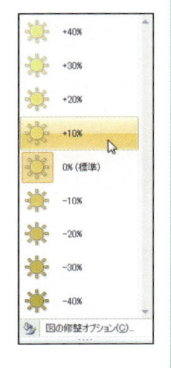

PowerPoint 2002, 2003 ▶ ▶ ▶ **P164**

ケーススタディ編　02

02　サイト連動商品企画書　　　　　　　　　　　　　　　　　上下にバー型

自費出版を望む人のための
書籍が自作できるシステム

STORY

前項と同様、団塊世代の大量リタイアもあり、自らの足跡を書籍の形で残したいという人が増えた反面、いかがわしい自費出版の会社に多額の請求をされたという問題も起こったりしました。そこで書籍化を希望する人たちに、低価格で安心して利用してもらえる出版システムを考えました。

なぜそれを企画するのか？　　　　　　　　　　　　　　　PAV

PURPOSE　目的
- 自費出版の会社にだまされたという人や、どうしても本にしたいのに請求額を見て踏みとどまったという人に書籍化のチャンスを与える。
- 低価格で安心して本を作ることができるという評判を勝ち取り、差別化を図って事業を成功させる。

AIM　目標
- 書籍出版のニーズを幅広く取り込み、この分野でNo.1となる。
- ビジネスモデルをいち早く事業化することで先行優位性を確保する。
- 早期に5万人のユーザーを獲得して、初年度年間売上高8,000万円を目標とする。

VALUE　バリュー
- 「一生に一度、一冊の本でもいいので出したい」と希望する人に、本を手にする喜びを味わってもらえ、周囲の人にも喜んでもらえる。
- 低価格で安心な日記本出版のシステムを世に問うことで、不明朗な請求がまかり通っている現状に一石を投じることができる。

どのようにそれを表現するか？　　　　　P（プロット）90：10 I（アイデア）

PLOT & IDEA　P&I

タイプとしてはオーソドックスなプロット思考型で、最初に企画を起こすにいたったデータの提示を行い、以下、状況分析、企画のシステム、その一部分を詳しく解説したシステムの流れ、最後に企画効果と目標で構成した。こうしたビジネスモデルの提案企画では、口頭での説明が主になるので、くどくどした説明は省いてシンプルな印象に仕上げることがカギとなる。

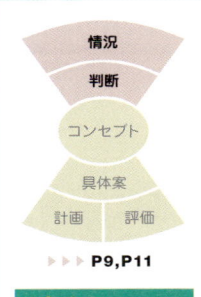

情況
判断
コンセプト
具体案
計画　評価
▶▶▶ P9,P11

Coloring
対照的な2色の
コントラスト

黒色と濃い赤色によるシックな上下の枠組みを採用したので、それに合わせて、紺色と濃いオレンジによるコントラストの強い配色を使った。

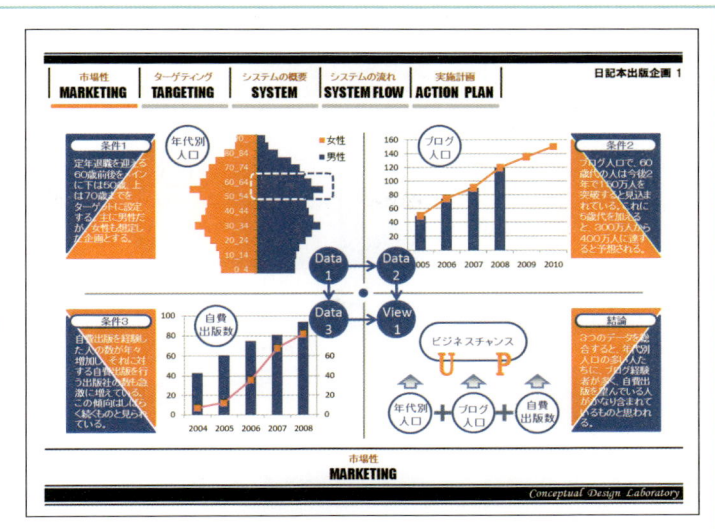

1 情況＋判断　P（目的）は新たな市場性の追求

自費出版を望む人の多さ、ブログの普及、それに自費出版の急成長という3つのデータを組み合わせることで市場性が期待できることを右下で解説している。

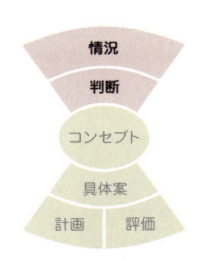

情況
判断
コンセプト
具体案
計画　評価

Design
キーデザインは「円」

すべてのページで「円」のデザインを踏襲しているが、このページはとくに顧客のニーズの流れを説明するページなので多用し、強く印象づけている。

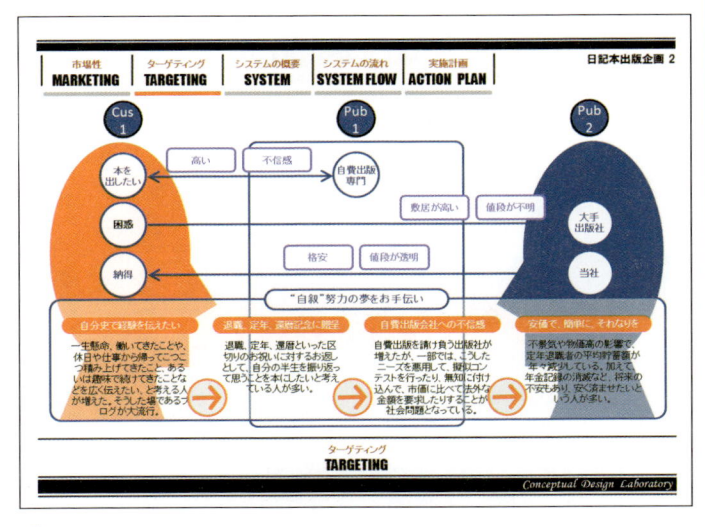

2 情況＋判断　P（目的）は潜在ニーズへの対応

自費出版の要望が高まる理由と、専門に扱う出版社の不適切な対応を対比して、ここに"スキ間ビジネス"が展開可能であることを論理的に説明している。

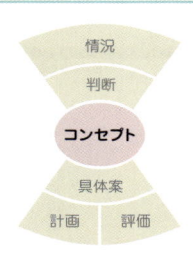

Design
循環型の
大きな流れを見せる

循環型のシステムであることを印象づけるため、4つのポイントを中央に入れ、回転しているさまを見せ、ここに一番に目を向けてもらえるようにしてある。

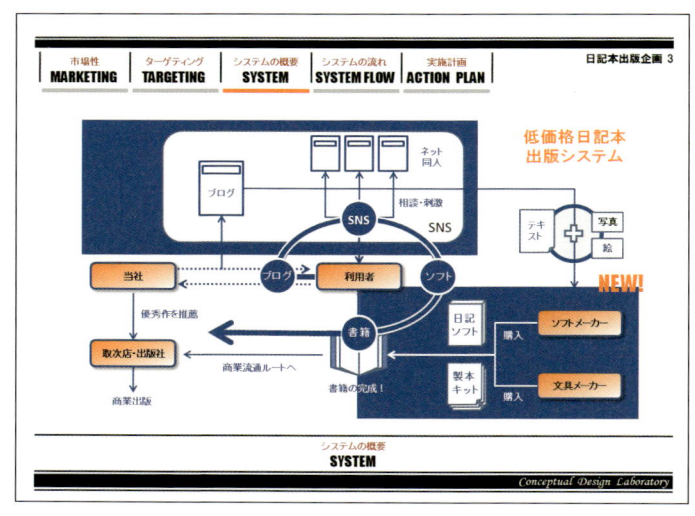

3 コンセプト　ユーザー本位のシステムがV（バリュー）

低価格でブログが本にできるシステムを回転型の図解によって表した。ポイントになるのは「NEW!」と記された部分で、これをつぎの4枚目で詳説する。

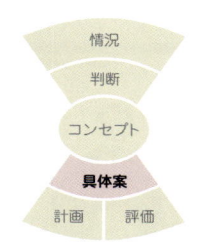

Design
流れをグラデーション
で表現する

作業の流れや手順をわかりやすく見せるには、この例のように、薄い色から濃い色へと変化するグラデーションで見せるというのがひとつの方法である。

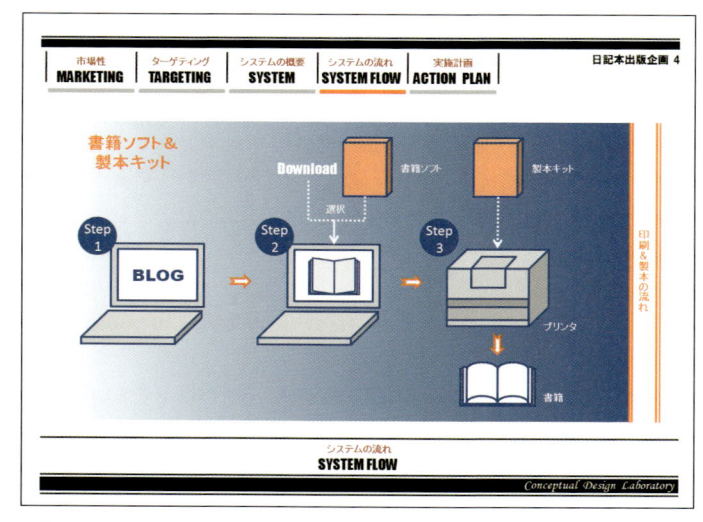

4 具体案　V（バリュー）は見た目のわかりやすさ

低価格でしかも安心して利用できるこの企画の売りが、どのようなプロセスで生み出されるのかを、左から右へのフローによる展開型の図解で表した。

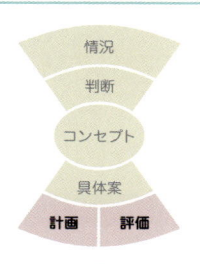

Design
グラフの関連性を補足する

2つのグラフを提示し、それらがどのような関連性を持っているかは矢印等を使ってわかりやすく表す必要がある（口頭での説明が不要なまでにしておく）。

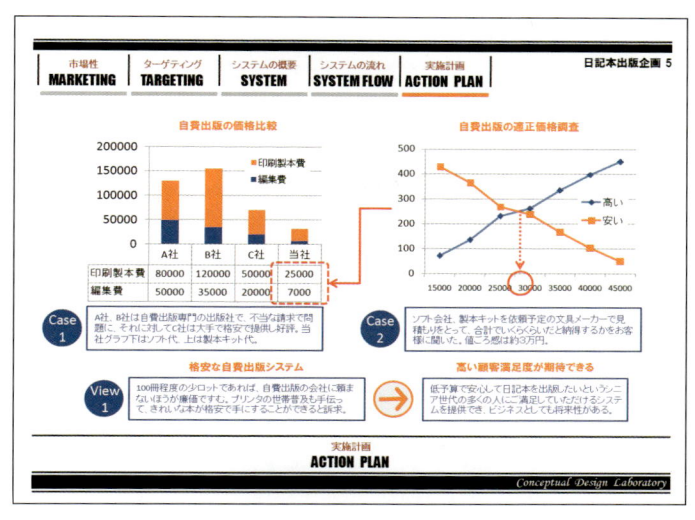

5 　計画＋評価　　導入時のリスク回避による収益性がA（目標）

消費者への事前の調査によって、適正価格がいくらくらいで、その価格で発売することによって利用者数がどのくらい期待できるかを説明したもの。

作成ポイント　人の頭部の描き方

「人と人との意見の交換」などを表したいとき、頭部の図形があればいいが、クリップアートには適当なものはない。そういうときには、基本図形を組み合わせて図のような頭部を自作する。特定の「色」がついていないのでシルエットとして利用すると効果的である。図形上で白で"型抜き"すると、また違う効果が出せる（P039の1を参照）。

完成イメージ

1 正円を描いたあと、二等辺三角形を2つ描いて、片方の緑色の回転ハンドルをドラッグして傾きをつける（下図の下の2つの図形）。

2 つぎに直角三角形を描いて、［図形描画］の［配置］をクリックして［回転］→［左右反転］をクリックし、コピーを作って2つにし、片方に傾きをつける。以上5つの図形を組み合わせて頭部を作る。

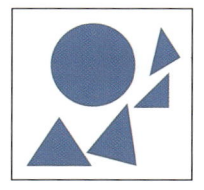

3 すべての図形を選択し、右クリックをして［グループ化］→［グループ化］をクリックする。

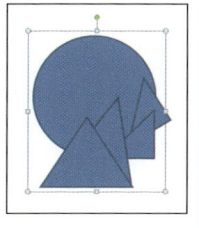

4 グループ化した頭部の上中央のハンドルを上方向にドラッグすると縦長の頭部に変形させることができる。

PowerPoint 2002,2003　▶▶▶　**P164**

ケーススタディ編　03

新型店舗企画書　　　　　　　　　　　　　　　　　　　　　　　上下にバー型

03 老舗豆腐店と組んだ コロッケチェーン店企画案

STORY

コロッケでチェーン展開しようと考えている会社が、第1号店として選んだ町の商圏分析と、選択した物件の妥当性を調べ上げました。チェーン店の特徴は、衰退の傾向にある豆腐店から出る良質のおからを再利用して、地域の商店街の活性化に寄与するという点にあります。

なぜそれを企画するのか？　　　　　　　　　　　　　PAV

PURPOSE 目的
- 都心の商店街では、むかしながらの老舗に代わって、大手外食チェーンやファーストフードの店が増えたが、老舗の味を継承する形で出店する。
- 健康、安心、リサイクルという理念を理解してもらい、全国にチェーン展開をする。

AIM 目標
- 有名老舗豆腐店と提携した第1号店を成功させ、弾みをつけたい。
- 地域住民の理解と賛同を得て、その地域に根差した店舗づくりをしていきたい。
- 同分野でNo.1、全国展開で5年以内に500店舗突破を目指したい。

VALUE バリュー
- 地元商店街にむかしながらの店がなくなったと嘆く人に、地元の老舗豆腐店から出るおからをコロッケとして召し上がってもらえ、地域のコミュニケーションの場としても利用してもらえる。
- リサイクル社会の趨勢とも合致し、健康で安心できる食品を提供できる。

どのようにそれを表現するか？　　　　P（プロット）80：20 I（アイデア）

PLOT&IDEA P&I

現状の認識から、第1号店の商圏市場性と競争戦略を見極めたうえでコンセプトを策定し、目標を設定するというプロット思考による企画書である。レイアウトを見ると左上に項目を列挙したデザインのものが3枚、それ以外は、スペースをフリーで使ったものが2枚という構成になっている。後者に関しては「1」「2」「3」という数字の入れ方を同じにして統一感を出している。

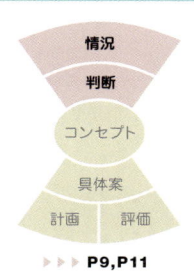

03 ケーススタディ1

[スライド1: 現状にいたった経緯と、今後解決すべき課題を考える ［現状認識］]

- 商店街から老舗が消えた
  - Cause1: 商店街のむかしながらの老舗が閉店／大手の外食チェーン店などが続々と出店攻勢
- "外資"の進出で没個性化
  - Cause2: 半数以上が"外資"に乗っ取られた形／隣り合との差がほとんどなくなってしまった
- 誰にとっての街か考える必要が
  - Cause3: 学生などにとっては便利で都合のいい街／古い時代を知る者にとっては親しみがなくなった

商店街不振の原因 → 地域との親しい関係性を築く対策が必要！ 親

東西京駅商店街の店舗の変遷

	2003	2004	2005	2006	2007
旧来の店	36	28	30	33	38
新店舗	21	25	21	20	16

対策1 "外資"への対抗策
- 外食チェーンとして、ハンバーガー、そば、パン、カレー、それに建築業が"外資"となっている。
- 若い世代に支持される店が主流になって、地域のお年寄りが安心して食べられる店がなくなってしまった。

対策2 老舗復活に向けて
- 老舗は「何でも屋」のような店舗がつぶれていったので、何か一点、強みになる商品を売り物にさせる。
- 地元の人のコミュニケーションの場が相対的になくなっているので、食を通じてそうした場を提供する。

対策3 集客効果を上げる
- 毎日でも食べるような食材を使って、テイクアウト、中食でも売り出せるものを考える。
- 同じ苦境に立たされている老舗豆腐店のおからを利用して目玉商品を開発。多店舗展開を図る。

Conceptual-Design Laboratory

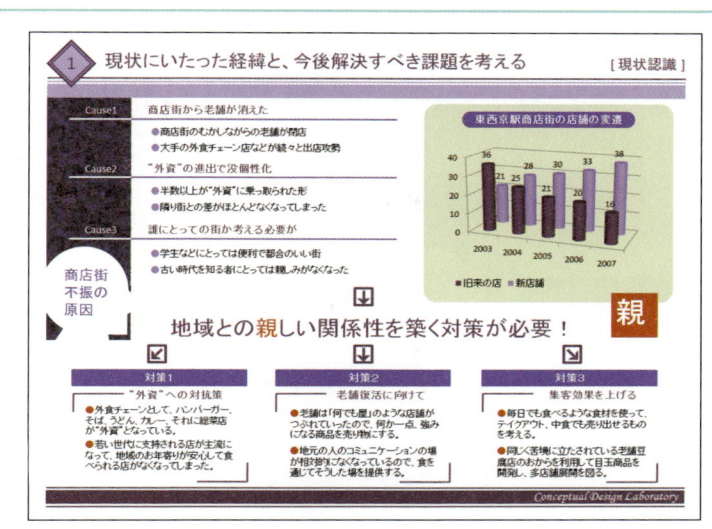

1 【情況＋判断】 旧来の店を盛り立てるのが P（目的）

むかしながらの店が年々減少しているショッピング街に出店するにあたり、どのようなことが必要なのかを現状から探って、3つの対策を打ち立てている。

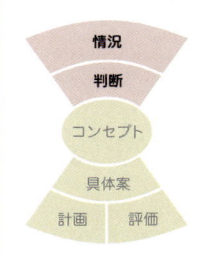

Coloring 紫色の濃淡が基調色
基調色は紫色の濃淡で、左上の四角形にも「紫のメッシュ」というテクスチャを使用。これと相性のいい薄い緑色と、あとから出てくる黄色を組み合わせた。

▶▶▶ P9, P11

[スライド2: 商圏の市場性から、東西京市での出店の確度を探る ［商圏市場性］]

実験店として成功させ、多店舗展開を図る！ 和

商店街のむかしながらの老舗が閉店する一方、大手の外食チェーン店などが続々と出店攻勢をかけて、半数以上が"外資"になったが、高齢者人口も多く、ビジネスチャンスはある。

1 商圏が駅で半分に分かれる
JR東西京駅北駅の南北で商圏が半分に分かれ、小田急線東西京駅のある北口のほうが賑やかで、競合となる外食チェーン店も数多くいる。ただし商圏人口は、団地の立ち並ぶ南口のほうが多い。

- 北口150m圏 3000人
- 北口100m圏 1000人
- 北口50m圏 200人
- 南口50m圏 150人
- 南口100m圏 1100人
- 南口150m圏 3500人

2 典型的な学生街である
北口1キロ先に総合大学、500m圏に都立高校と私立の女子高校がある。学生街としての賑わいとは反対に、1駅隣に若者に人気の中北沢駅があり、サークルや飲み会のメッカとなっている。

3 小規模の会社が点在している
大手建設会社の本社がある以外は大きな会社はなく、ビジネスパーソンの集客はそう多く期待できない。夕方を過ぎると帰宅する人で賑わいを見せるが、勤め先近辺で飲食をすませる人が多い。

和の食材にこだわり、高齢者人口を狙え！

Conceptual-Design Laboratory

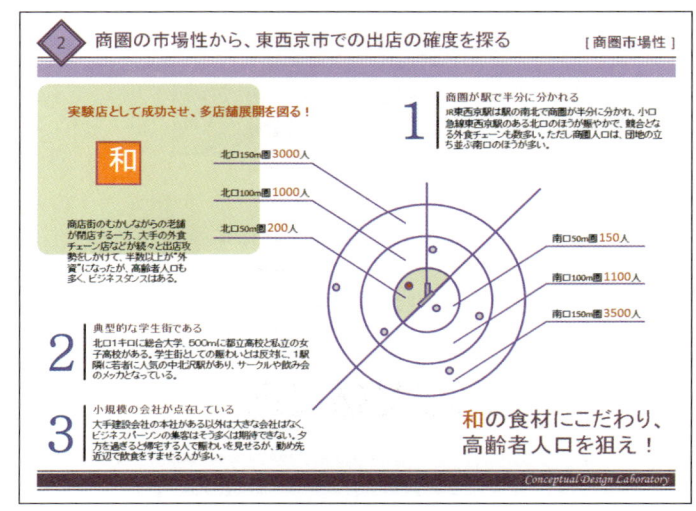

2 【情況＋判断】 P（目的）にふさわしい商圏かを分析

1枚目に続いて、商圏の人口分布と、どこに人が流れるのかを略図とともに示して分析している。ここで「和」という2つ目のキーワードを提示している。

Design 略図はシンプルな図解にする
略図は、円と直線を中心に描き、半円はPowerPoint2007の場合「パイ」か「弦」を加工し（P129を参照）、2003以前のバージョンだと「アーチ」を加工して描く。

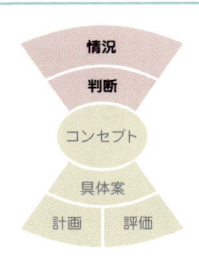

ケーススタディ編 03

情況 → 判断 → コンセプト → 具体案 → 計画 → 評価

Design
"導線"を作る
「矢印マーク」

この企画書は「Z型」に展開するので、"導線"を作るため2ヵ所に「矢印マーク」を描き入れてある。これがないと左→右の単純な流れと見られてしまう。

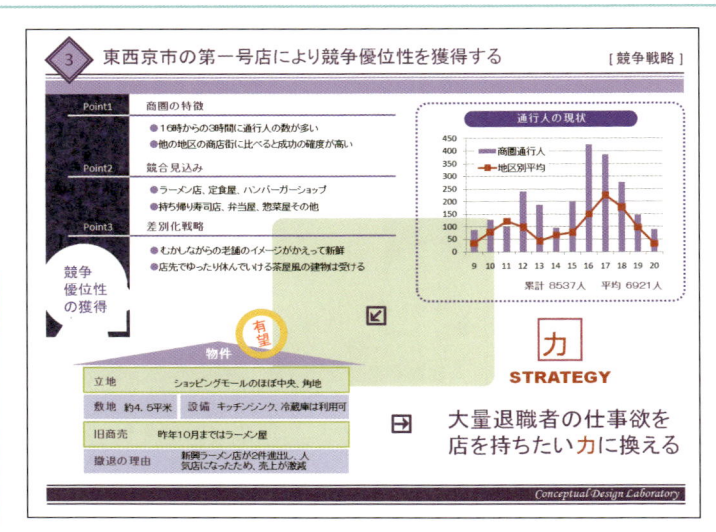

---

3 東西京市の第一号店により競争優位性を獲得する　[競争戦略]

Point1　商圏の特徴
- 16時からの3時間に通行人の数が多い
- 他の地区の商店街に比べると成功の確度が高い

Point2　競合見込み
- ラーメン店、定食屋、ハンバーガーショップ
- 持ち帰り寿司店、弁当屋、惣菜屋その他

Point3　差別化戦略
- むかしながらの老舗のイメージがかえって新鮮
- 店先でゆったり休んでいける茶屋風の建物は受ける

競争優位性の獲得　→　有望

通行人の現状
- 商圏通行人
- 地区別平均
（9〜20時のグラフ　累計 8537人　平均 6921人）

立地	ショッピングモールのほぼ中央、角地
敷地	約4.5平米　設備　キッチンシンク、冷蔵庫は利用可
旧商売	昨年10月までラーメン屋
撤退の理由	新興ラーメン店が2件進出し、人気になったため、売上が激減

STRATEGY　大量退職者の仕事欲を店を持ちたい力に換える

3　情況＋判断　P（目的）にふさわしい物件かを分析

2枚目の商圏分析に続き、ここでは通行人の動向についてデータをとって、選んだ物件の妥当性を分析している。結果は「有望」で1号店として合格と出た。

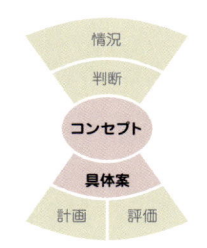

情況 → 判断 → コンセプト → 具体案 → 計画 → 評価

Design
大きな数字で"導線"を作る

これも上記の3と同様「Z型」の展開であるが、矢印を使わなくても通し番号を大きく書き入れるだけで、視線をどう動かせばいいかがわかるようになっている。

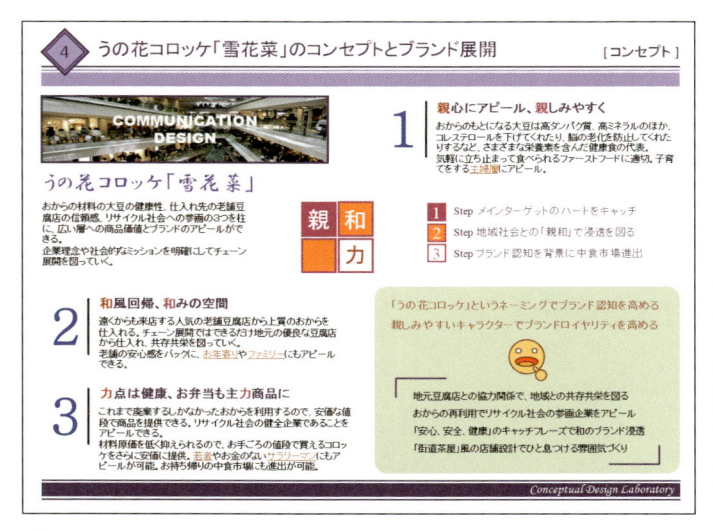

---

4 うの花コロッケ「雪花菜」のコンセプトとブランド展開　[コンセプト]

COMMUNICATION DESIGN

うの花コロッケ「雪花菜」

おからの材料の大豆の健康性、仕入れ先の老舗豆腐店の信頼感、リサイクル社会への参画の3つを柱に、広い層への商品価値とブランドのアピールができる。
企業理念や社会的なミッションを明確にしてチェーン展開を図っていく。

親・和・力

1　親心にアピール、親しみやすく
おからのもとになる大豆は高タンパク質、高ミネラルのほか、コレステロールを下げてくれたり、脳の老化を防止してくれたりするなど、さまざまな栄養素を含んだ健康食の代表。気軽に立ち止まって食べられるファーストフードに適切。子育てをする主婦層にアピール。

- Step メインターゲットのハートをキャッチ
- Step 地域社会との「親和」で浸透を図る
- Step ブランド認知を背景に中食市場進出

2　和風回帰、和みの空間
遠くからも来店する人気の老舗豆腐店から上質のおからを仕入れる。チェーン展開ではできるだけ地元の優良な豆腐店から仕入れ、共存共栄を図っていく。
老舗の安心感をバックに、お年寄りやファミリーにもアピールできる。

3　力点は健康、お弁当も主力商品に
これまで廃棄するしかなかったおからを利用するので、安価な値段で商品を提供できる。リサイクルの健全企業であることをアピールできる。
材料原価も低く抑えられるので、お昼ごろの値段で買えるコロッケをさらに安価に提供、若者やお金のないサラリーマンにもアピールが可能。お持ち帰りの中食市場にも進出が可能。

「うの花コロッケ」というネーミングでブランド認知を高める
親しみやすいキャラクターでブランドロイヤリティを高める

- 地元豆腐店との協力関係で、地域との共存共栄を図る
- おからの再利用でリサイクル社会の参画企業をアピール
- 「安心、安全、健康」のキャッチフレーズで和のブランド浸透
- 「街道茶屋」風の店舗設計でひと息つける雰囲気づくり

4　コンセプト＋具体案　V（バリュー）は「親」「和」「力」

1枚目から3枚目にかけ、キーワードの形で布石を作っておいた「親」「和」「力」を組み合わせてコンセプトワードとした。これがブランド戦略の要となる。

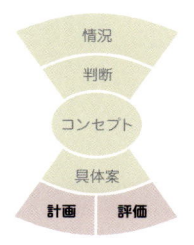

Design
色調を整えるためのデザイン

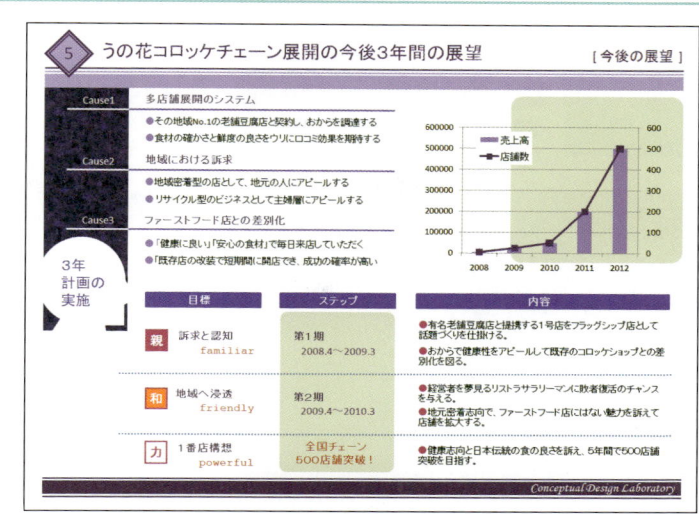

薄い緑色を右上のグラフと下中央の2ヵ所のバックに敷いてあるが、これを採用した理由は、紫に片寄ってしまう色彩をバランス良く見せるためである。

5 計画＋評価　全国で500店舗達成がA（目標）

「全国チェーン展開で500店舗達成」という目標を掲げるとともに（計画）、この企画が極めて成功の確度が高いという自己評価を行っている（評価）。

作成ポイント　マスコットキャラクターの描き方

企画を通す段階ではイラストを外部に発注することはなかなかできないが、マスコットキャラクターなどで想定しているマークは、円や四角形などの基本図形を組み合わせると、それらしい形を自作することができる（クリップアートは既成の絵なのでイメージを固定する恐れがある）。このマークも基本的な図形を組み合わせただけのものである。

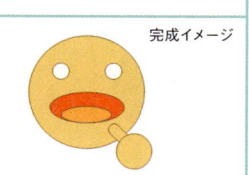

完成イメージ

1 大きい正円の上に小さい正円を描いたあと、小さい正円を［Shift］＋［Ctrl］キーを押しながら横にドラッグして両目を作る。

2 ［Shift］キーを押しながら2つの小さい円をクリックして選択し、右クリックをして［グループ化］→［グループ化］をクリックする。

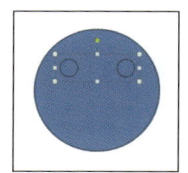

3 口と舌にあたる楕円を2つ重ねて描いて選択し、［ホーム］タブの［図形描画］→［配置］をクリックして［配置］→［下揃え］をクリックし、つぎにすべての図形を選択して［左右中央揃え］をクリックする。

4 指は［図形描画］の［フローチャート］→［フローチャート：端子］で描き、緑色の回転ハンドルをドラッグして傾きをつける。

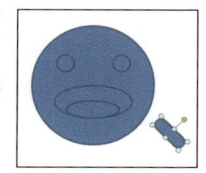

5 最後に、右下の手の形を円で描く。

PowerPoint 2002,2003　▶▶▶　**P165**

ケーススタディ編　04

04 都市活性化企画書　　　　　　　　　　　　　　　　　四辺を囲む型
地方の町を特徴づける
デザイン都市宣言

STORY

とくにこれという特色を打ち出せず、都市の近郊のひとつにとどまっていた町が舞台です。地元の家電・IT系の企業とデザイン・アート系の学校とが産学の中心となり、市民を巻き込み、新しい時代に向けて、「デザイン都市」という打ち出しで生まれ変わろうという企画になっています。

なぜそれを企画するのか？　　　　　　　　　　　　　　　　　PAV

PURPOSE / P / 目的
- "ハコモノ"にお金をかけても、市民にとってメリットは少ない。将来に向けての資産となる人材を中心とした町づくりをすべきである。
- 今後ますます重要になるデザインの視点で町の発展を考える時期にきている。

AIM / A / 目標
- 近未来を見つめた知的資産の構想を行うデザインの概念が、今後、町づくりに重要になってくることを構造的に理解してもらう必要がある。
- まずコアメンバーに「デザイン都市宣言」の骨子とその概要を理解してもらいたい。

VALUE / V / バリュー
- 行政主導の利権がらみの町づくりではなく、広く市民の参加を呼びかけて、求心力のあるデザインの概念で改革を行っていくことには深い意味と意義がある。
- 最初にコンセプトを示すと、ブレが生じても、立ち返って確認ができる。

どのようにそれを表現するか？　　　　　P（プロット）90：10 I（アイデア）

PLOT & IDEA / P&I

この企画書は、代表によるフォーラムからその発展形を示し、望ましいモデルを示したあと、数年後の構想を行うという形態をとっていて、プロット思考型である。特徴は、学識経験者や知識人に向けて、根本的な概念を説明している点で、他の企画書に比べても硬い内容になっている。左下のピラミッド型を構築するメタファーを利用した点はアイデア思考である。

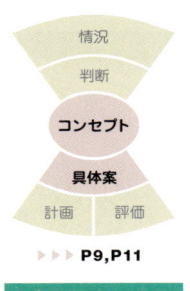

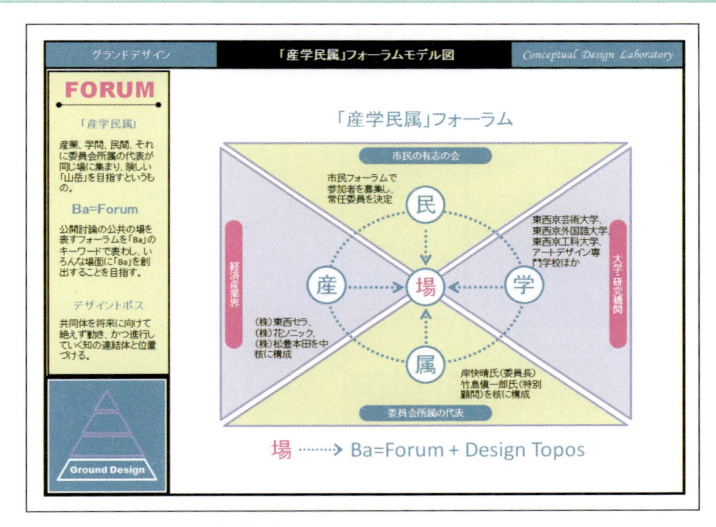

1 コンセプト＋具体案　V（バリュー）は多分野からの参画

4つの分野から代表者が集まって市民主体のフォーラムを繰り広げていこうという方向性を「山岳民族」をもじった「産学民属」という造語で表した。

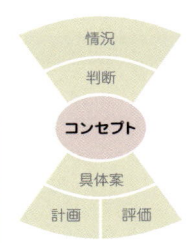

Coloring
互いに相性の良い2組のダブルバランス

互いに相性の良い、黄色と青色、薄紫色とマゼンタ（濃いピンク）の組み合わせで成り立っている。絶妙な配色であれば色数は多くても見栄えは良い。

▶▶▶ P9, P11

図：「産学民属」フォーラムモデル図 — FORUM / Ba=Forum / デザイントポス / Ground Design / 場 ＝ Ba=Forum + Design Topos

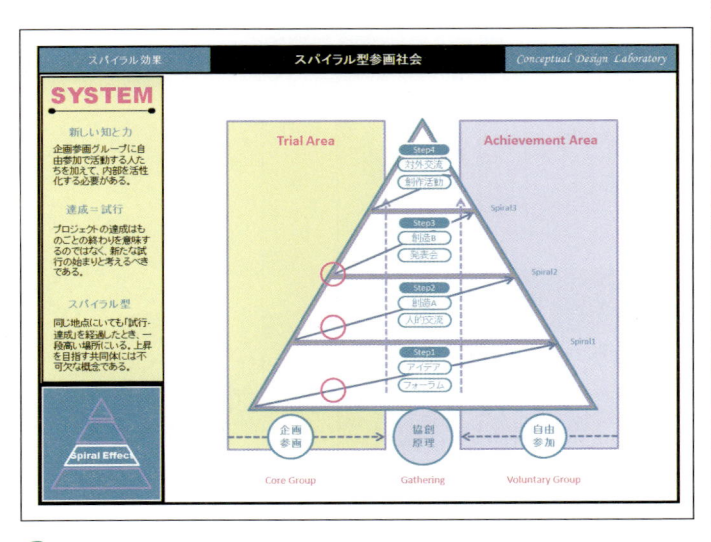

2 コンセプト　V（バリュー）は参画による発展性

コアメンバーと同じくらい意欲を持った市民の参画によって、スパイラル式にプロジェクトを成功に導くことができる。その概念を階層型の図解で表現した。

Design
ピラミッドとスパイラルのイラスト

グレードアップを表すにはピラミッド型、そして同じ位置にいるようでレベルが上がっているのはスパイラル型の図解がふさわしく、これは2つを1つにした図解です。

図：スパイラル型参画社会 — SYSTEM / Spiral Effect / Trial Area / Achievement Area / Step1〜Step4 / Spiral1〜Spiral3 / Core Group, Gathering, Voluntary Group

ケーススタディ編 04

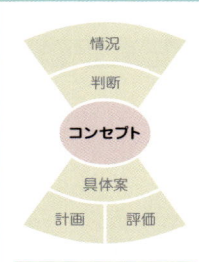

Design
構造的理解を図で示す

大きな図を上のほうに描き、それが発展するとどうなるかを右下に描き入れた。さらに大きな図の補足を左下に描き、全体として調和のとれた絵になっている。

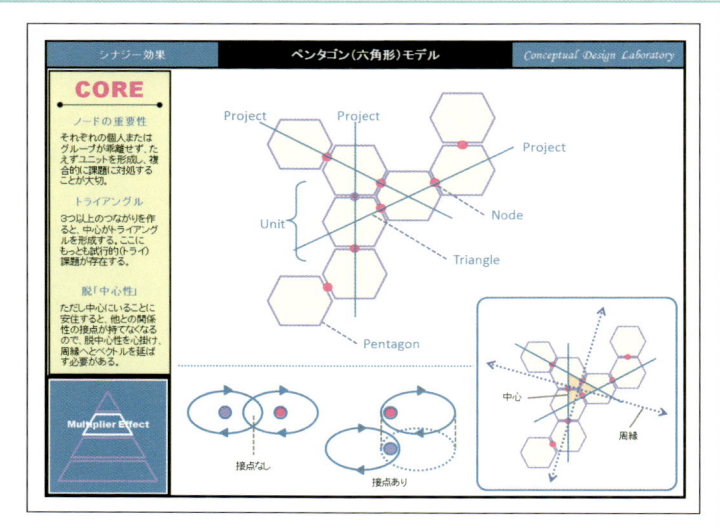

シナジー効果 ／ ペンタゴン（六角形）モデル ／ Conceptual Design Laboratory

CORE

ノードの重要性
それぞれの個人またはグループが孤立せず、たえずユニットを形成し、複合的に課題に対処することが大切。

トライアングル
3つ以上のつながりを作ると、中心がトライアングルを形成する。ここにもっとも試行的（0-1リー）な課題が存在する。

脱「中心性」
ただし中心にいることに安住すると、他との関係性の接点が持てなくなるので、脱中心人を心掛け、周縁へとベクトルを延ばす必要がある。

Multiplier Effect

Project / Node / Unit / Triangle / Pentagon
中心 ／ 周縁
接点なし ／ 接点あり

3 コンセプト　V（バリュー）は脱中心性の強み

多様な価値観がいくつものポイント（ノード）で結びつくことによって、中心が堅固で、なおかつ中心に片寄らない組織体が形成されるという模式図である。

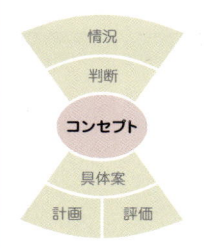

Design
背景に象徴的な絵を入れる

「磁場産業」という造語がテーマなので、磁石のイラストを描いて背景に挿入した。これにより、思い描いているイメージが複合的に、深く理解できる。

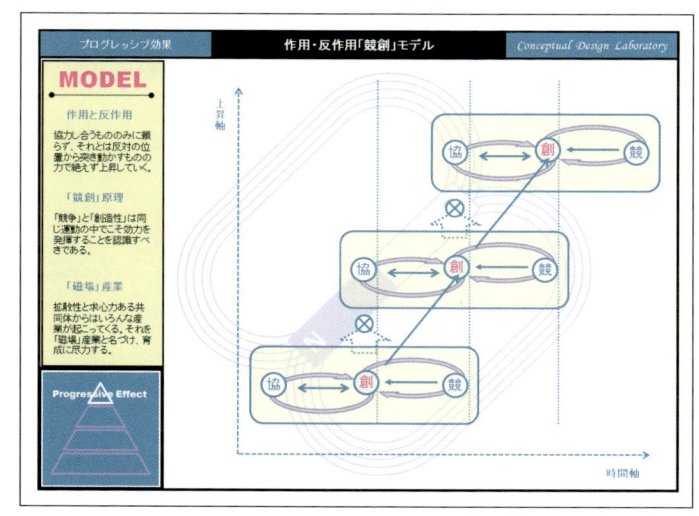

プログレッシブ効果 ／ 作用・反作用「競創」モデル ／ Conceptual Design Laboratory

MODEL

作用と反作用
協力し合うもののみに頼らず、それとは反対の位置から突き動かすものの力で絶えず上昇していく。

「競創」原理
「競争」と「創造性」は同じ運動の中でこそ効力を発揮することを認識すべきである。

「磁場」産業
拡散性と求心力のある共同体からはいろいろな産業が起こってくる。それを「磁場」産業と名づけ、育成に尽力する。

Progressive Effect

上昇軸 ／ 協 ／ 創 ／ 競 ／ 時間軸

4 コンセプト　V（バリュー）は「正・反・合」

同じ価値観で集まるより、そうした人たちとの協力に加えて、異なる価値観の競合を参加させ、上昇するほうが磁場としての強さを発揮できる、という図解。

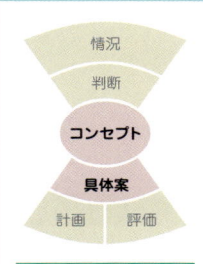

04 ケーススタディ1館

Design 図解を組み合わせて用いる

右側のステップアップの図だけだと単純に見えるが、それは3つの要素が掛け合わされた結果そうなるという図にすると意味のある図解と認知してもらえる。

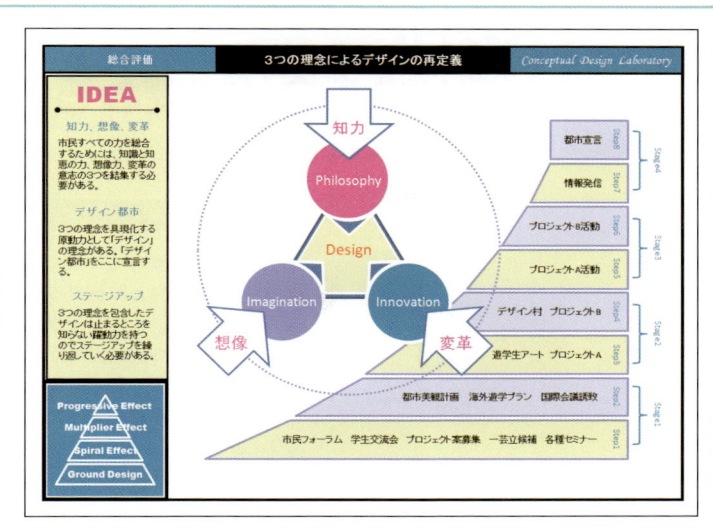

5 コンセプト＋具体案　V（バリュー）はデザインの深い意味合い

「デザイン都市宣言」のデザインの意味とは、3つの要素が掛け合わされたものであり、段階的な発展性がそれを支えるということを2つの図解で表した。

作成ポイント　磁力の出ている磁石の描き方

「地場産業」をもじった「磁場産業」という造語を印象づけるため、「N」と「S」から磁力が出ている磁石をイメージ的に用いた。ポイントは磁力を表す5つの角丸四角形にきれいに大小をつけて（上下左右の比率は同じではない）整列させる点にある。薄い色をつけて背景に敷くことによって、見てすぐに「そこに磁力が働いている」と理解してもらえる。

完成イメージ

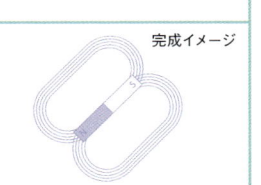

1. 角丸四角形を描き、黄色の調整ハンドルをドラッグして丸みを調整する。
2. ［Ctrl］キーを押しながら右下にドラッグしてコピーを作ったあと、右下のハンドルを左上にドラッグして縮小した角丸四角形を描く。これをあと3回繰り返す。
3. すべての角丸四角形を選択し、［図形描画］の［配置］をクリックして［配置］→［左右中央揃え］と［上下中央揃え］をクリックする。 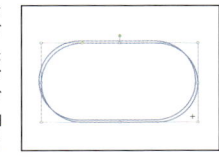
4. 同じく選択状態で、右クリックをして［グループ化］→［グループ化］をクリックしたあと、［Shift］+［Ctrl］キーを押しながら下にドラッグして反対側にコピーを作る。
5. 四角形を2つ組み合わせ、「N」と「S」のテキストを書き加えたあと、2つの図形グループの中間に配置する。 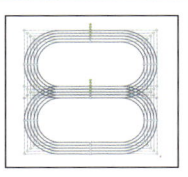
6. 最後にすべての図形をグループ化したあと、緑色の回転ハンドルをドラッグして適当な傾きをつける。

PowerPoint 2002,2003　▶▶▶　P165

ケーススタディ編　05

05 組織改革企画書

創造性ある会社に変わる
組織改革の提案

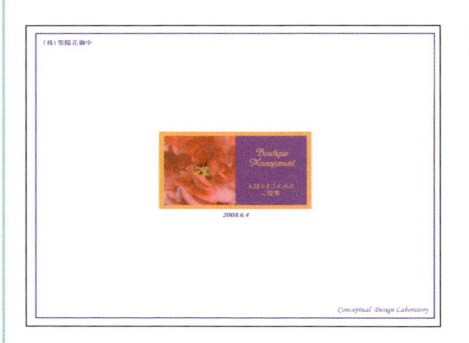

上下にバー型

STORY

採用を自粛していたこの10年、新たに採用する新入社員と幹部クラスとの間には、仕事や組織への思いにギャップが生じているというのがこの会社の問題点です。そこで重要課題をあぶり出し、チームとしての創造性を最大限まで高める方法を考えようとこの企画書を起こしました。

なぜそれを企画するのか？　　　　　　　　　　　　　　PAV

PURPOSE / P / 目的
- 採用を自粛していたこの10年間で、幹部クラスと新入社員との間にできた意識のギャップを埋めるために、意識調査を行い、現有社員で最大限の結果を得られるよう組織改革をする。
- 与えられた仕事をこなすだけという意識を改革して、強い会社を目指す。

AIM / A / 目標
- 世代間とキャリアのギャップを強みに変える組織およびチーム改革を行いたい。
- それぞれの社員が経営者意識をもって仕事にあたる社風を作りたい。
- グループ単位で能力を競い合い、創造性のある仕事に取り組んでほしい。

VALUE / V / バリュー
- 上からの命令にしたがって日々の仕事をこなすだけという社員から、自ら考え、自分のポジションを確立し、新しいプロジェクトを産み出すという新しい体質を植え付けることができる。
- 異なる分野の異なる能力が結びつき、いままでにない成果が得られる。

どのようにそれを表現するか？　　　P（プロット）90：10 I（アイデア）

PLOT & IDEA / P&I

問題点の洗い出しから始まり、社員の意見を聴取し、2つの具体的案を提示して、それをどのように実行するかを考えている点で、典型的なプロット思考型である。デザインとしては、すべての企画書を3つの要点でまとめ、同系色による3つの色彩を使った角丸四角形を基調に組み立てた点に特徴がある。このように要素は3つを中心にまとめると、相手にとっても理解しやすいものとなる。

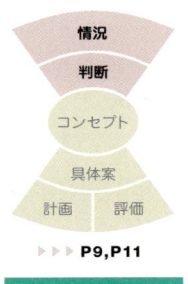

情況
判断
コンセプト
具体案
計画　評価
▶▶▶ P9, P11

Coloring
トリプルコンビネーション＋1色で構成

青色とエンジ色は色合いが離れているが、紫色を中間にして同系色に近い。相性が良い3色のコンビネーションとも、同系色とベージュとのダブルバランスと見ることもできる。

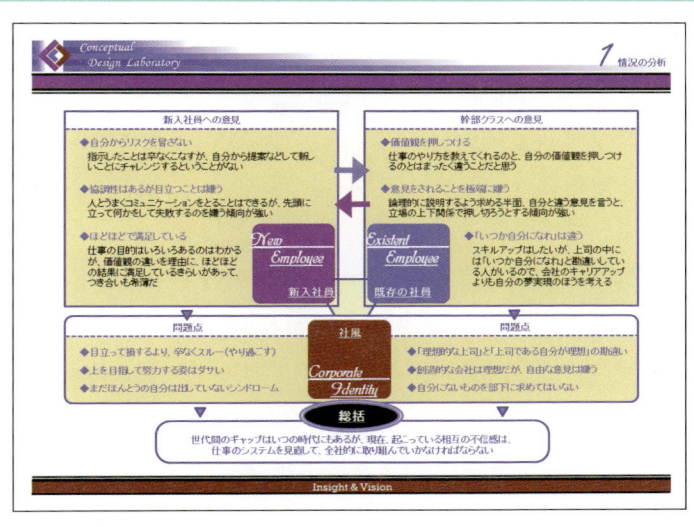

1　情況＋判断　対立の構図を浮き彫りにするのがP（目的）

幹部社員が新入社員を、そしてその逆を、お互いにどう見ているかを左右で対比させ、社風にどのような影響を及ぼしているかを検証し、総括をした。

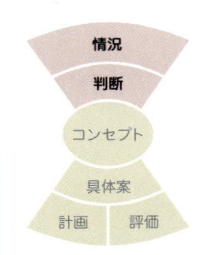

情況
判断
コンセプト
具体案
計画　評価

Design
3つの意見を3段にした

右側の3つのブロックにそれぞれ3つの意見を入れてあるが、すべて長方形で囲むとデザイン的にきれいではないので、3段重ねのようなデザインにした。

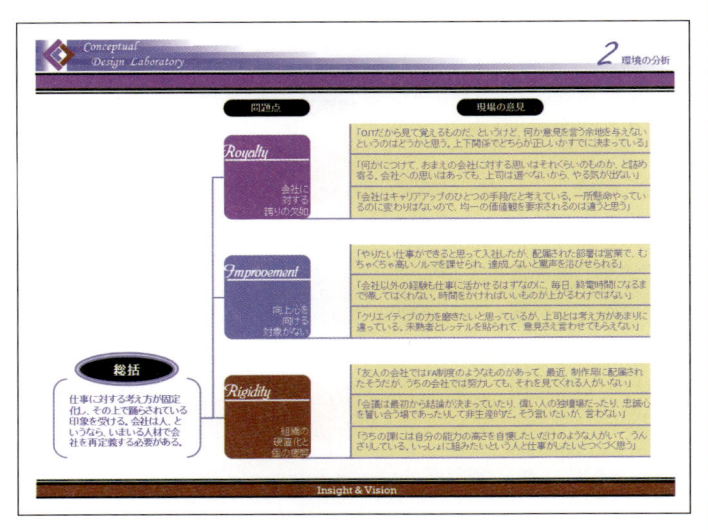

2　情況＋判断　P（目的）は潜在意識の顕在化

上記の1枚目を踏まえて現場を回り、聴き取り調査を行い、代表的な意見を掲げて3点に分類。3つを集合させた総括に取り組むべき課題が浮かび上った。

047

ケーススタディ編　05

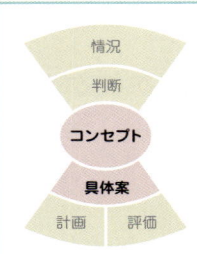

Design
変化は
絵で対比させる

「ピラミッド型組織」から「ブティック型組織」への変化がこのページのテーマであるが、その違いがよくわかるよう２つの模式図を対比させた。

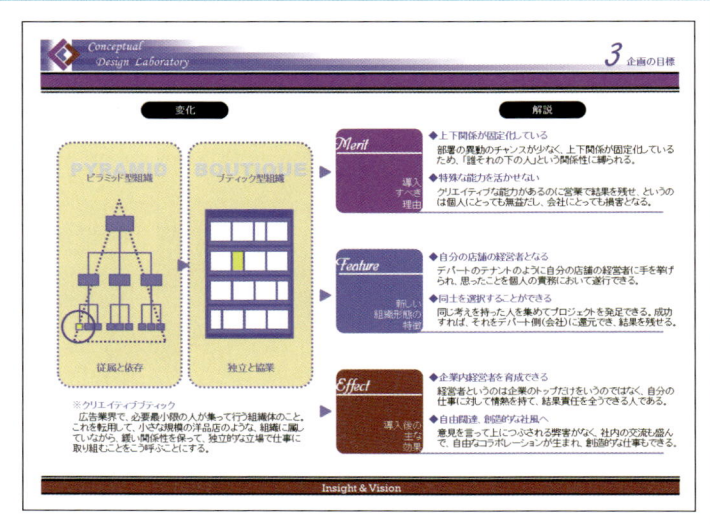

3　コンセプト＋具体案　V（バリュー）は特殊能力の開眼

デパートのブティックのように、「入居はしていてもそれぞれ独立採算方式で、それぞれが経営者である」という意識を持つべきだというのがコンセプト。

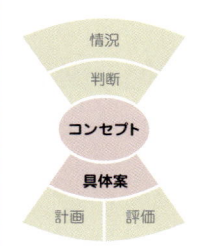

Design
変化していく様を
表した４つの図形

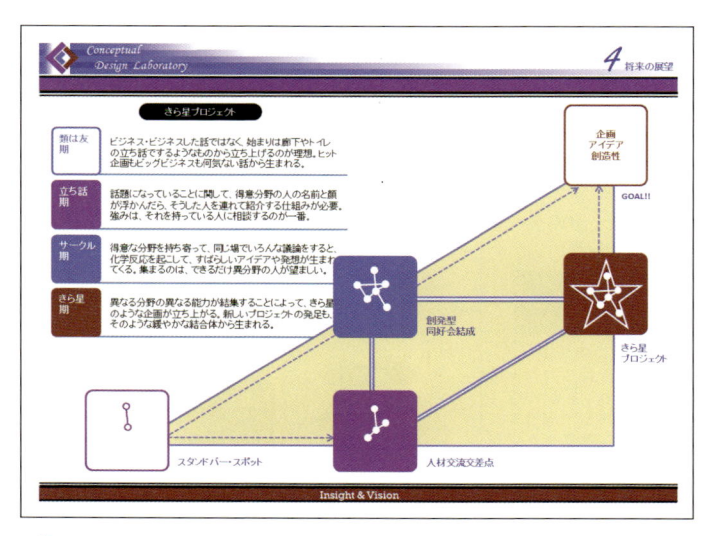

組織を「個々が結びついて、星のような形になるような柔らかな結合体」にすべきだと言うため、円が結合して有機体となる絵を４点描いて順に説明を加えた。

4　コンセプト＋具体案　V（バリュー）は新星の発見

固定化した上下関係ではなく、目的意識によって必要な人材をスカウトして、どこからでもプロジェクトが生まれる、という社内環境作りがコンセプト。

048

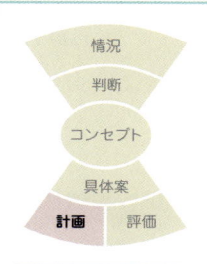

Design
"空間感"を醸し出す工夫

「5枚プレゼン」ではスペースに余裕を持たせるため、四角形で囲むのを避ける。ここでも二重括弧に入れたり、上下に点線をつけたりといった工夫を施した。

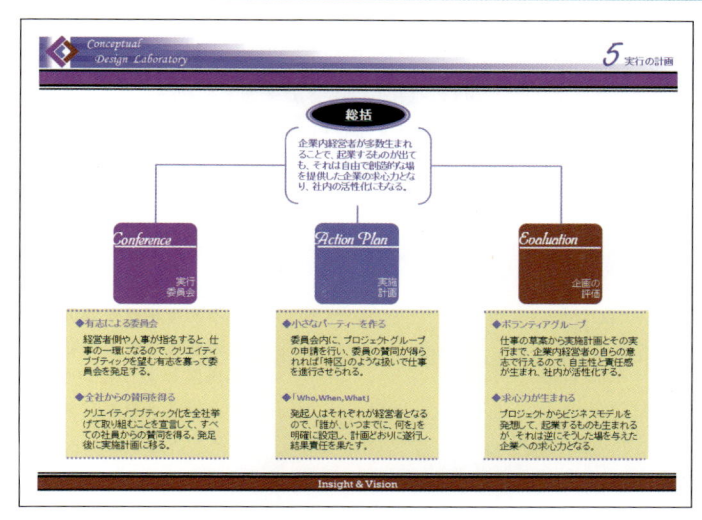

5 計画　有言実行を果たすのが A（目標）

3枚目と4枚目で提示した2つのコンセプトを実行に移すためには、基本的な枠組みと、進行方針といったものが3つ必要になる、ということを表現した。

作成ポイント　細長い帯を上下に整列させる

こうした細長い帯を重なることなく並べるのは手作業ではほとんど不可能なので、5本の帯なら高さが5倍の四角形を横にダミーで作り、この上下の範囲を利用して「上下に整列」という操作を行う。グラデーションのつけ方については次項を参照。この例のように、帯の左右の幅を上にいくほど短くし、交互に色合いを変えるときれいに見える。

完成イメージ

1 四角形を横に長く描いてダブルクリックし、[書式] タブの [サイズ] で [図形の高さ] の値を 0.24cm に設定する。

2 横長の四角形を [Shift] + [Ctrl] キーを押しながら上にドラッグを繰り返し、だいたいの位置に5本の帯を作り、上にいくほど横幅を短いものにする。

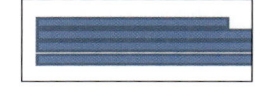

3 一番上の四角形を [Shift] + [Ctrl] キーを押しながら左横にドラッグしてコピーを作って横幅を縮め、[図形の高さ] の値を 0.24cm × 5 = 1.2cm に設定する（図形は下に長くなる）。

4 3 で作った四角形と一番上の四角形は上のラインが揃っているので、2つの四角形をクリックして選択し、右クリックをして [グループ化] → [グループ化] をクリックする。

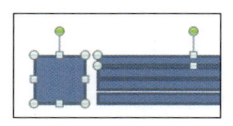

5 グループ化した図形と右側の一番下の図形を選択して [図形描画] → [配置] をクリックして [配置] → [下揃え] をクリックする。

6 グループ化された図形を選択し、今度は [グループ解除] にしたあと、5つの四角形を選択して [配置] → [上下に整列] をクリックする。

PowerPoint 2002, 2003　▶▶▶　P166

ケーススタディ編　06

06 販売促進企画書　　　四辺を囲む型
4つの戦略からなる
ジャムの販促企画

STORY

パンにぬる食材も嗜好の多様化によって人さまざまになっています。そこでパンにこだわらず、いろんな場所と場面でジャムと他の飲料や食材と組み合わせて、新鮮な味わいを消費者に対して提案しようという企画案を立てました。「ジャムによるセッション」をコンセプトにアプローチしてみました。

なぜそれを企画するのか？　　　PAV

PURPOSE / 目的
- 嗜好の多様化に対処するため、パンにぬる食材以外の可能性を探り、いろんなところに組み合わせの提案をしてジャムの普及を図っていく。
- ジャムの業界の低迷に歯止めをかけ、健康食材として多くの人にその良さを見直してもらう。

AIM / 目標
- アルコールや製茶飲料、それに料理の隠し味としてもジャムはすぐれた食材であることを全国の消費者の人に広く理解してほしい。
- 全国の小規模生産者の紹介も行うことで、ジャム業界全体が潤うような態勢を作っていきたい。

VALUE / バリュー
- 食べてみたら意外とおいしかったという提案をいろんな飲料や食材と「ジャムセッション」することで、利点をもう一度再認識してもらえる。
- 自然の恵みを生かしたジャムを作っている全国の生産者に勇気と自信を与えることができる。

どのようにそれを表現するか？　　　P（プロット）80：20 I（アイデア）

PLOT & IDEA / P&I

ジャムとアルコールや製茶飲料などと組み合わせることを「ジャムセッション」と名づけ、企画書にも雰囲気を出すため周囲に英字で入れた。その部分はアイデアであるが、それ以外はプロット思考に忠実にのっとって展開している。3枚目は4つの戦略を見せる重要な部分でこの企画書の中心なので、バックに果物の写真を敷いて、重要であることを暗に示してある。

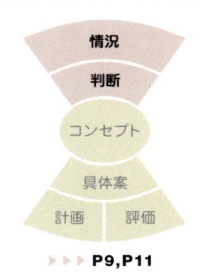

ケーススタディ1籤　06

情況
判断
コンセプト
具体案
計画　評価
▶▶▶ P9, P11

Coloring
近似の3色によるトリプルコンビネーション
紫色、緑色、青色は3色の組み合わせによってきれいに見える典型的なトリプルコンビネーションである。強調色にはピンクを四辺の枠取りに使ってある。

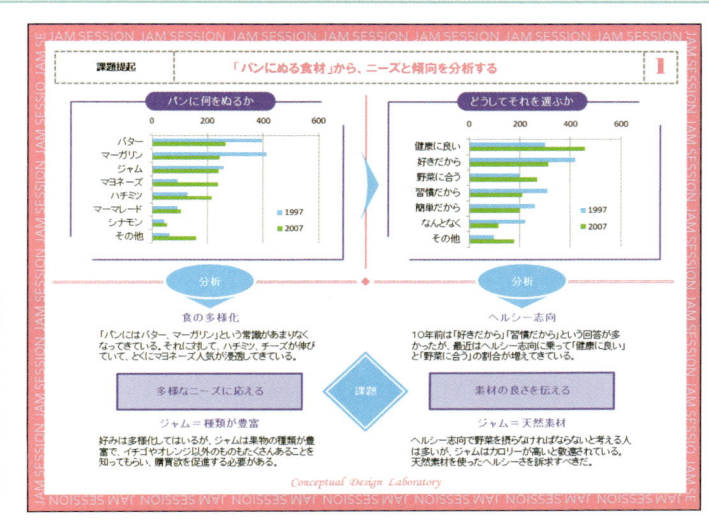

課題提起　「パンにぬる食材」から、ニーズと傾向を分析する　1

パンに何をぬるか
- バター
- マーガリン
- ジャム
- マヨネーズ
- ハチミツ
- マーマレード
- シナモン
- その他
■ 1997　■ 2007

どうしてそれを選ぶか
- 健康に良い
- 好きだから
- 野菜に合う
- 習慣だから
- 簡単だから
- なんとなく
- その他
■ 1997　■ 2007

分析
食の多様化
「パンにはバター、マーガリン」という常識があまりなくなってきている。それに対して、ハチミツ、チーズが伸びていて、とくにマヨネーズ人気が急激に増えている。

分析
ヘルシー志向
10年前は「好きだから」「習慣だから」という回答が多かったが、最近はヘルシー志向に乗って「健康に良い」と「野菜に合う」の割合が増えてきている。

課題
多様なニーズに応える
ジャム＝種類が豊富
好みは多様化してはいるが、ジャムは果物の種類が豊富で、イチゴやオレンジ以外のものがたくさんあることを知ってもらい、購買意欲を促進する必要がある。

素材の良さを伝える
ジャム＝天然素材
ヘルシー志向で野菜を摂らなければならないと考える人は多いが、ジャムはカロリーが高いと敬遠されている。天然素材を使ったヘルシーさを訴求すべきだ。

Conceptual Design Laboratory

1　情況＋判断　P（目的）はジャムの可能性の模索

嗜好の多様性と健康志向で、パンにぬる食材もいろんなものに分散するようになったという「情況」から、ジャムの可能性として2点の「判断」をしている。

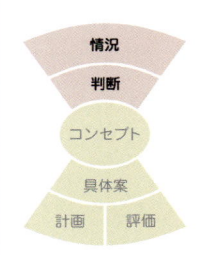

情況
判断
コンセプト
具体案
計画　評価

Design
象徴的デザインを踏襲する
この企画書では楕円に三角形がくっついた形が数ヵ所に使われている。このように、同じデザインを企画書のいたるところに踏襲することで統一感が生まれる。

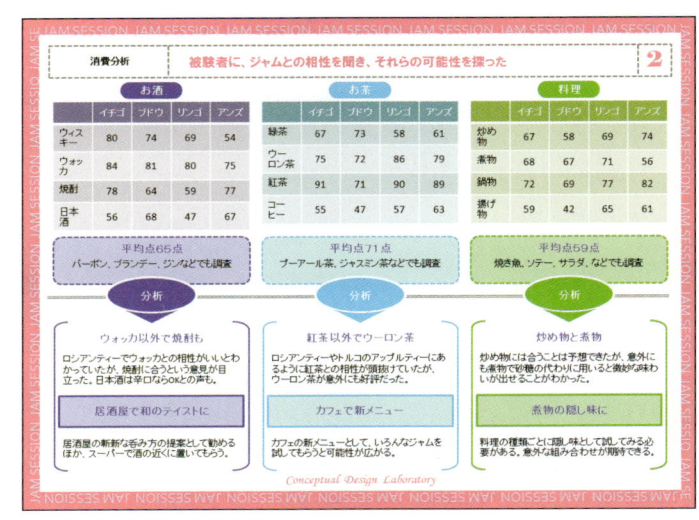

消費分析　被験者に、ジャムとの相性を聞き、それらの可能性を探った　2

お酒

	イチゴ	ブドウ	リンゴ	アンズ
ウィスキー	80	74	69	54
ウォッカ	84	81	80	75
焼酎	78	64	59	77
日本酒	56	60	47	67

平均点65点
バーボン、ブランデー、ジンなども調査

お茶

	イチゴ	ブドウ	リンゴ	アンズ
緑茶	67	73	58	61
ウーロン茶	75	72	86	79
紅茶	91	71	90	89
コーヒー	55	47	57	63

平均点71点
プーアール茶、ジャスミン茶なども調査

料理

	イチゴ	ブドウ	リンゴ	アンズ
炒め物	67	58	69	74
煮物	68	67	71	56
鍋物	72	69	77	82
揚げ物	59	42	65	61

平均点59点
焼き魚、ソテー、サラダ、などでも調査

分析
ウォッカ以外で焼酎も
ロシアンティーでウォッカとの相性がいいとわかっていたが、焼酎に合うという意見が目立った。日本酒は辛口ならokとの声も。

居酒屋で和のテイストに
居酒屋の斬新な呑み方の提案として勧めるほか、スーパーで酒の近くに置いてもらう。

分析
紅茶以外でウーロン茶
ロシアンティーやトルコのアップルティーにあるように紅茶との相性が頭著していたが、ウーロン茶も意外にお好評だった。

カフェで新メニュー
カフェの新メニューとして、いろんなジャムを試してもらう機会を設け、可能性が広がる。

分析
炒め物と煮物
炒め物に合うことは予想できたが、意外にも素物で砂糖の代わりに用いると微妙な味わいが出せることがわかった。

煮物の隠し味に
料理の種類ごとに隠し味として試してみる必要がある。意外な組み合わせが期待できる。

Conceptual Design Laboratory

2　情況＋判断　多様性の可能性追求がP（目的）

パンにぬる以外の食べ方として「お酒」「お茶」「料理」との相性を調査すると、意外な結果が出たので、ここからコンセプトの提案につなげることにした。

051

ケーススタディ編 06

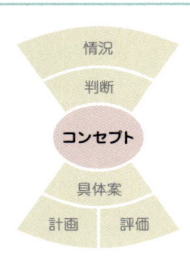

Design
一番の注目ページの表し方

「これがコンセプトです」「ここが一番重要です」というページは、このようにバックに全面写真を敷くなどして、最重要だという「印」をつけておく。

3 コンセプト　V（バリュー）は4分野でのセッション

1枚目と2枚目を受け、ジャムの食材としての可能性を広げていくには4つの分野で戦略的に提案活動を繰り広げていくことが大切だと位置づけている。

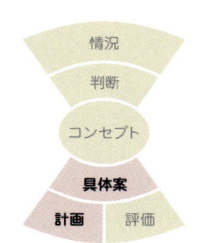

Design
中央に区分を表すデザイン

これはレイアウトの基本である4分割になっているが、大きく分けると左右の分割なので、中央は「左右で別の要素となっている」というデザインにした。

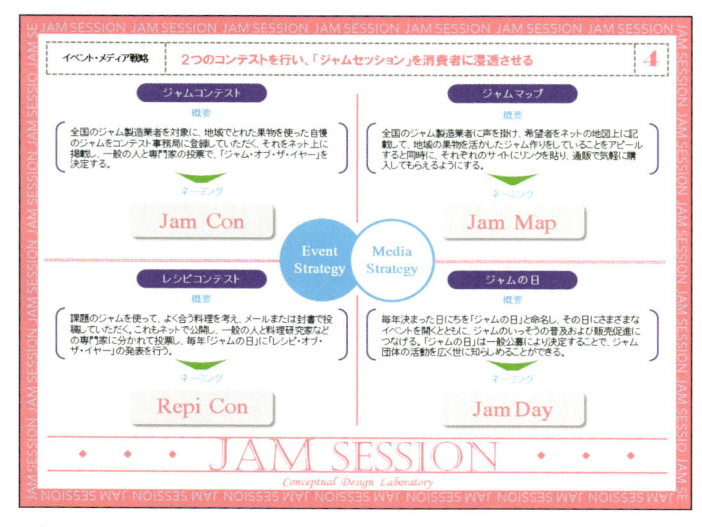

4 具体案＋計画　広範囲なジャムの普及がA（目標）

コンセプト「ジャムセッション」を2つの分野、4つの領域で複合的に展開することによって、社会的に大きな広がりを見せることを期待している。

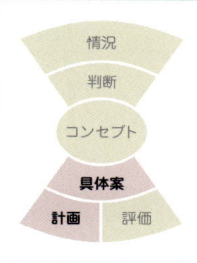

Design
ジャムのイラストを入れる

上から下に、言葉だけのフローにするとそれほどインパクトはない。そのようなときには「ジャムの企画なのだから、ジャムのイラストを入れてはどうか」と考えてみる。

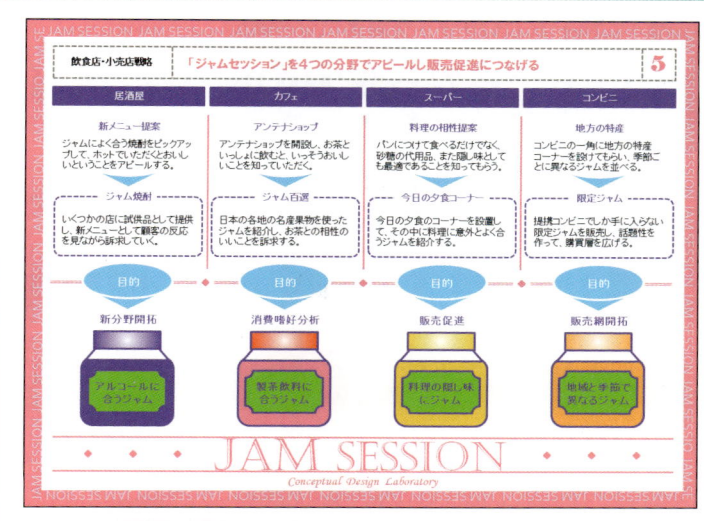

5 具体案＋計画　身近な範囲でのジャムの普及がA（目標）

全国展開を行う前ページとは対照的に、身近にある飲食店や商店を舞台にしてジャムの普及活動を行うための方策を、4つの領域に分けて解説している。

作成ポイント　ジャムの小瓶の描き方

ジャムの瓶の部分は、台形と角丸四角形を組み合わせて作るが、図形の境目をうまく利用すれば実際にジャムが入っているように見せることができる。加えて、キャップの部分にはグラデーションをつけておくと立体的に見える（PowerPoint 2007では「分岐点」の操作に慣れが必要）。瓶に貼られた商品ラベルは「ブローチ」という図形を利用する。

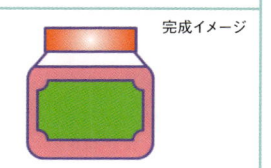

完成イメージ

1 角丸四角形を描き、黄色の調整ハンドルをドラッグして丸みを微調整する。

2 同じく台形と四角形を描き、1で作った角丸四角形と組み合わせる。

3 四角形を選択して［図形描画］の［図形の塗りつぶし］→［グラデーション］→［中央から］をクリックする。

4 同じく［グラデーション］→［その他のグラデーション］をクリックし、［グラデーションの分岐点］→［分岐点1］の［色］で白、［分岐点2］と［分岐点3］を赤色にして、［分岐点2］の［分岐点］の値を「100％」にする。

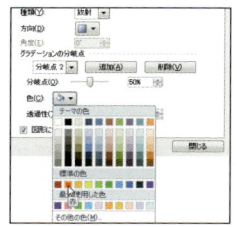

5 ［図形描画］から［ブローチ］を描き、角丸四角形の上に乗せる。

PowerPoint 2002, 2003　▶ ▶ ▶ **P166**

ケーススタディ編　07

新しいサイト企画書　　　　　　　　　　　　　　　　四辺を囲む型

07 亡くなった方の気持ちが届く「見えるメール」システム

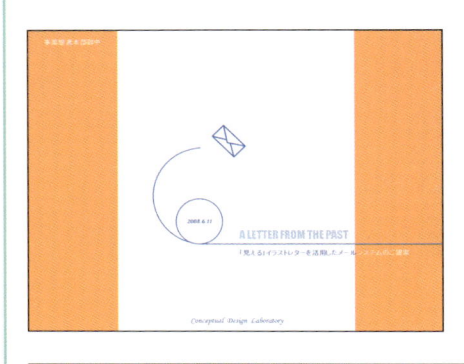

STORY

21世紀最初の日に届くはがきを1885年に開催された「つくば万博」で募集したところ、亡くなった親族のものが送り届けられ、感慨を新たにしたというテレビ番組を見ました。これは、それを「見えるメール」というシステムに転化できないかと思い立って企画されたものです。

なぜそれを企画するのか？　　　　　　　　　　　　　PAV

PURPOSE　目的
- イラストのテンプレートを書籍の形で提供すると販路が限られるので、先細りする出版業界のビジネスモデルとして新しい策を講じる。
- テンプレートを無料で使ってもらうサイトを作り、そのアクセス数によって広告収入が得られるシステムに軸足を移す。

AIM　目標
- テンプレートを無料化することで、ユーザー層の拡大につなげたい。
- テンプレートを使った「見えるメール」の良さと、送りたい人に送りたいときに送付できるメールの利便性を知ってもらうことにより、広告収入でビジネスが成立するようにしたい。

VALUE　バリュー
- イラストを添付した「見えるメール」を無料で作れたり、作成した年賀状や暑中見舞いを、決まった日時に配送できる利便性を享有できる。
- 面と向かって思っていることを伝えられない人に、気持ちのこもったメールを送ることで、心と心の交流を育んでいくことができる。

どのようにそれを表現するか？　　　　P（プロット）70：30 I（アイデア）

PLOT & IDEA　P&I

最初にシステム図を見せ、それを3つに分割してそれぞれの解説を続く3枚で見せ、最後にまとめを行う典型的な「1-3-1型」（P012を参照）の企画書で、プロット思考型である。2枚目以降は、1枚目で掲げたシステム図のうち、必要な部分だけを取り上げ、上の解説とあわせて見られるようにした。システム図に使うパーツは角丸四角形などの基本図形を用いて単純化し、見やすくなるよう工夫してある。

ケーススタディ1 鏑

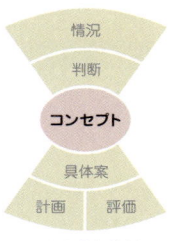

07

情況 / 判断 / **コンセプト** / 具体案 / 計画 / 評価

▶▶▶ P9, P11

Coloring
**青色とオレンジ色の
ダブルバランス**

基調色は2諧調による青色で、反対色にオレンジ色を使ったダブルバランス。中央にスペースができたので「Illustration Letters」とデザイン的に入れた。

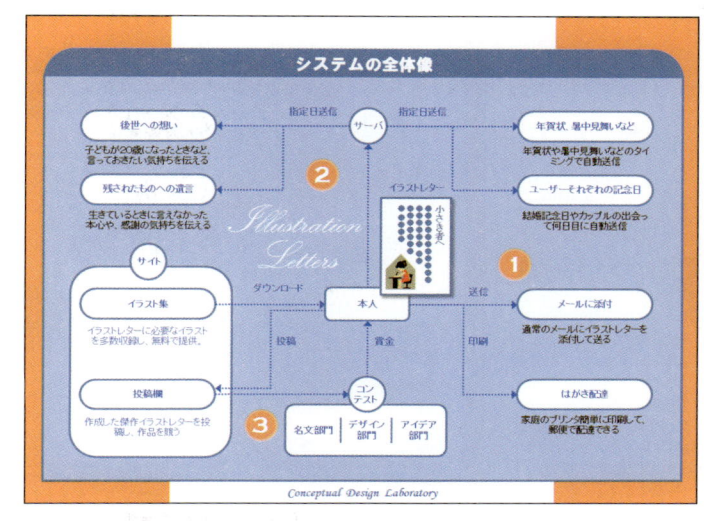

1 コンセプト　ユーザーへの対応がV（バリュー）

この企画では担当者間でコンセンサスがとれているので、コンセプト＝「イラストレター」の仕組みを展開図で示し、以降はそのアイデアとなっている。

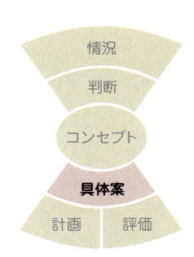

情況 / 判断 / コンセプト / **具体案** / 計画 / 評価

Design
**フロー図解を
切り取って入れた**

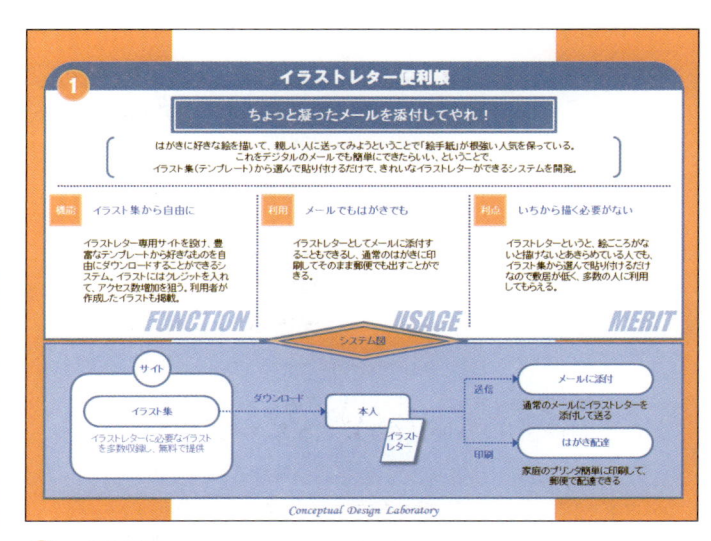

1枚目のフロー図解のうち一部分を切り取って、下半分の四角形のなかに入れた。このデザインは3枚目まで続き、連続性を感じさせるものになっている。

2 具体案　V（バリュー）は「利用のしやすさ」

市販のテンプレート集ではなく、無料で利用できるシステムを導入すれば幅広く顧客を取り込める、という図を企画書1枚目から切り取って解説した。

055

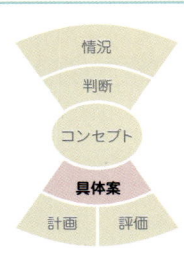

ケーススタディ編 07

Design
ダブルバランスにして領域のバランスをとる

背景の左右に敷いたオレンジ色は、これがないと全体にあっさりしすぎなので入れた。つまり青色とのバランスでオレンジの領域を同等に設けたものである。

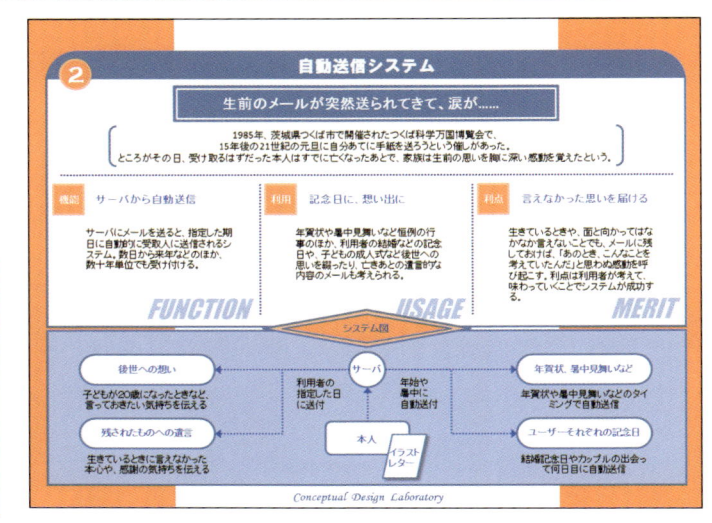

② 自動送信システム
生前のメールが突然送られてきて、涙が……

1985年、茨城県つくば市で開催されたつくば科学万国博覧会で、15年後の21世紀の元旦に自分あてに手紙を送ろうという催しがあった。ところがその日、受け取るはずだった本人はすでに亡くなったあとで、家族は生前の思いを胸に深い感動を覚えたという。

機能 サーバから自動送信	利用 記念日に、思い出に	利点 言えなかった思いを届ける
サーバにメールを送ると、指定した期日に自動的に受取人に送信されるシステム。数日から来年などのほか、数十年単位でも受け付ける。	年賀状や暑中見舞いなど恒例の行事のほか、利用者の結婚などの記念日や、子どもの成人式などや後世への思いを綴ったり、亡きあとの遺言的な内容のメールも考えられる。	生きているときに、面と向かってはなかなか言えないことでも、メールに残しておけば「あのとき、こんなことを考えていたんだ」と思われ感動を呼び起こす。利点は利用者が考えて、味わっていくことでシステムが成功する。

FUNCTION / USAGE / MERIT

システム図

Conceptual Design Laboratory

3 具体案　V（バリュー）は「心の交流」

「直接思いを伝えることができない人にメールをしてみませんか」と提案し、そのことで希薄になっていく人間関係を見直そうという企画案になっている。

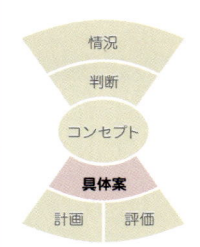

Design
象徴的に英字を入れる

中央よりやや下に「FUNCTION」などと入れたのは純粋に飾り的な扱いであるが、これがないとスペースが空いてさみしい。上品に見せるための工夫である。

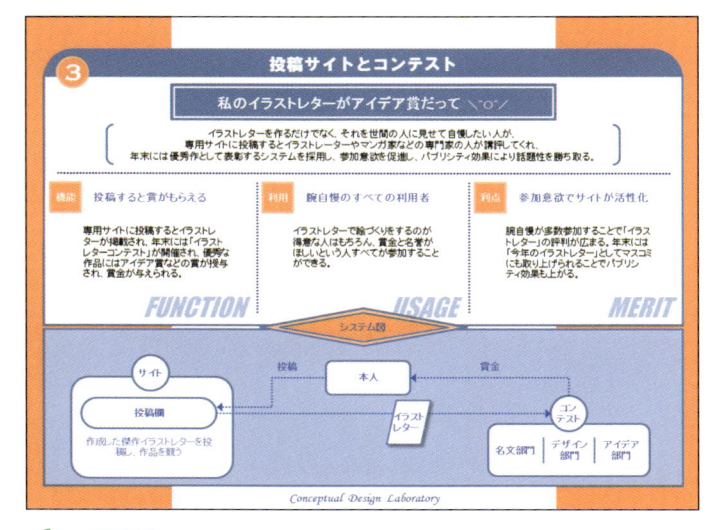

③ 投稿サイトとコンテスト
私のイラストレターがアイデア賞だって \\ˆoˆ/

イラストレターを作るだけでなく、それを世間の人に見せて自慢したい人が、専用サイトに投稿するとイラストレターやマンガ家などの専門家の人が講評してくれ、年末には優秀作として表彰するシステムを採用。参加意欲を促進し、パブリシティ効果により話題性を勝ち取る。

機能 投稿すると賞がもらえる	利用 腕自慢のすべての利用者	利点 参加意欲でサイトが活性化
専用サイトに投稿するとイラストレターが掲載され、年末には「イラストレターコンテスト」が開催され、優秀な作品には「アイデア賞」などの賞が授与され、賞金が与えられる。	イラストレターで絵づくりをするのが得意な人はもちろん、賞金と名誉がほしいという人すべてが参加することができる。	腕自慢が多数参加することで「イラストレター」の評判が広がる。年末には「今年のイラストレター」としてマスコミにも取り上げられることでパブリシティ効果も上がる。

FUNCTION / USAGE / MERIT

システム図

Conceptual Design Laboratory

4 具体案　V（バリュー）は「創作（参加）意欲」

コンテストで参加意欲と話題性を高めてビジネスにつなげることが目的だが、送る気持ちをどう伝えるかを社会全体で考えることに価値があるとしている。

収益モデル・バナーと企業名入りイラストなどが収入源

1. バナー広告がメイン
2. 企業名入りイラストレター
3. 年末恒例のパブリシティ効果

Design
最初に目がいくアイコン

このページでは「1」「2」「3」と数字を振ってあるが、こうしたアイコンを大きく入れることで「3つの要素がある」「順番に見てほしい」と察知してもらえる。

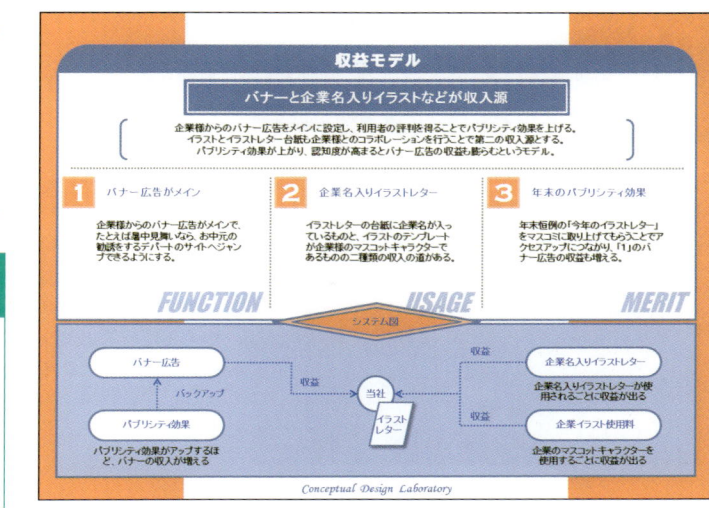

5　評価　広告収入でまかなえる点が V（バリュー）

利用しやすさが最大のユーザーベネフィット（便益）なので、広く認知されることを前提に、広告収入をメインにするというビジネスモデルを立てた。

作成ポイント　屋根が丸くなった四角形の描き方

角丸四角形だと下の左右2つの角も丸いため、この部分にテキストや図形を入れるのが難しく、使いづらい。そこで角丸四角形の前面に四角形を描いて、すこしだけ上の部分を出しておくと、上部にタイトルなど書き入れることができて都合がいい。両方の図形を同じ配色にすると、1つの"かまぼこ型"図形として利用することもできる。

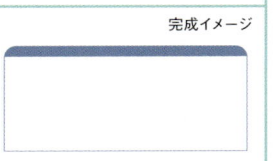

完成イメージ

1. 角丸四角形を描き、黄色の調整ハンドルをドラッグして適当な丸みをつけたあと、右下のハンドルをドラッグして適当な大きさに整える。

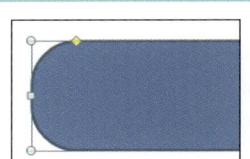

2. 同じく四角形を描いたあと、角丸四角形をダブルクリックし、[書式]タブの[サイズ]にある[図形の幅]の値を四角形のほうにコピー＆ペーストしたあと、上下を適当な高さにする。

3. 角丸四角形と四角形を選択し、[図形描画]の[配置]をクリックして[配置]→[左右中央揃え]をクリックする。

4. 四角形を選択し、[図形描画]の[図形の塗りつぶし]をクリックして、[テーマの色]で白を選択する。

PowerPoint 2002,2003　▶▶▶ **P167**

ケーススタディ編 08

ケータイサイト企画書　　　　　　　　　　　　　　　　　　　四辺を囲む型

08 曲名を教え合って利用する音楽配信サービス企画案

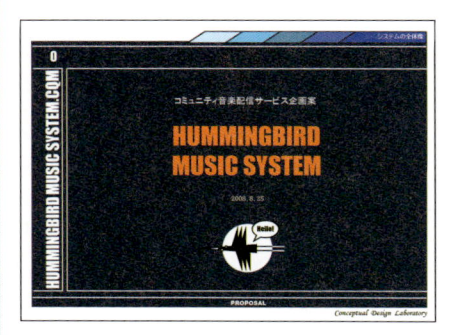

STORY

メロディーはわかっているのにタイトルが浮かんでこない曲で、どうしても知りたいものがあったとき、ケータイに向かって鼻歌を吹き込めば、サイトにリストアップされ、誰かが教えてくれるというビジネスモデルのアイデアを思いつきました。これはそのシステムの概要を説明した企画書です。

なぜそれを企画するのか？　　　　　　　　　　　　　　　PAV

PURPOSE 目的
- 鼻歌で吹き込んだ音をもとに、音楽サイトで情報の交換から音楽配信まで行えるシステムを作り、この分野で先行する他社に対抗する。
- 一般の人が参加し、モチベーションも上がるシステムを採用することで、話題性を広めることができ、それによって収益も上がる。

AIM 目標
- 曲名を教え合う場を提供し、若い人が多数アクセスする、ユニークでオリジナリティのあるケータイサイトにしたい。
- 評判のサイトに育て上げ、音楽ビジネスで No.1 の知名度を獲得したい。
- 新しいシステムで、先行する音楽配信サービスに対抗したい。

VALUE バリュー
- 曲目を教え合うというゲーム感覚で音楽に親しんでもらい、教えた人は名誉を与えられ、教えられた人は音楽にさらに興味を持ってもらえる。
- 楽しんで楽曲をダウンロードしたり、アルバムをプレゼントできる新しいサービスを利用できる。

どのようにそれを表現するか？　　　　　P（プロット）20：80 I（アイデア）

PLOT & IDEA P&I

最初にシステムの全体像を見せ、あとのページでそれを分解して詳しく説明する方法は前項と同様であるが、こちらは最初に画面を6分割して、続く3ページで、最初に示した図のなかで関係するブロックを取り出し、空いたブロックを説明にあてている点でアイデア思考が勝っている。こうしたシステム図のなかのイラストというのは、できるだけシンプルに見せることが大切である。

08 ケーススタディ1篇

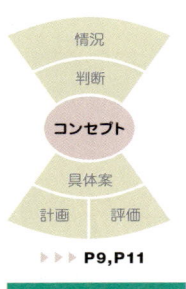

情況
判断
コンセプト
具体案
計画　評価

▶▶▶ **P9, P11**

Coloring
青色の濃淡とオレンジ色と黄色で構成

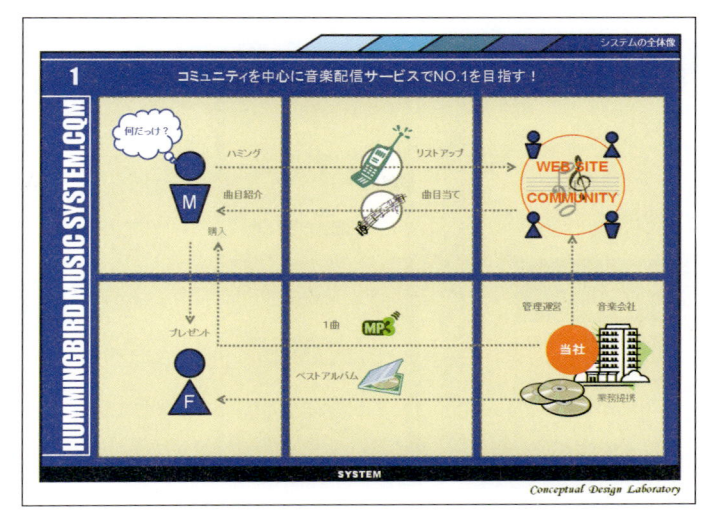

基調色は青色の濃淡で、ページが進むにしたがって色が淡くなっていくようにした。補色(反対色)は黄色で、強調色としてオレンジ色が使われている。

1 [コンセプト] V（バリュー）はシステムの利便性

情況と判断の論議が尽くされたあとの提案なので、コンセプトで始まっている。このシステムがユーザーにとって利便性があることを概要として示している。

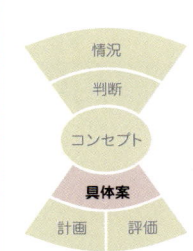

情況
判断
コンセプト
具体案
計画　評価

Design
4つのブロックを説明する

サービスのシステムを紹介したものであるが、1枚目で6つのブロックに分け、そのうち4つを活かして、あとの2ブロックでそれに関する説明を行っている。

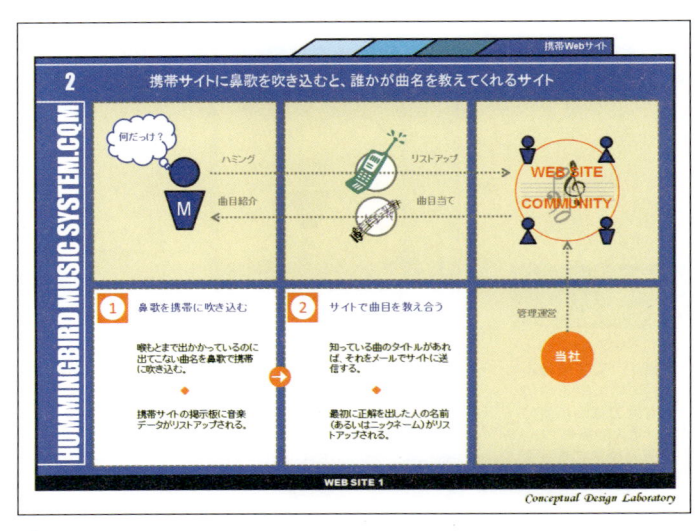

2 [具体案] V（バリュー）はユーザーどうしの交流の場

1枚目の概要を受けて、鼻歌をケータイに吹き込んで、サイトで教え合う黄色部分のシステムを解説。システム図とその説明文がうまく融合している。

ケーススタディ編 08

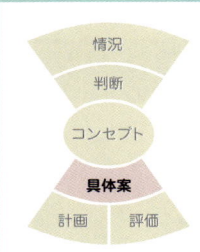

Design
2つのブロックに分けて説明する

全体のシステム図のうち2つのブロックを活かしたので4つのブロックが空いた。そこで4つを2つに分け、それぞれが「1」と「2」で展開するようにした。

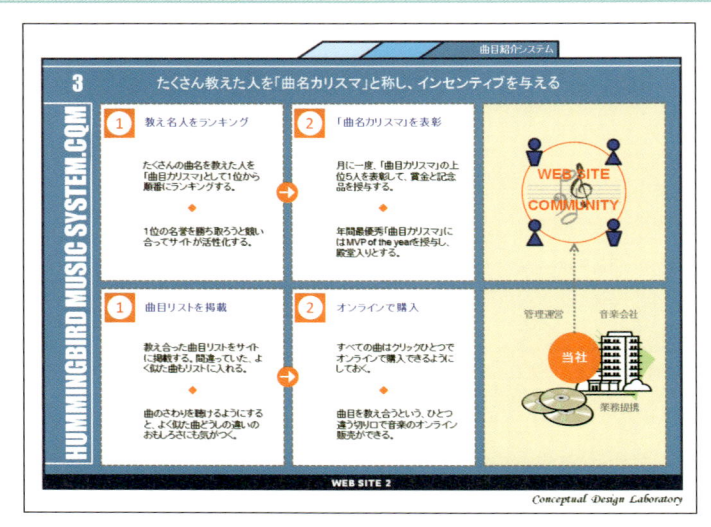

3 具体案 V（バリュー）はサイトの利便性

2枚目を受け、教える人にインセンティブを与え、これを見た人がサイト内で楽曲を購入できる利便性を説明している。説明は4つのブロックを利用した。

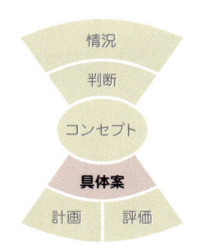

Design
クリップアートを有効利用する

「ビル」や「CD」といった物は、文字情報よりイラストによる絵的な情報のほうが目に飛び込んできやすい。理解の助けになるクリップアートは利用したい。

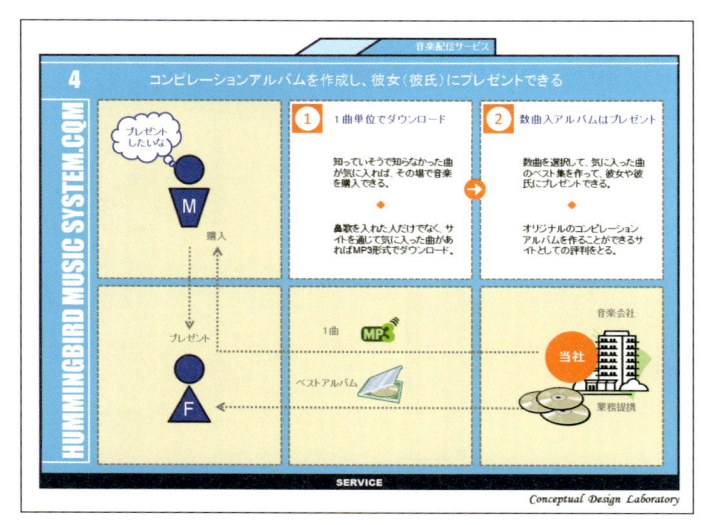

4 具体案 V（バリュー）はプレゼントの代行サービス

音楽に関心を持った人が、自分の好きな楽曲を購入したり、数曲をアルバムにして好きな人に贈ったりできるサービス代行システムを見せている。

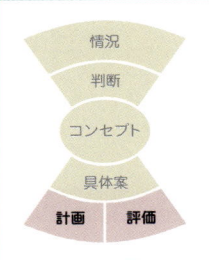

情況
判断
コンセプト
具体案
計画　評価

Design
ロゴ案、キャラクター案の見せ方

ロゴやキャラクターの案というのは企画案が通って外注するものだが、だいたいのイメージなら、円、三角形といった基本図形で描いて伝えることができる。

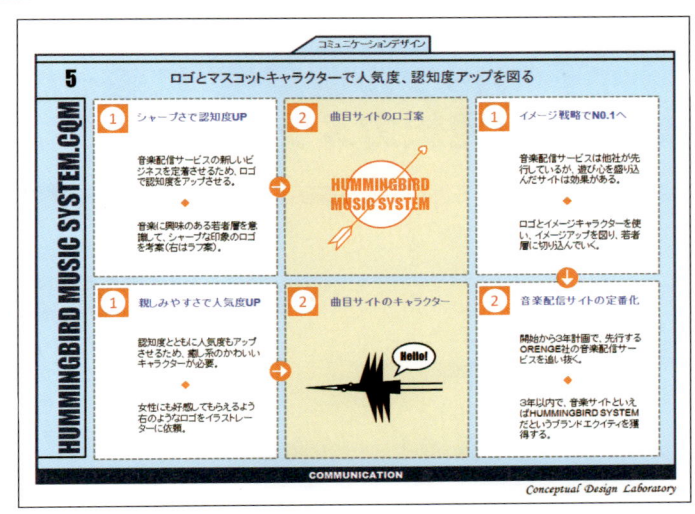

コミュニケーションデザイン

5 ロゴとマスコットキャラクターで人気度、認知度アップを図る

① シャープさで認知度UP
音楽配信サービスの新しいビジネスを定着させるため、ロゴで認知度をアップさせる。
音楽に興味のある若者層を意識して、シャープな印象のロゴを考案（右はラフ案）。

② 曲目サイトのロゴ案
HUMMINGBIRD MUSIC SYSTEM

① イメージ戦略でNO.1へ
音楽配信サービスは他社が先行しているが、遊び心も盛り込んだサイトは効果がある。
ロゴとイメージキャラクターを使い、イメージアップを図り、若者層に切り込んでいく。

① 親しみやすさで人気度UP
認知度とともに人気度もアップさせるため、癒し系のかわいいキャラクターが必要。
女性にも好感してもらえるよう右のようなロゴをイラストレーターに依頼。

② 曲目サイトのキャラクター
Hello!

② 音楽配信サイトの定番化
開始から3年計画で、先行するORENGE社の音楽配信サービスを追い抜く。
3年以内で、音楽サイトといえばHUMMINGBIRD SYSTEMだというブランドエクイティを獲得する。

COMMUNICATION
Conceptual Design Laboratory

5 計画＋評価　ロゴ案と達成すべきA（目標）

親しみやすいロゴを提案し、イメージ戦略を徹底することで人気度と認知度双方のアップにつなげる、という達成目標を、企画案の評価として提示している。

作成ポイント　飛んでいく矢の描き方

完成イメージ

弓矢の矢が右上に向かって飛んでいくさまを自作する。ポイントになるのは羽根の部分で、こうした図形はないので平行四辺形を2つ向かい合うように組み合わせて作る。矢の部分は、ここでは柔らかな印象を与えるようにハート形を使った。適当な傾きをつけるには、直線などすべての図形をグループ化して、1つの図形として扱えるようにする。

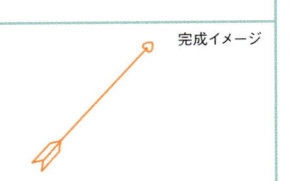

1 完成図にあるような形状の平行四辺形を描き、［Shift］＋［Ctrl］キーを押しながら上にドラッグしてコピーを作る。

2 コピーしたほうの平行四辺形を選択し、［図形描画］の［配置］をクリックして［回転］→［左右反転］をクリックしたあと、2つの図形の端と端の辺をぴったりくっつける。

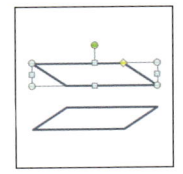

3 2つの図形を選択し、右クリックをして［グループ化］→［グループ化］をクリックする。

4 ［図形描画］の［直線］をクリックし、［Shift］キーを押しながらドラッグして弓矢の羽根から水平方向に直線を描く。

5 ［図形描画］から［ハート］を描き、［配置］→［回転］→［左へ90度回転］をクリックする。

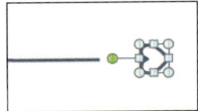

6 すべての図形を選択し、［配置］→［配置］→［上下中央揃え］をクリックする。

7 すべての図形を選択し、3と同様の操作でグループ化したあと、緑色の回転ハンドルをドラッグして適当な傾きをつける。

PowerPoint 2002,2003 ▶▶▶ P167

ケーススタディ編 09

09 新型カメラ企画書　　　　　　　　　　　　　　四辺を囲む型

"カップル御用達"に絞った新発想カメラの提案

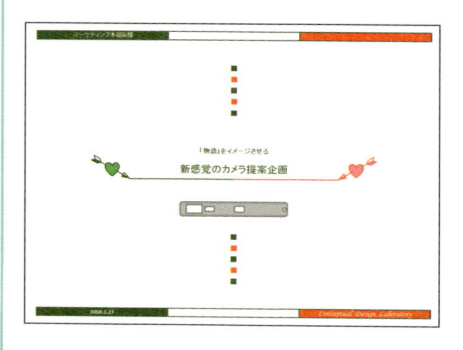

STORY

毎年新商品が発売されるデジタルカメラ業界ですが、画素数などのスペック競争は終わり、そのメーカー独自の技術による一芸カメラにシフトしています。そんななか、「そのカメラで写真を撮るシチュエーション」とはどのようなものかという物語性の発想から新商品を開発しようという企画案を立てました。

なぜそれを企画するのか？　　PAV

PURPOSE 目的
- スペック競争、一芸の技術競争という土俵で新商品の競争をしていると埋没してしまうので、「カップルが携帯するカメラ」というイメージを前面に出した特殊なカメラで勝負する。
- "恋愛カメラ"にふさわしい機能に絞り、2台目需要を喚起する。

AIM 目標
- 他社と同列での競争を避け、ユニークなカメラとして認知されることで差別化を明確にし、購入をためらっていた人や、1台目と異なる2台目カメラとして購入を検討している人を取り込みたい。
- 月産1万台を突破し、この分野でのトップシェアを目指す。

VALUE バリュー
- いっしょにデートや旅行に行った想い出を一生のものにしたいというカップルに、映画に出てくるような「かっこいいカメラ」を提供し、充実したカメラライフを楽しんでもらえる。
- 人とは違う外見のカメラを手にする喜びを実感してもらえる。

どのようにそれを表現するか？　　P（プロット）80：20 I（アイデア）

PLOT & IDEA P&I
映画「ローマの休日」に出てきたようなカメラなので、ローマのカットを5枚すべてにイメージ的に挿入し、なおかつイタリアの三色旗のカラーをすべてに踏襲して統一感を出している。"恋愛カメラ"がコンセプトなので、ハートに矢が刺さったイラストを各ページの左上に入れた。5枚の展開はきわめてオーソドックスな商品の開発企画書の体裁にのっとったプロット思考型である。

ケーススタディ 1

09 新カメラ企画案

P9, P11

Coloring
イタリアの国旗の3色を使用

「ローマの休日」に関係した企画なので、全体をイタリア国旗に使われている3色で構成した。要素の列挙も3点で行い、それぞれ国旗の色を踏襲している。

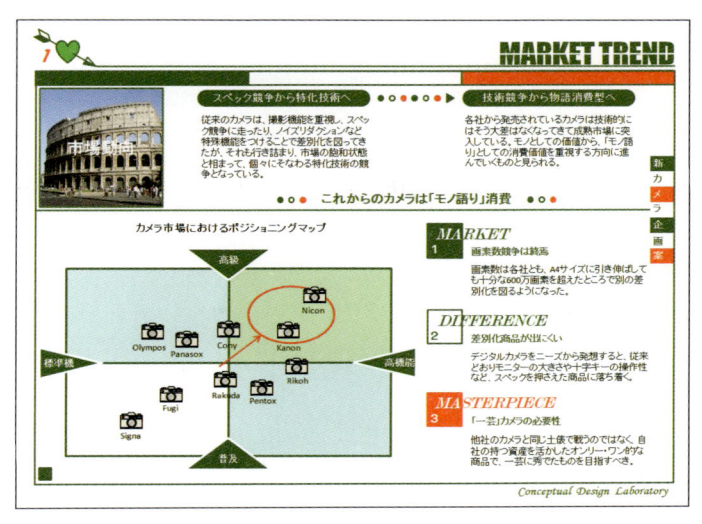

1 MARKET TREND

市場動向

スペック競争から特化技術へ　　　技術競争から物語消費型へ

従来のカメラは、撮影機能を重視し、スペック競争に走ったり、ノイズリダクションなどの特殊機能をつけることで差別化を図ってきたが、それも行き詰まり、市場の飽和状態と相まって、個々にそぐわない特化技術の競争となっている。

各社から発売されているカメラは技術的にはそう大差がなくなってきており成熟市場に突入している。モノとしての価値から、「モノ語り」としての消費価値を重視する方向に進んでいくものと見られる。

これからのカメラは「モノ語り」消費

カメラ市場におけるポジショニングマップ

高級 / 標準機 / 高機能 / 普及
(Nicon, Olympos, Panasox, Cony, Kanon, Rakoda, Pentox, Rikoh, Fugi, Signa)

MARKET 1 画素数競争は飽和
画素数は各社とも、A4サイズに引き伸ばしても十分な600万画素を超えたところで別の差別化を図るようになった。

DIFFERENCE 2 差別化商品が出にくい
デジタルカメラはニーズから発想すると、従来どおりモニターの大きさや十字キーの操作性など、スペック面を押さえた商品に落ち着く。

MASTERPIECE 3 「一芸」カメラの必要性
他社のカメラと同じ土俵で戦うのではなく自社の持つ資産を活かしたオンリー・ワンの商品で、一芸に秀でたものを目指すべき。

Conceptual Design Laboratory

1 情況＋判断　現在の市場を分析するのがP（目的）

デジタルカメラ市場のポジショニングを確認しながら、過去から現在、現在から近未来で望まれるカメラ像を探り、企画が向かうべき方向性を定めている。

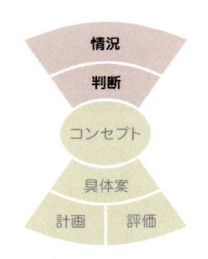

Design
アクセントをつけてバランスをとる

右側の「新カメラ企画案」という部分は純粋に飾りであるが、左上に写真を入れたので、バランスが左側に片寄るのを補正するために入れたものである。

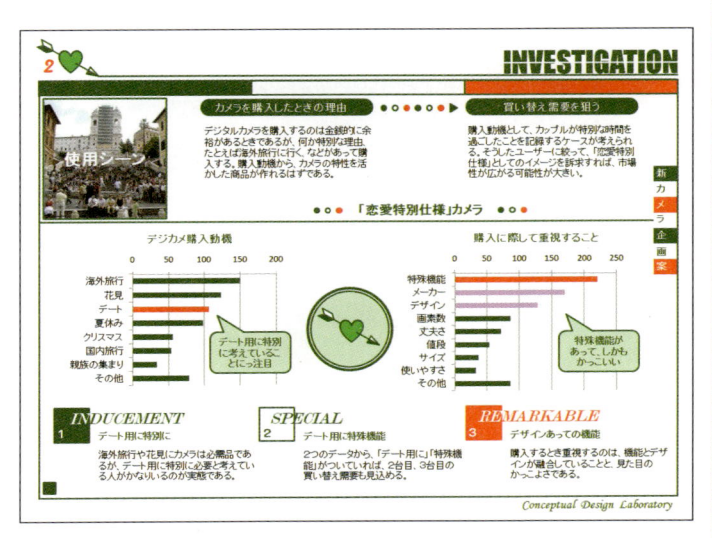

2 INVESTIGATION

使用シーン

カメラを購入したときの理由　　　買い替え需要を狙う

デジタルカメラを購入するのは金銭的に余裕があるときであるが、何か特別な理由、たとえば海外旅行に行く、などが必要で購入する。購入動機から、カメラの特性を活かした商品が作れるはずである。

購入動機として、カップルが特別な時間を過ごしたことを記録するケースが考えられる。そうしたユーザーに向かって、「恋愛特別仕様」としてのイメージを訴求すれば、市場性が広がる可能性が大きい。

「恋愛特別仕様」カメラ

デジカメ購入動機　0 50 100 150 200
- 海外旅行
- 花見
- デート
- 夏休み
- クリスマス
- 国内旅行
- 親族の集まり
- その他

デート用に特別に考えている、にここ注目

購入に際して重視すること　0 50 100 150 200 250
- 特殊機能
- メーカー
- デザイン
- 画素数
- 丈夫さ
- 値段
- サイズ
- 使いやすさ
- その他

特殊機能があって、しかもかっこいい

INDUCEMENT 1 デート用に特別に
海外旅行や花見にカメラは必需品であるが、デート用に特別に必要と考えている人がかなりいるのが実情である。

SPECIAL 2 デート用に特殊機能
2つのデータから、「デート用に」「特殊機能」がついていれば、2台目、3台目の買い替え需要も見込める。

REMARKABLE 3 デザインあっての機能
購入するとき重視するのは、機能とデザインが融合していること、見た目のかっこよさである。

Conceptual Design Laboratory

2 情況＋判断　現状認識を探るのがP（目的）

上記1枚目の前提を踏まえ、市場はどう反応しているかを調査した。「恋愛特別仕様」がふさわしいと位置づけ、続くコンセプトへの布石にもなっている。

063

ケーススタディ編 09

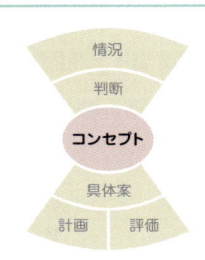

情況 → 判断 → コンセプト → 具体案 → 計画 → 評価

Design
写真をイタリアカラーにする

4つの正方形を使い、製品イラストを紹介。写真は「色の変更」で色調を変えた。PowerPoint 2003以前では、色のついた四角形を乗せ「透過性」で調整する。

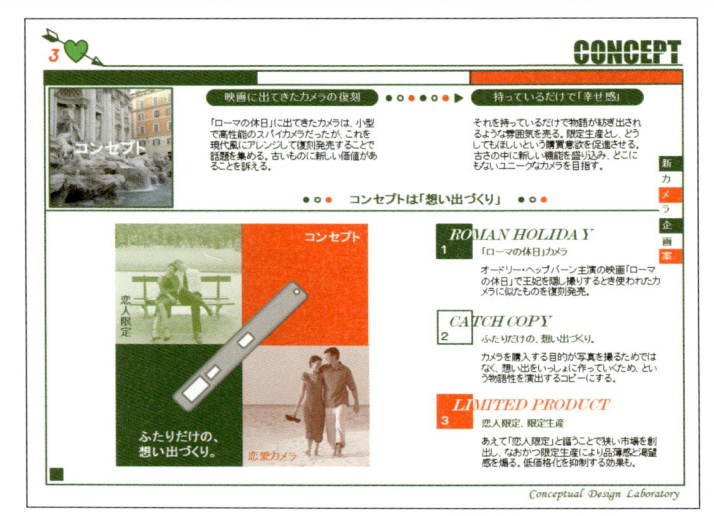

CONCEPT

3 コンセプト

- 映画に出てきたカメラの復刻
- 持っているだけで「幸せ感」

コンセプトは「想い出づくり」

1. **ROMAN HOLIDAY**「ローマの休日」カメラ
   オードリー・ヘップバーン主演の映画「ローマの休日」で王記者が隠し撮りするとき使われたカメラに似たものを復刻発売。

2. **CATCH COPY**
   ふたりだけの、想い出づくり。
   カメラを購入する目的が写真を撮るためではなく、想い出いっしょに作っていくため、という物語性を演出するコピーにする。

3. **LIMITED PRODUCT**
   恋人限定、限定主義
   あえて「恋人限定」と謳うことで狭い市場を創出し、なおかつ限定主義により品薄感や希望感を煽る。低価格化を抑制する効果も。

Conceptual Design Laboratory

3 コンセプト V（バリュー）は「想い出づくり」

カメラの商品としての価値より、持つことで広がっていくカップルの想い出づくりのほうが重要で、「モノ」から「コト」にシフトすべきだと訴えている。

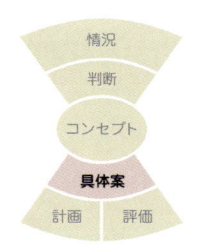

Design
項目をきれいに見せる方法

下の右側に3点の要素を挙げてあるが、ポイントがないとさびしいので四角形に英字を入れてデザインした。これもイタリアの国旗の色を採用している。

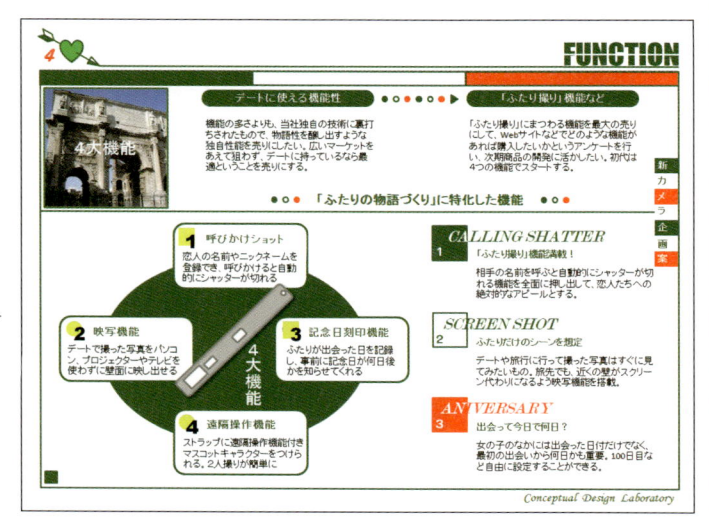

FUNCTION

4 4大機能

- デートに使える機能性
- 「ふたり撮り」機能など

「ふたりの物語づくり」に特化した機能

4大機能

1. 呼びかけショット
   恋人の名前やニックネームを登録でき、呼びかけると自動的にシャッターが切れる

2. 映写機能
   デートで撮った写真をパソコン、プロジェクターやテレビを使わずに壁面に映し出せる

3. 記念日刻印機能
   ふたりが出会った日を記録し、事前に記念日が何日後かを知らせてくれる

4. 遠隔操作機能
   ストラップに遠隔操作機能付きマスコットキャラクターをつけられる。2人撮りが簡単に

1. **CALLING SHATTER**「ふたり撮り」機能誕生！
   相手の名前を呼ぶと自動的にシャッターが切れる機能を全面に押し出して、恋人たちへの絶対感をアピールとする。

2. **SCREEN SHOT** ふたりだけのシーンを限定
   デートや旅行に行って撮った写真はすぐに見てみたいもの。旅先でも、近くの壁をスクリーン代わりになるよう映写機能を搭載。

3. **ANIVERSARY** 出会って今日で何日？
   女の子のなかには出会った日付だけでなく、最初の会いから何日目も重要、100日目などと自由に設定することができる。

Conceptual Design Laboratory

4 具体案 V（バリュー）は4つの独自機能

恋人限定で、機能も4つに絞り込み、「想い出づくり」の役に立つことを図解によって表現した。ユーザーベネフィット（便益）を優先させたことを強調。

064

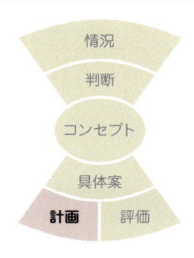

Design
写真やイラストを円で引き立たせる

写真やイラストをただ入れるだけでなく、目立たせたいというときには、下段の左側のように薄い色の円を下に敷いて「脚光を浴びている」イメージを作る。

5 計画 月産1万台がA（目標）

コンテストとプレゼント企画によってパブリシティ効果を上げ、認知度アップと売上げ向上を果たすことを計画。写真とイラストでわかりやすく表現した。

作成ポイント 矢に射抜かれたハート形の描き方

ハート形に矢が突き刺さったイラストも、基本図形の組み合わせで自作することができる。ポイントは、「2つの平行四辺形と直線」と「2つの直角三角形と直線」の組み合わせを作り、グループ化したあと傾きをつけ、あとから作ったハート形の前面に「2つの直角三角形と直線」を送り出す点にある。こうすると背後から突き刺さったように見える。

完成イメージ

1 前項と同様、平行四辺形を図のような配置にし、直角三角形も同じ操作法で直線を挟んで向き合う形にする（それぞれ色づけを行い、中央で揃える）。

2 直線と2つの平行四辺形を［Shift］キーを押しながら選択し、右クリックをして［グループ化］→［グループ化］をクリックする。直線と2つの直角三角形でも同じ操作でグループ化する。

3 ［図形描画］から［ハート］を描いたあと、1の右側の図形グループを右クリックして［最前面へ移動］→［最前面へ移動］をクリックする。

4 2組の図形グループに同時に傾きをつけて、すべての図形を組み合わせる。

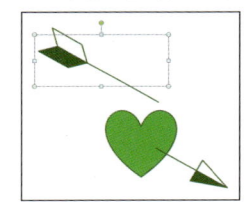

PowerPoint 2002, 2003 ▶▶▶ **P168**

ケーススタディ編 10

10 消費者のニーズを反映したブランド店コンセプト

リサーチ提案企画書　　　　　　　　　　　　　四辺を囲む型

STORY

ハンドバッグ市場では、海外メーカーのブランド力が強く、国内のメーカーはそれに対抗するのが難しいのが現状です。そこで、少しでもユーザーの側に立った商品作りをして独自性を打ち出そうと考え、いくつかのリサーチを行って、店舗と商品づくりの統一コンセプトを策定しました。

なぜそれを企画するのか？　　　　　　　　　　PAV

PURPOSE　P　目的
- 海外メーカーと真っ向から対抗していてはブランド力で負けてしまうので、消費者の側に立った商品づくりをすべきだということで、その根底に据えるコンセプトを策定する。
- コンセプトに沿った店舗設計と商品で、国内 No.1 の地位を確保する。

AIM　A　目標
- ターゲットとなる 20 代女性の消費購買行動をつぶさに観察し、また直接面接で話を聞くことで、よりニーズに見合った店舗で、気持ちよく好きな商品を購入していただきたい。
- コンセプトを求心力に、全社挙げてブランド力の向上に努めていきたい。

VALUE　V　バリュー
- 詳細なリサーチを通じて、ユーザーの代表者が太鼓判を押す商品を提供できれば、かならず気に入って"ブランド買い"をしてもらえる。
- 海外ブランドに引け目を感じていた社員に、自信をもって勧められる商品ラインナップを提供できる。

どのようにそれを表現するか？　　　P（プロット）90：10 I（アイデア）

PLOT & IDEA　P&I
現状を 6 つのアンケート結果で分析したあと、それをもとにグループインタビュー（面接法）とモニター観察法によって核心に迫るという方法をとっている。マーケティングリサーチ法の手順にしたがったプロット思考の作成法である。ここでのポイントは、数量的なデータを得る「定量調査」と、性質や傾向を調査する「定性調査」の見せ方と、最後に導き出されたコンセプトをどう強調するかである。

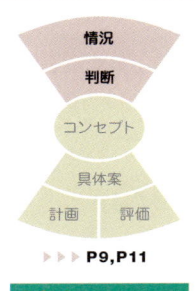

Coloring
緑色と黄色の同系色で統一する

この企画書のコンセプトが後述する「回遊庭園」なので、緑のイメージを前面に出している。緑色と黄色は同系色で、黄色と茶色も同系色という関係である。

▶▶▶ P9, P11

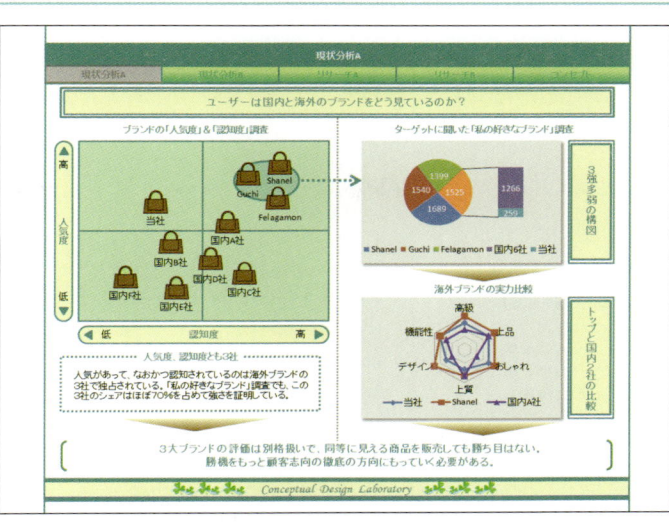

1 情況＋判断　**現状での認識を探るのが P（目的）**

「課題提起」と「結論」が対置した「問答形式型」（P018を参照）の典型例。3つのデータは連動しており、この形式はつぎのページへと引き継がれている。

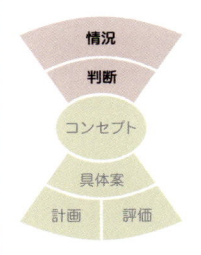

Design
グラフを台紙の上に乗せたようにする

右側のグラフに色をつけるとのっぺりした印象を与えるので、透明にしたうえで、四角形（影付き）をその下に敷いた。色はややベージュに近いグレーを選んだ。

2 情況＋判断　**マインドに迫るのが P（目的）**

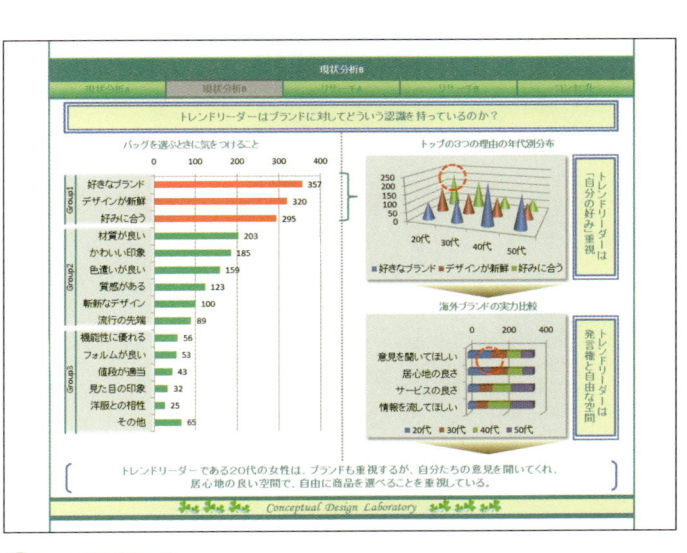

前ページが一般的で、枠組みの広い調査なのに対し、ここではメインターゲットのマインドに迫ろうとしている。グラフは強調ポイントを目立たせてある。

ケーススタディ編 10

情況 / 判断

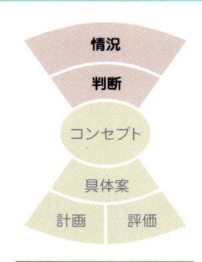

Design
会社ロゴを緑で飾る

一番下の会社ロゴの左右にスペースが空いたので、「模様」のキーワードで検索したクリップアートを、左右それぞれ逆の向きになるように入れた。

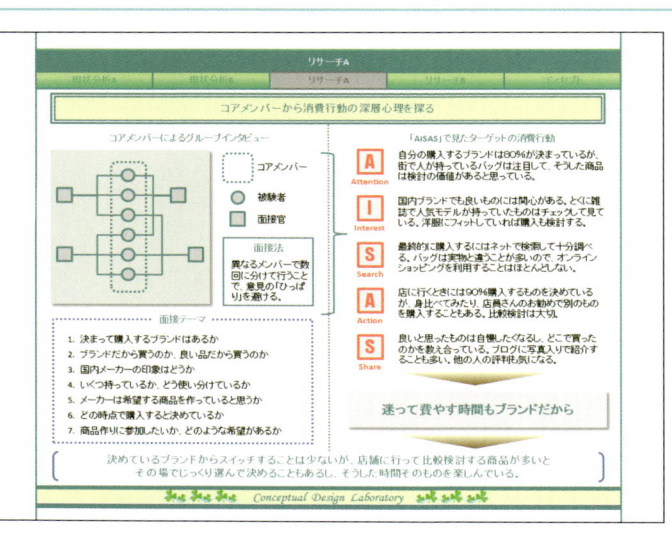

3 情況＋判断　意識の深層を探るのが P（目的）

1枚目、2枚目の定量データに対し、それらを踏まえて、より深い深層心理の領域にアプローチするため、定性データを駆使して、その分析を行った。

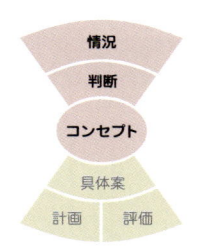

情況 / 判断 / コンセプト

Design
背景に女性のシルエットを入れる

「女性の声を聞いて得られた結果である」ことをひと目で印象づけるには、テキストの下に女性のシルエットを入れるとよい。これもクリップアートを利用した。

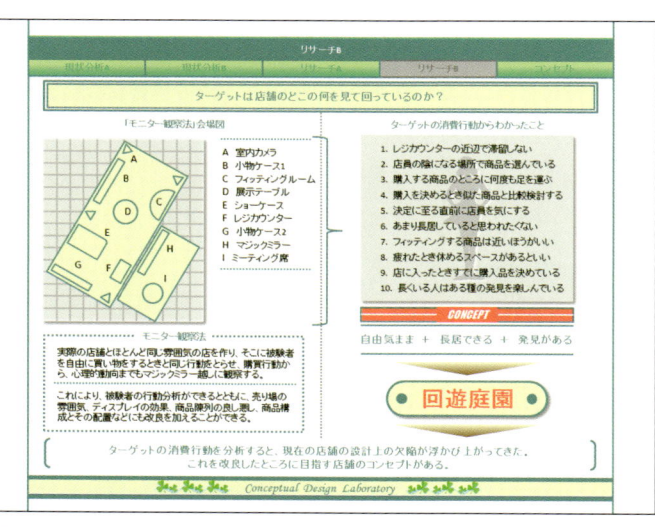

4 情況＋判断＋コンセプト　購買心理を探るのが P（目的）

実際の購買心理をシミュレーションし、海外ブランドに対抗し得る店舗と商品ラインナップをどのようにすべきかをコンセプトの形で提示している。

068

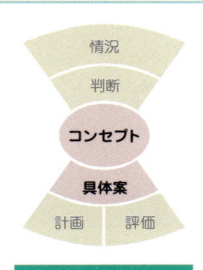

Design
クリップアートの
イメージを統一する

クリップアートは使いすぎると軽薄な印象を与えることが多いが、おしゃれで統一感あるものを選択すると、逆に企画書のイメージアップにつながる。

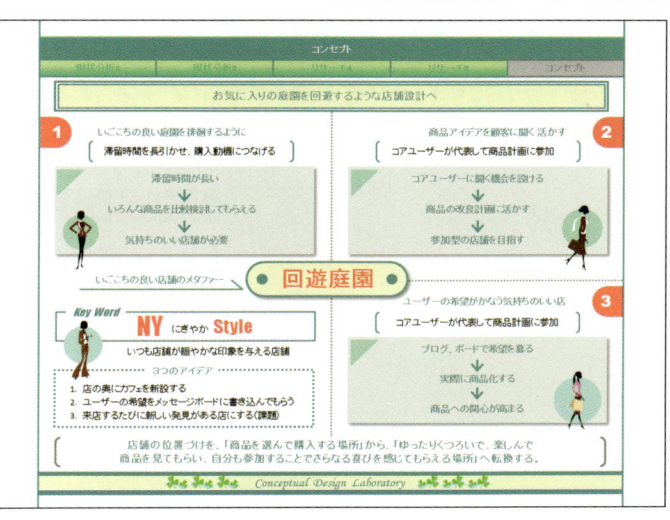

5 コンセプト＋具体案　V（バリュー）は統一コンセプト

V（バリュー）コンセプトを中心に、これからの店舗設計と商品企画のあり方を提案。店舗と顧客参加がテーマなので、その様子をイラストで表現した。

作成ポイント　ハンドバッグの描き方

完成イメージ

ポジショニングマップでは、この例のようにバッグのブランド調査ならバッグのイラストを描き入れると見栄えが良くなる（前項のカメラの企画書も同様）。ハンドバッグの取っ手の部分をリアルに描くには、中央の図形を背景の色に合わせる（次項も参照）。作成した図形は最後にグループ化しておくと、1つの図形のように扱えるようになる。

1 台形を描き、右中央のハンドルを右方向にドラッグし、つぎに黄色の調整ハンドルをドラッグして適当な形に成形する。

2 ［図形描画］の［フローチャート］から［フローチャート：論理積ゲート］を描き、［図形描画］の［配置］をクリックして［回転］→［左へ90度回転］をクリックして"ドーム型"になるようにする。

3 ［Ctrl］キーを押しながらドラッグしてコピーを作り、右下のハンドルを左上にドラッグして、ひと回り小さな"ドーム型"を作る。

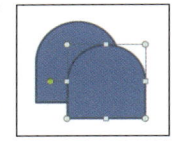

4 ［Shift］キーを押しながら2つの図形をクリックして選択し、2と同様今度は［配置］→［配置］→［左右中央揃え］と［下揃え］をクリックする。

5 外側の図形と台形は［ホーム］タブの［図形描画］→［図形の塗りつぶし］→［その他の色］で茶色、内側の図形は背景の色と同じ色を選択する。

6 最後に四角形を描いて上に乗せ、すべてを選択したあと、右クリックをして［グループ化］→［グループ化］をクリックする。

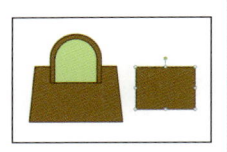

PowerPoint 2002,2003　▶▶▶　P168

ケーススタディ編　11

旅行用新商品企画書　　　　　　　　　　　　　　　　　　四辺を囲む型

11 旅行記を簡単にブログにできる 携帯型録音機の企画案

STORY

旅行中に体験したことをブログにするシニア世代の方が増えていますが、パソコンを持ち歩く人はほとんどいません。そこで、旅先で思ったことをそのままブログのテキストにしてくれ、MP3のように音楽が聴けて、**携帯性とファッション性にすぐれたもの**があればいいとひらめき、提案した企画書です。

なぜそれを企画するのか？　　　　　　　　　　PAV

PURPOSE 目的
- 旅行中に体験したことを記録するのと、帰ってきてからそれをパソコンで入力してブログの更新をするのは二度手間になってしまうので、この分野で便利な商品を開発する。
- ブログを記録し、なおかつ音楽を楽しみたいという人のニーズに応える。

AIM 目標
- MP3、ICレコーダー関連商品の分野では、有力な2、3社による寡占市場の状態が続いているが、ニッチ（スキ間）を狙って、新しいマーケットを切り開きたい。
- 第1位のO社のICレコーダーの2倍である1万台を月産目標とする。

VALUE バリュー
- 会社をリタイアしたシニアの人たちが旅行に出かけるときに活用でき、難しい操作がなくスムーズにブログの更新ができるようになる。
- 自分の経験を広く世間の人々に知ってもらうブログ文化の繁栄につながる。

どのようにそれを表現するか？　　　P（プロット）30 : 70 I（アイデア）

PLOT & IDEA P&I
この企画書を表現しようとした段階で、「誰に」（WHO）「何を」（WHAT）「どのように」（HOW）売るかという3つのステップで見せるという展開が決定し、それを4分割の構図に割り当てることにした。また中心部を円形にしてイラストを載せることで商品をイメージしやすくした。展開自体はノーマルなプロットにしたがっているが、発想と見せ方の点でアイデア思考が勝っている。

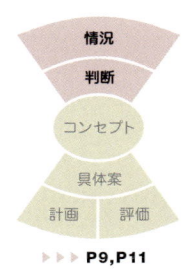

ケーススタディ1論

11

Coloring
青色とピンクのダブルバランス

紫系の青色とベージュに近いピンクの典型的なダブルバランスである。青色がこの程度の濃さになると、上に乗せるテキストは黒や青よりも白ヌキが目立つ。

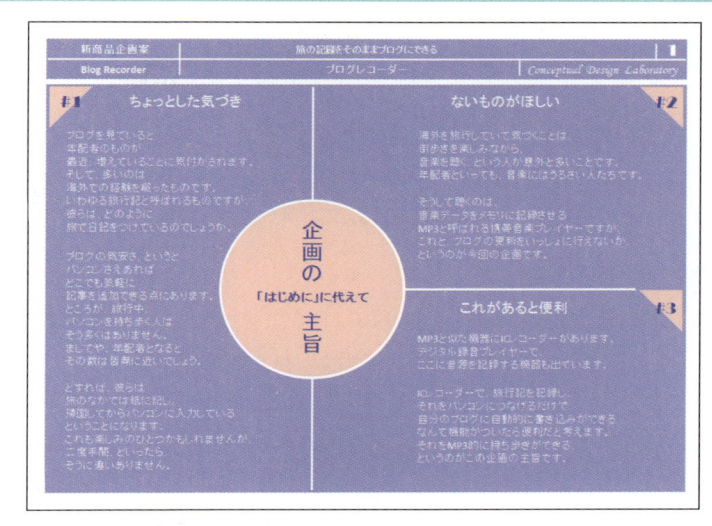

▶▶▶ P9, P11

情況
判断
コンセプト
具体案
計画　評価

1 　情況＋判断　　**P（目的）は気づきをビジネスに変えること**

この企画を着想した背景を説明したページで「情況」を「判断」している。文章型企画書の「はじめに」にあたる内容も工夫しだいでこのような形にできる。

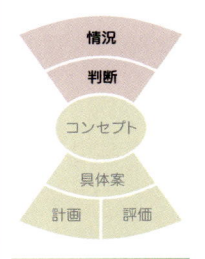

Design
3つのブロックで説明

これを含めて以下3枚は1セットになっていて、「WHO」「WHAT」「HOW」と続く。円の周囲の3ブロックに交代で色をつけ、順番に見せる形になっている。

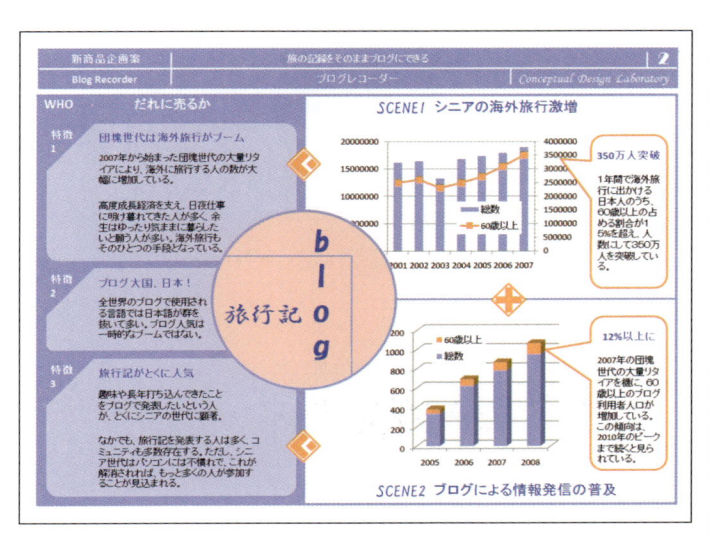

情況
判断
コンセプト
具体案
計画　評価

2 　情況＋判断　　**P（目的）は潜在ニーズに応えること**

「情況」は右側の「シニアの海外旅行者増」と「ブログでの情報発信の普及」で、その2つの顕著な傾向に対し、左側でビジネスの萌芽があると考察（判断）。

071

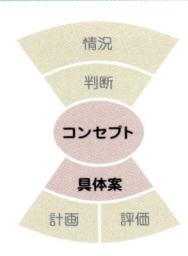

ケーススタディ編　11

情況
判断
コンセプト
具体案
計画　評価

Design
製品の想定イラストを描く

製品の企画書の場合、当然立案の段階では見せるべきものがないが、どのようなイメージを描いているかはこのような簡単な絵を描いて説明すべきである。

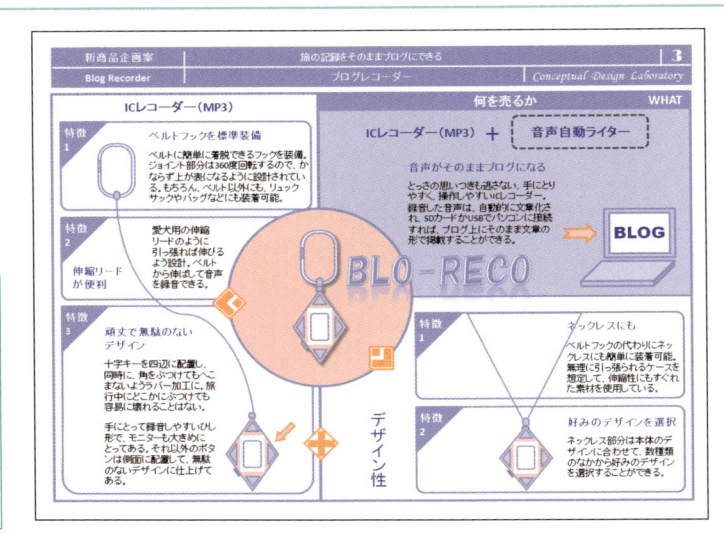

3　コンセプト＋具体案　**シニア仕様に特化がV（バリュー）**

ブログとレコーダーの複合商品を意味する「BLO-RECO」というネーミングがコンセプトで、シニア御用達で使ってもらえるような仕様を提案している。

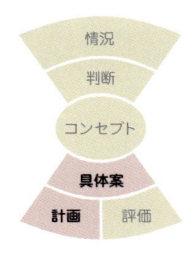

情況
判断
コンセプト
具体案
計画　評価

Design
矢印の工夫をする

「ブロック矢印」や三角形のような既成の図形で流れを表すより、この企画書の中央上にあるような矢印を、図形を組み合わせて作ったほうが上品に見える。

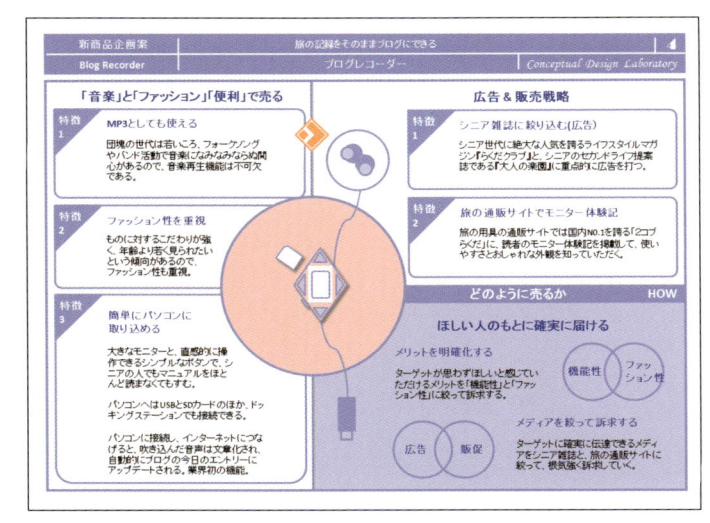

4　具体案＋計画　**A（目標）はシニアのハートをつかむこと**

上記3枚目が製品のアイデアであったのに対し、こちらは戦略的に売るためのアイデアとなっている。シニア仕様を徹底させる考えが述べられている。

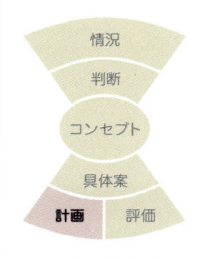

Design
テキストを「立った」イメージに仕上げる

製品名である「BLO-RECO」はふつうのフォントを使うと、大きくしても全体のなかで埋没してしまうので、左下にあるようにワードアートを使うといい。

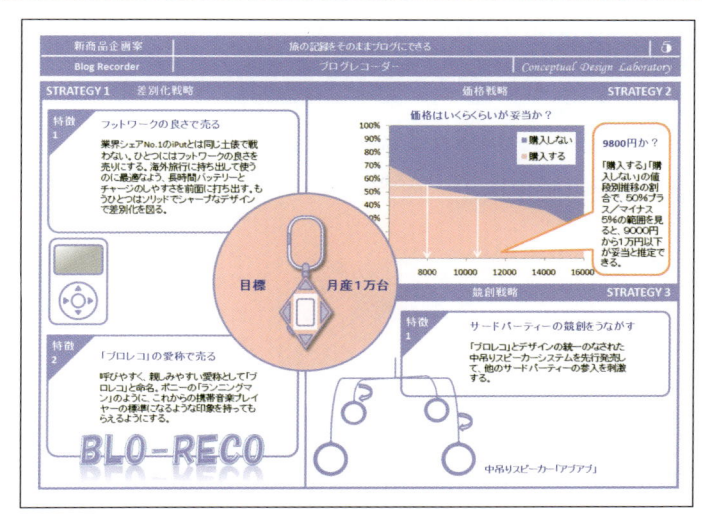

5 計画 シニアを囲い込むのが A（目標）

4枚目は製品戦略のアイデアであったが、こちらは市場戦略で、どのようにすれば好感を持たれ、ターゲットに受け入れられるのかを検討している。

作成ポイント リング（輪）の描き方

このようなリングを自作するとき2つの点に注意する。それは、外側と内側のリングの線は上下左右の比率が同じではないので、外側をコピーして縮小図形を作るときには［Shift］キーを押さないで作業を行うこと。もうひとつは、リングの中央が空いているように見せるには、内側の角丸四角形の色を背景の色と合わせるということである（前項を参照）。

完成イメージ

1 角丸四角形を描き、黄色の調整ハンドルをドラッグして、角に適当な丸みをつける。

2 角丸四角形を選択し、［Ctrl］キーを押しながらほんのわずか右下にドラッグしてコピーを作る。

3 コピーをしたほうの図形の右下のハンドルをほんの少し左上にドラッグして、もとの図形よりひと回り小さな図形にする。

4 外側の大きなリングは［図形描画］の［図形の塗りつぶし］で白を、内側の小さなリングは同じ操作で、背景の色と同じ色を選択する。P045「作成ポイント」の3を参考に、2つの図形の中心を揃える。

5 四角形を描き、リングの留め金としてちょうど合うサイズに成形する。

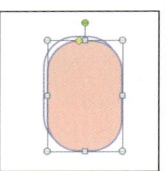

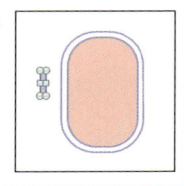

PowerPoint 2002,2003 ▶▶▶ **P169**

ケーススタディ編　12

12 好きなものを調合できる調味料自作サイト案

味覚実験サイト企画書

上下にバー型

STORY

消費者の好みの多様化で、味覚の変化の予想も常識的な考えでは通用しなくなっています。そこで、自分好みの調味料を自作できるサイトを開設し、そこでオリジナルブレンドを作って携行してもらったり、実店舗では消費動向を観察し、新しい商品作りに活かそうという企画を立てました。

なぜそれを企画するのか？　PAV

PURPOSE 目的
- 消費者の好みの多様化で、調味料や、レトルト・冷凍食品の新商品の味覚をどうすればいいか判断しづらくなっているので、新しいマーケティングの手法を試してみる。
- オリジナルの調味料は話題になるし、口コミ効果も期待できる。

AIM 目標
- 消費者に対して調味料についての好みをサイトでデータ化したり、実際に実店舗でブレンドしているところを観察させてもらうことで、つぎの新商品の企画や他社とのコラボレーションに活かしたい。
- 利用者に商品を評価してもらい、また口コミに参加してもらいたい。

VALUE バリュー
- 外出時、自分好みにブレンドした調味料は便利だし、オリジナルのラベルは自慢になる。新しい調味料を使った新商品もいち早く試食できる。
- より消費者サイドに立った商品を作ることができるので、市場に商品を導入した際のリスクを回避できる。

どのようにそれを表現するか？　P（プロット）90：10 I（アイデア）

PLOT & IDEA P&I

この企画書は大きく見ると、現状の問題提起から、望まれる調味料を商品化するシステム図を見せ、それを個々に解説する、という構成になっているという点でプロット思考による企画書である。1ページ内での構成は、図形によるフローを主体にしてあるが、調味料の説明の部分（3枚目）はとくに重要なのでイラストを大きく入れ、他のページとは異なる印象に仕上げてある。

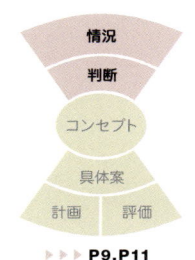

12 ケーススタディ1

情況
判断
コンセプト
具体案
計画　評価

▶▶▶ P9, P11

Coloring
スパイシーな味を出す

基調色はオレンジ色の濃淡で構成し、強調色は同系色に近い紫がかった赤とした。これらで構成すると暖色が強くなるので補色（反対色）として薄い藍色を使った。

Conceptual Design Laboratory　　Insight & Vision

問題提起　お客様に支持される調味料をどう作り続けていけばいいのか？

4つの現象

- 定番決定：調味料は大手メーカーによる寡占市場で、新規参入が難しく、コンビニのような小さな規模の店では、定番商品が置いてもらえないのが実情である。
- マヨラー：マヨネーズが好きな、いわゆるマヨラーと呼ばれる人たちは自分だけの好きなマヨネーズを持ち歩いて、何にでもかけて楽しんでいる。しかしこの分野も寡占市場である。
- 常連対応：常連客を囲い込む方法として、また夜の居場所と認識してもらえるよう、スナックなどでは「ボトルキープ」を行っているが、こうしたことを調味料の分野でも応用できないか。
- 自作嗜好：たとえば七味唐辛子で山椒の配合が多いものや、タバスコにトマトソースをオリジナルブレンドしたものなど、好みに応じて自作できると、消費者は喜ぶのではないか。

調味料も好みに合ったものを作って持ち歩けるといい！

そこで

- 調合サイト：インターネットのサイト上で、いろんな調味料のなかから好みのものをチョイスして、オリジナルブレンドを作って購入できるというもの。自分だけのラベルも簡単に作れて、外出時に持ち歩けば、友人などにも見せ自慢できる。
- 調合カフェ：調味料を数百種類集めたカフェをアンテナショップとしてオープンする。顧客がどのような調味料を好み、どう試しているかを観察し、新商品の開発に活かす。刻々と変化する消費者のニーズにも応えることができる。

WEB SITE　「個客」対応　REAL SHOP

オーダーメイドで、そのお客様だけの調味料を作って商品にする

Direct Marketing Foods Innovation

1　情況＋判断　調味料の商品化の調査がP（目的）

調味料に関する問題提起について4つの現象を掲げ、「持ち歩く」というキーワードに2つの案を提示するという構成で、上から下へのフローで表現した。

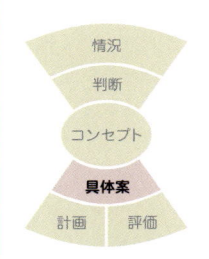

情況
判断
コンセプト
具体案
計画　評価

Coloring
ベースになる色と
ポイントに使う色

このように3色の組み合わせは同等に扱うのではなく、黄色をベースに使用したら、あとの2色はポイント的に散らして使うときれいに見える。

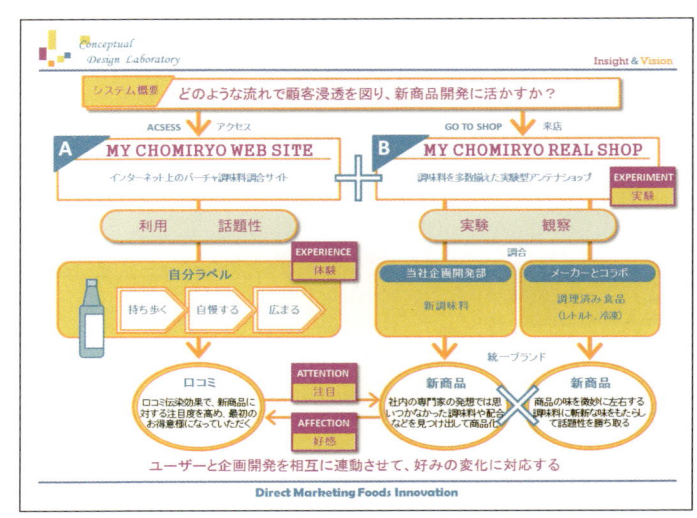

Conceptual Design Laboratory　　Insight & Vision

システム概要　どのような流れで顧客浸透を図り、新商品開発に活かすか？

ACCESS　アクセス　　　　　GO TO SHOP　来店
A　MY CHOMIRYO WEB SITE　B　MY CHOMIRYO REAL SHOP
インターネット上のバーチャ調味料調合サイト　　調味料を多数揃えた実験型アンテナショップ

EXPERIMENT　実験

利用　話題性　　　　　　　　実験　観察
EXPERIENCE　体験　　　　　調合
自分ラベル　　　　　　当社企画開発部　メーカーとコラボ
持ち歩く　自慢する　広まる　新調味料　調理済み食品（レトルト、冷凍）

統一ブランド

ATTENTION　注目
口コミ　新商品　新商品
口コミ伝播効果で、新商品に対する注目度を高め、最初のお得意様になっていただく
AFFECTION　好感
社内の専門家の発想では思いつかなかった調味料や配合などを見つけ出して商品化
商品の味を微妙に左右する調味料に新鮮な味をもたらして話題性を勝ち取る

ユーザーと企画開発を相互に連動させて、好みの変化に対応する

Direct Marketing Foods Innovation

2　具体案　V（バリュー）は連動したシステムの完成度

1枚目で掲げた2つの案がどのようなもので、相互にどのように関連し合ってマーケティングに役立てられ、商品化への足掛かりにするのかを図解にした。

ケーススタディ編 12

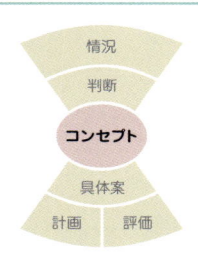

Design
コンセプト＝中心を大きく見せる

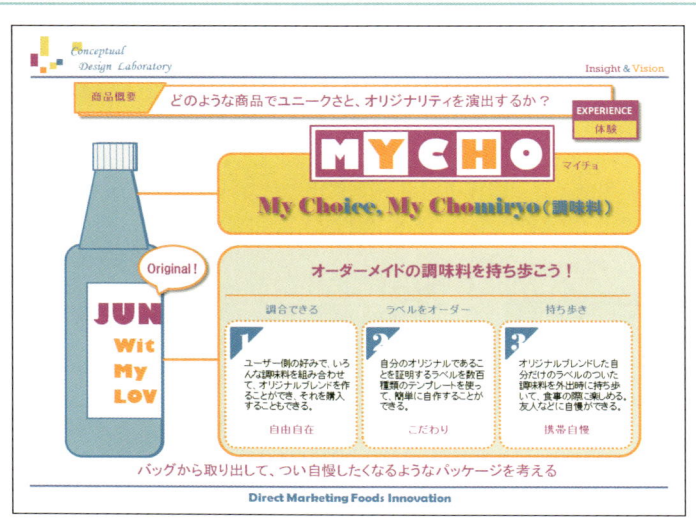

具体的な商品イメージが決まっている場合、このように簡単なイラストを入れ、それがどういった意味を持つのかを整理して見せることが大切である。

3 コンセプト　ユニークなアイデアが V（バリュー）

ユーザーの好みでブレンドし、ラベルも自作できるといったメリットをイラスト入りで説明。このページが企画書のメインなので目立つような作りにした。

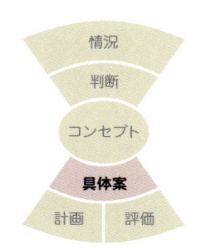

Design
白ヌキ文字で強調する

中央少し上の青色の図形に白ヌキ文字にした部分が、以下の循環型のシステムのネーミングで、影のコンセプトという位置づけなので一番目立つようにした。

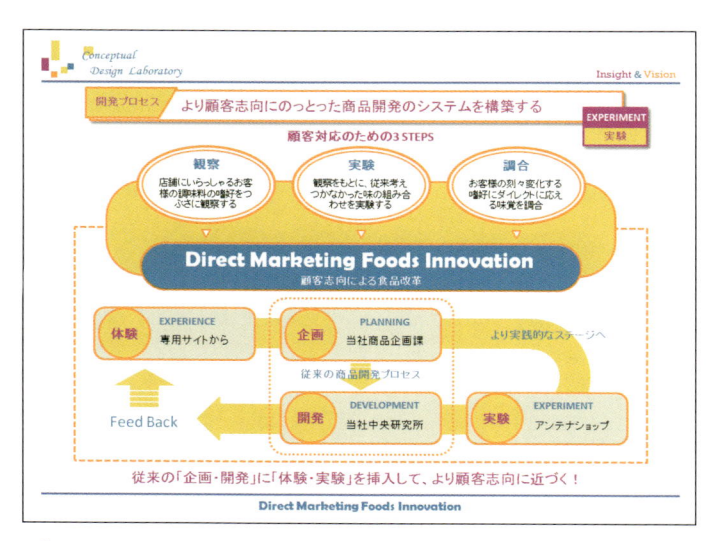

4 具体案　V（バリュー）は検証可能なシステム

従来は企画と開発の2つの部門で製品づくりを考えてきたが、そこに消費者の「視点」と「体験」が加わることで、フィードバックのシステムが完成する。

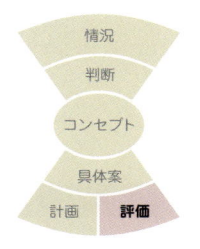

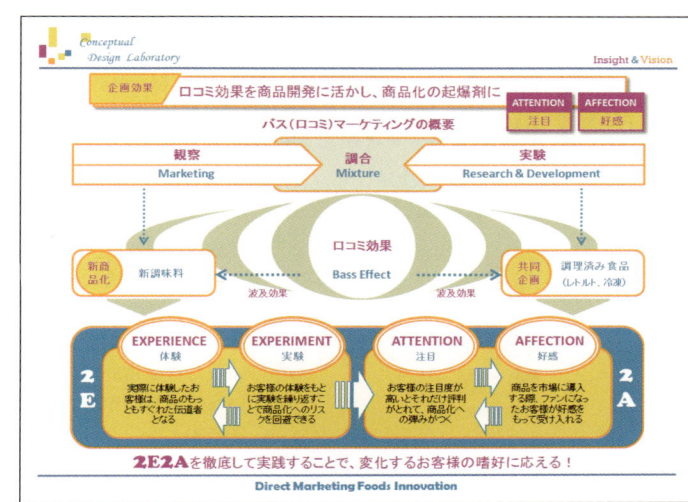

5 評価　顧客志向の徹底がA（目標）

「2E2A」という新しいマーケティングの手法を導入することで、より消費者志向の強い商品が短期間で市場に投入できる、ということを図解によって表した。

作成ポイント　「波及効果」を表す"波紋"の描き方

「これは周囲に波及効果を及ぼす」という意味を表したいときには"水面に広がる波紋"の絵を描いて背景に敷いておくといい。波が広がるように見せるには、正円の下に左右の横幅が広くなっていく楕円を5つ描き、大小による3つの楕円のペアを作る。それぞれ内側を白にして外側に色をつけると"ツメの先"のような図形を左右に描いたようになる。

完成イメージ

1 楕円を描き、[Shift]＋[Ctrl]キーを押しながら右側にドラッグしてコピーを作る。

2 コピーした楕円の右側中央のハンドルを左方向にドラッグして、やや幅の狭い楕円にする。これをあと4回繰り返し、合計6つの楕円を作成する。

3 一番中央の楕円をダブルクリックして、[書式]タブの[サイズ]→[図形の高さ]の値を[図形の幅]にコピーして正円にする。

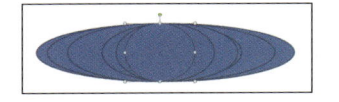

4 [Shift]キーを押しながら外側の楕円ほか1つおきにクリックして選択し、[ホーム]タブの[図形描画]→[図形の塗りつぶし]→[その他の色]で薄いベージュを選択し、[図形の枠線]で[線なし]をクリックする。

5 同様に中央の正円ほか残った楕円を選択して、こちらは[図形の塗りつぶし][図形の枠線]ともに白を選択する。[図形の枠線]→[太さ]で[3pt]以上の太い線を選択すると、より"波紋"の形がリアルに再現できる。

PowerPoint 2002,2003　▶▶▶　P169

ケーススタディ編　13

経営指針企画書　　　　　　　　　　　　　　　　　　　　　　　　　　上下にバー型

13 社員に指針を示す 経営者の経営方針表明

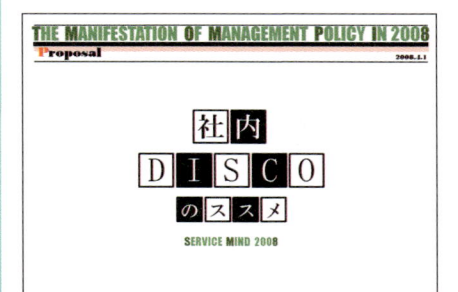

STORY

起業3年目を迎えたベンチャービジネスの社長が、社員も順調に増えたところで、主義信条を自らの言葉で語り伝えようと意図して、作成させたものです。どのような業態を目指し、どういった行動指針にのっとって日々の仕事をしていってほしいかをわかりやすく示すひとつの方法です。

なぜそれを企画するのか？　　　　　　　　　　　　　　　PAV

PURPOSE 目的
- ベンチャー起業から3年目を迎えたところで、新しく入社した人にも創業社長のポリシーを理解してもらい、すべての社員に高いロイヤリティをもって仕事に打ち込んでもらえるようにする。
- 社長の代表的な言葉を理解してもらい、軸がブレないようにする。

AIM 目標
- 経営者が自らの価値観を言葉によって表明することで、社員全員に、会社がどういった未来像を描いているかを確認してほしい。
- 日々の仕事の積み重ねにどのような意味があるのかを理解し、切磋琢磨を続けるとともに、仕事の悩みや苦しみを乗り越えてほしい。

VALUE バリュー
- 会社の象徴的な存在である経営者がどのような理念をいだいているかを熱のこもった言葉で表明することにより、言葉を超えた力を浸透させ、さらなる飛躍を目指していくことができる。
- 仕事に迷いが生じたとき、立ち返って起業の精神を確認できる。

どのようにそれを表現するか？　　　　　P（プロット）30：70 I（アイデア）

PLOT & IDEA　P&I

これは「DISCO」の5文字に言葉を割り振って、スローガンに掲げたものであるが、発想は「喜び」や「驚き」といったことを盛り込みたいと思いつつ、会社とは不似合いな「DISCO」でまとめるとおもしろいと考えて作成したものである。「社内DISCO」という言葉の意外性、経営者が社員に提案する企画書という斬新な発想が生きている。一風変わったアイデア思考の企画書である。

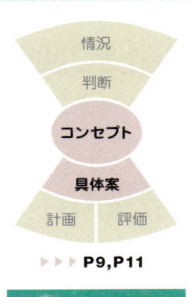

Coloring
相性の良い2色のバランス

緑色の濃淡と、ピンクのダブルバランスと見ることもできるが、中心となっている黒色も入れて3色のコンビネーションと見なすこともできる。

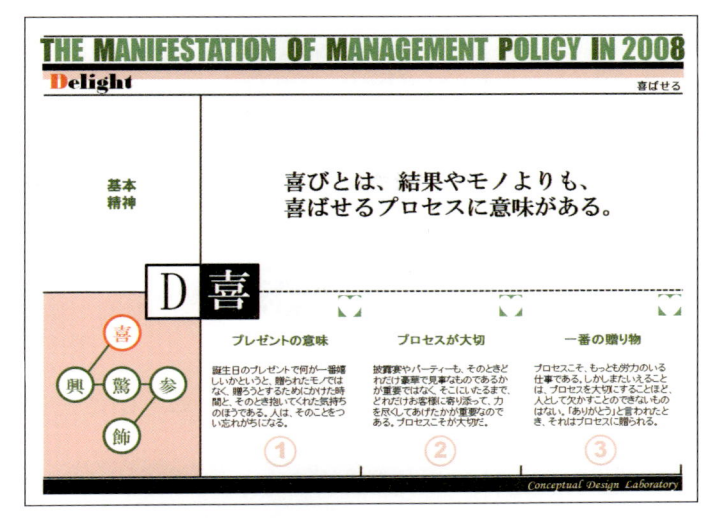

▶▶▶ P9, P11

THE MANIFESTATION OF MANAGEMENT POLICY IN 2008
Delight — 喜ばせる

基本精神：喜びとは、結果やモノよりも、喜ばせるプロセスに意味がある。

D 喜

① プレゼントの意味
誕生日のプレゼントで何が一番嬉しかというと、贈られたモノではなく、贈ろうとするためにかけた時間と、そのとき抱いてくれた気持ちのほうである。人は、そのことをつい忘れがちになる。

② プロセスが大切
披露宴やパーティーも、そのときどれだけ豪華で見事なのであるかが重要ではなく、そこにいたるまで、どれだけお客様に寄り添って、力を尽くしてあげたかが重要なのである。プロセスこそが大切だ。

③ 一番の贈り物
プロセスこそ、もっとも労力のいる仕事である。しかし大したいることは、プロセスを大切にすることほど、人として欠かすことのできないものはない。「ありがとう」と言われたとき、それはプロセスに贈られる。

Conceptual Design Laboratory

1　コンセプト＋具体案　V（バリュー）はプロセスの大切さ

贈り物では、豪華さや贈る場面ばかりに注目がいくが、接客業の基本は、そうしてあげたい「気持ち」をいかに理解しているかであると説いたものである。

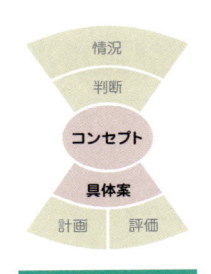

Design
理念を「DISCO」に集約

会社に必要な理念が、「DISCO」をそれぞれ頭文字とする5つの言葉にある、としてデザインの根幹に据えた。「言葉もデザインである」点に注目してほしい。

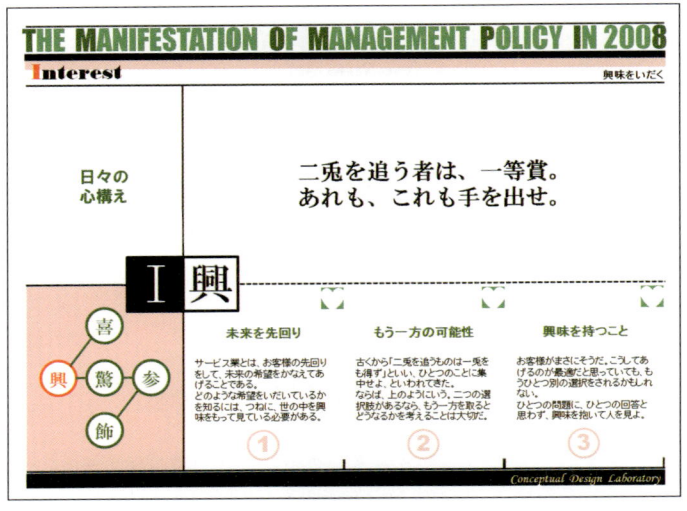

THE MANIFESTATION OF MANAGEMENT POLICY IN 2008
Interest — 興味をいだく

日々の心構え：二兎を追う者は、一等賞。あれも、これも手を出せ。

I 興

① 未来を先回り
サービス業は、お客様の先回りをして、未来の希望をかなえてあげることである。どのような希望をいだいているかを知るには、つねに、世の中を興味をもって見ている必要がある。

② もう一方の可能性
古くから「二兎を追うもの一兎も得ず」といい、ひとつのことに集中せよ、といわれてきた。ならば、上のようにいう、二つの選択肢があるなら、もう一方を取るとどうなるかを考えることは大切だ。

③ 興味を持つこと
お客様がまさにそうだ、こうしてあげるのが最適だと思っていても、もうひとつ別の選択肢されるかもしれない。ひとつの問題に、ひとつの回答と思わず、興味を抱いて人を見よ。

Conceptual Design Laboratory

2　コンセプト＋具体案　V（バリュー）は人間への愛しみ

接客業は人をどうもてなすかが表の使命だが、ゲスト個人とその人が関心あることにどれだけ気づいてあげることが裏の使命として重要だと主張している。

ケーススタディ編 13

THE MANIFESTATION OF MANAGEMENT POLICY IN 2008
Surprise — 驚かせる

感動プロデュース産業

感動に驚きがともなったとき、それは、一生の想い出となる。

S 驚

喜 — 興 — 驚 — 参 — 飾

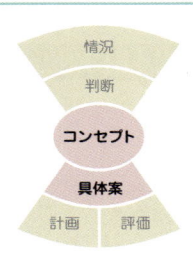

① サプライズ！
お客様にちょっとしたサプライズを提供することをつねに考えていること。マニュアルがあるかのように接するのではなく、予想外のことがいくつかあったほうが人生は楽しい。

② 創造性
サプライズというのは決まりきったルーティンワークから生まれるものではない。わたしたちの業務はサービス業であるが、それはお客様との間に何かを創造するという業務でもある。

③ 自由裁量で
サプライズを人に与えるのは容易なことではない。もし、予想外のサプライズをお客様に提供できたとしたら、月額10万円を限度として自由に使っていこととする。これに関しては上申の必要はない。

Conceptual Design Laboratory

Design 展開を見せる方法
左側の下では、「喜」「興」「驚」「参」「飾」が順番に展開していることを示した。そのページで触れている言葉を、ピンクとは濃淡の関係にあたる赤色にした。

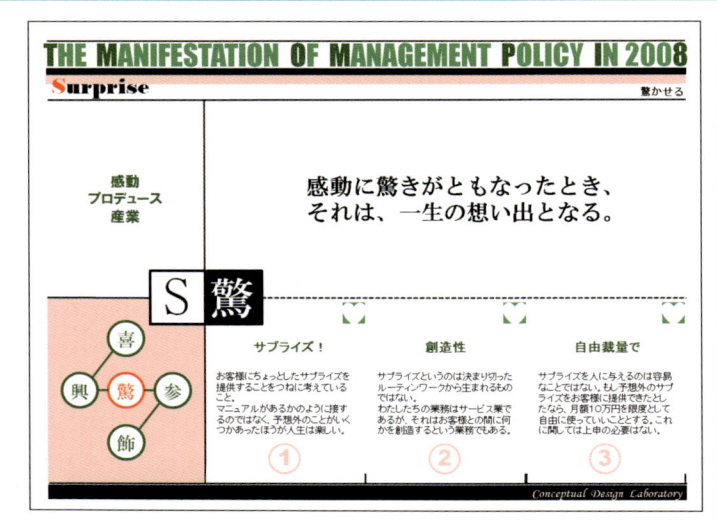

3 コンセプト＋具体案　V（バリュー）は一瞬のひらめき
人を喜ばせるには一瞬のひらめきが大切で、いちいち上司の決裁を受けているとチャンスを逃してしまう。想像力と自由裁量で決めるべきだと主張している。

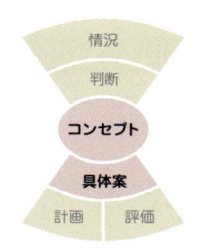

THE MANIFESTATION OF MANAGEMENT POLICY IN 2008
Commitment — 参画する

参画企業

△する□は○でナシ、なんていわれないようにしろよな×

C 参

喜 — 興 — 驚 — 参 — 飾

① 参画する姿勢
お客様にサービスをすることは当然のことだ。これからのサービス業はその先にある。それは、ただ単に参加するのではなく、主体的に、積極的に、参画するという姿勢から始まる。

② 「参画」とは
「参画する」というのは、仲間に加わるという意味ではなく、社会全体の利益のため、自らの意志で何かをなすということ。人に理解されず、責任ある言動をとることを求めたい。

③ 経営者意識
人が何かをしたあとでフォローするのが目的ではなく、人に積極的に働きかけて、何かが得られる。それぞれの人が経営者の意識を持ってほしい。経営者は自らの道を切り開いている人をいう。

Conceptual Design Laboratory

Design 言葉遊びをしてみる
右上は「参画する資格はまるでなし」と読む。粋な言葉、決め言葉、味のある言葉といったものは経験の重みが必要だが、どこかに「遊び」がほしい。

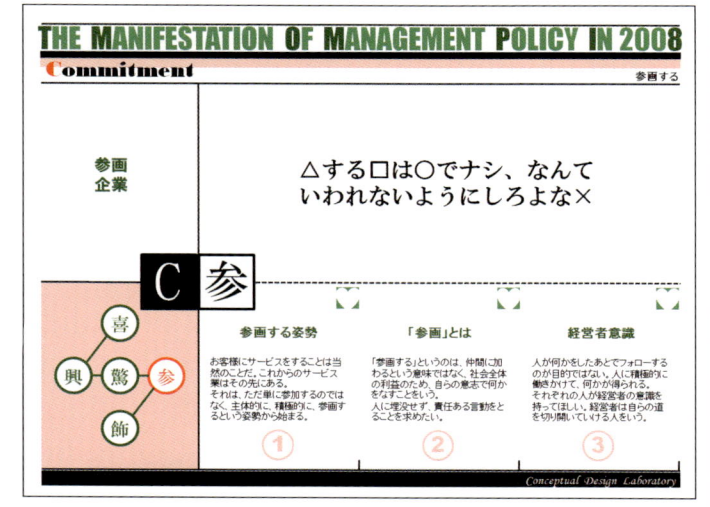

4 コンセプト＋具体案　V（バリュー）は人に頼らぬ責任感
接客では、人の命令でやらされているという意識は禁物で、自分がその店の経営者になったつもりで、積極的に実行に移すべきだということを説いている。

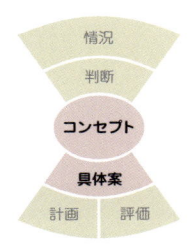

ケーススタディ篇 13

情況
判断
コンセプト
具体案
計画　評価

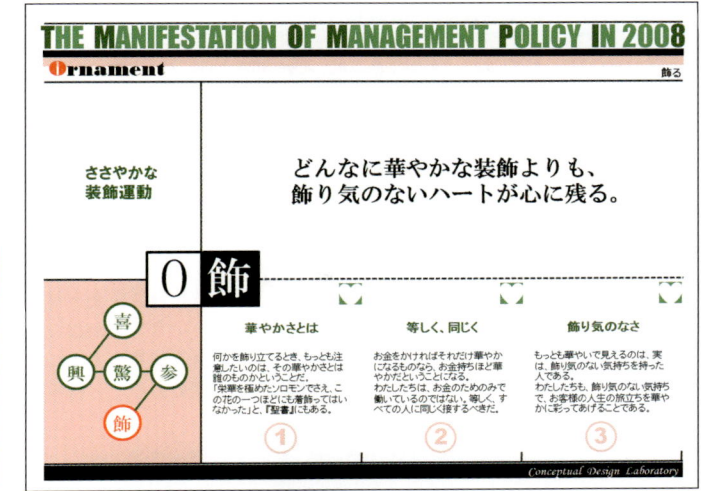

Design
ハート形をデザイン

「社長の言葉」にあるようにハートが大事と指摘しているので、下に3つのハート形をデザインした。これは左右の境界を示すためのデザインでもある。

THE MANIFESTATION OF MANAGEMENT POLICY IN 2008
Ornament　　　　　　　　　　　　　　　　　　　　　飾る

ささやかな装飾運動

どんなに華やかな装飾よりも、
飾り気のないハートが心に残る。

0 飾

| 華やかさとは ① | 等しく、同じく ② | 飾り気のなさ ③ |

何か飾り立てるとき、もっとも注意したいのは、その華やかさとは誰のものかということだ。「栄華を極めたソロモンでさえ、この花の一つほどにも着飾ってはいなかった」と、『聖書』にある。

お金をかければそれだけ華やかになるものなら、お金持ちほど華やかだということだ。わたしたちは、お金のためのみで働いているのではない。等しく、すべての人に同じく接するべきだ。

もっとも華やいで見えるのは、実は、飾り気のない気持ちを持った人である。わたしたちも、飾り気のない気持ちで、お客様の人生の旅立ちを華やかに彩ってあげることである。

Conceptual Design Laboratory

5 　コンセプト＋具体案　　V（バリュー）は内面の美しさ

建物や内装を飾ることは簡単だけど、日々の小さな行いを積み重ねていくのは意外と難しいし、人からの評価もない。だから重要なのだと鼓舞している。

作成ポイント　　**テキスト入りの円をジグザグに配置する**

完成イメージ

このように上下左右に整然と並べられた図形は、上と下、左と右の円をグループ化して「左右中央揃え」と「上下中央揃え」という操作を行う。なお、テキストをあとで入れるとフォントサイズの変更など煩雑になるので、最初に円の中にテキストを入れ、「テキスト入りの円」をコピーしたあと、最後にテキストだけを書き換えるという方法をとる。

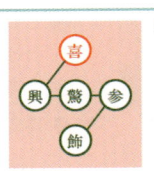

1 正円を描いて「喜」というテキストを入力し、フォントとフォントサイズを決定する。

2 テキスト入りの正円を［Shift］＋［Ctrl］キーを押しながら上下左右にドラッグして上下左右に4つのコピーを作る。

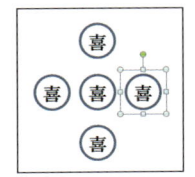

3 上と下の正円を［Shift］キーを押しながらクリックして選択し、右クリックをして［グループ化］→［グループ化］をクリックする。左右でも同様の操作でグループ化する（中央はそのまま）。

4 すべての図形を選択し、［図形描画］の［配置］をクリックして［配置］→［左右中央揃え］と［上下中央揃え］をクリックする。

5 テキストを適当なものに書き換える。

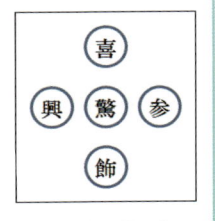

6 テキスト入りの円と円の間に直線を描き入れ、背面に送る（P105の6を参照）。

PowerPoint 2002, 2003　▶▶▶　P170

ケーススタディ編　14

評価制度改革企画書　　　　　　　　　　　　　　　四辺を囲む型

14 従来の弊害を克服する新しい評価制度の導入

STORY

上（上司）や下（部下）だけでなく、同僚（左右）からも評価される360度の相互評価制度による給料査定を実施して以来、相互監視や派閥化という悪弊が出てきています。それに対して、自己成長した人ほど評価される新しい制度が必要である、と提案された企画書です。

なぜそれを企画するのか？　　　　　　　　　　　　PAV

PURPOSE　目的
- 7年前に導入した評価制度を抜本的に見直す必要がある。
- 相対的な評価を排し、社員が個々の力量を発揮できるようにする。
- それぞれが自己目標を設定して、ポテンシャルを高めていける社内体制を早期に確立する必要がある。

AIM　目標
- こつこつ努力した人を評価する制度を作り、モチベーションアップにつなげるとともに、自分の夢を実現したいという人の努力を結集して、夢のある会社づくりをしていきたい。
- 評価制度からCIの導入まで踏み込み、社風の刷新を図りたい。

VALUE　バリュー
- 人からの評価を気にするあまり、萎縮したり、疑心暗鬼になっていては、本来、生きがいであるはずの仕事がおもしろくなくなる。改革を遂行することによって、そうした社風を一新することができる。
- 個人の能力を伸ばした人ほど評価するので、異能を会社に活かせる。

どのようにそれを表現するか？　　　P（プロット）80：20 I（アイデア）

PLOT & IDEA　P&I

論理的な流れを見せていくプロット思考型の企画書例であるが、上から下への一直線の流れにすると単調になるので、左右2つのブロックに分け、左の展開に右の展開をからめていくという構成にした。左右対称を避け、左にノンブルと項目タイトルを入れることでアクセントをつけた。それにより左に寄ったバランスを、右側の「人物写真」やCIで作成したロゴを下に入れることで緩和している。

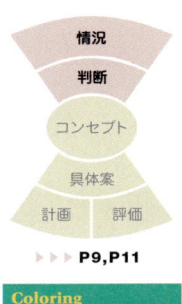

情況
判断
コンセプト
具体案
計画 評価

▶▶▶ P9, P11

Coloring
典型的なトリプルコンビネーション

紺色と青色、薄い緑色、それにオレンジ色の組み合わせは典型的なトリプルコンビネーションで、どの色を組み合わせても互いのコントラストが引き立つ。

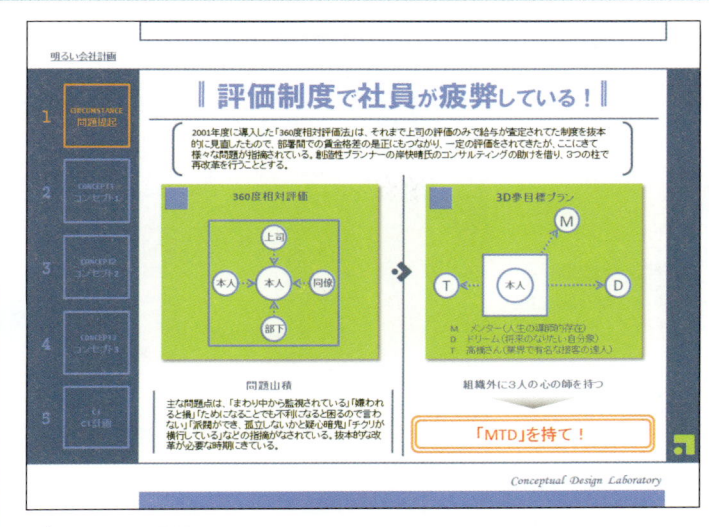

明るい会社計画

‖ 評価制度で社員が疲弊している！‖

1 CIRCUMSTANCE 問題提起

2001年度に導入した「360度相対評価法」は、それまで上司の評価のみで給与が査定されていた制度を抜本的に見直したもので、部署間での賃金格差の是正にもつながり、一定の評価をされてきたが、ここにきて様々な問題が指摘されている。創造性プランナーの岸快晴氏のコンサルティングの助けを借り、3つの柱で再改革を行うこととする。

2 CONCEPT1 コンセプト1

360度相対評価　　　　　　　　　3D参目標プラン

上司　　　　　　　　　　　　M
本人←本人→同僚　　　T　本人　D
部下

3 CONCEPT2 コンセプト2

M　メンター（人生の師的存在）
D　ドリーム（将来のなりたい自分像）
T　高橋さん（業界で有名な接客の達人）

4 CONCEPT3 コンセプト3

問題山積　　　　　　　　　組織外に3人の心の師を持つ

主な問題点は、「まわり中から監視されている」「嫌われると損」「ためになることでも不利になると困るので言わない」「訳解けて、孤立しないかと疑心暗鬼」「チクリが横行している」などの指摘がなされている。抜本的な改革が必要な時期にきている。

5 C1計画

「MTD」を持て！

Conceptual Design Laboratory

1 情況＋判断　P（目的）は悪弊の排除と再生

7年前に導入した評価制度によってもたらされた悪弊。その根底には何があるのかを分析し、「M」「T」「D」に象徴される目標を探すことを求めている。

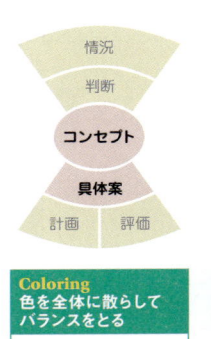

情況
判断
コンセプト
具体案
計画 評価

Coloring
色を全体に散らしてバランスをとる

基調色、同系色、強調色を決めたら、一部分に片寄ったり、いずれかの色を使わないのではなく、全体のバランスを見て色を散らして使うようにする。

明るい会社計画

‖ Lets！ メンタープライズ ‖

離れた位置に立って、あなたを奮い立たせてくれる人。

M

1 CIRCUMSTANCE 問題提起

2 CONCEPT1 コンセプト1

PROBLEM
100%社畜？

残務処理のため長時間の残業をしなければいけないことが多く、「アフター5」も会社の上司とつき合うことになる。休日以外は会社の上下関係に縛られて、思うような活動はできない。外に目を向けようと思っても、時間が限られていて、休日は一日中家で過ごすこともまれではない。これでは、創造的な仕事ができるわけがない。

POINT
1.会社の人間とだけつき合うと同じ色に染まる
2.会社の上下関係を絶対になると、その上を目指すとき障害になる
3.創造的な活動をするための時間が必要

社外活動の必要性

社外活動の「20%ルール」

勉強会
異業種交流会
趣味の活動

メンターを探せ！

会社外の活動継続評価対象とする

ゆるやかな結合体へ
1 会社は選べても上司は選べない、というのはおかしい
2 会社というのは、望む活動をするためのゆるやかな結合体と考えたほうが、組織の活性化にはメリットがある

3 CONCEPT2 コンセプト2

4 CONCEPT3 コンセプト3

5 C1計画

Conceptual Design Laboratory

2 コンセプト＋具体案　V（バリュー）は「緩やかな結合体」

利害関係のない立場にありながら導いてくれるメンター的な存在を見つけて道を切り開くべきだということを「メンタープライズ」という造語で表現した。

ケーススタディ編 14

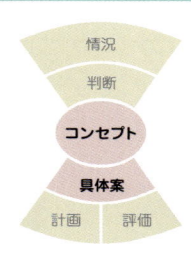

Design
ワンポイントのロゴ

右下のマークは5枚目に出てくるように新しく提案するロゴであるが、ここに入れた理由は、薄緑色の部分が少ないので、全体の色調のバランスをとるためである。

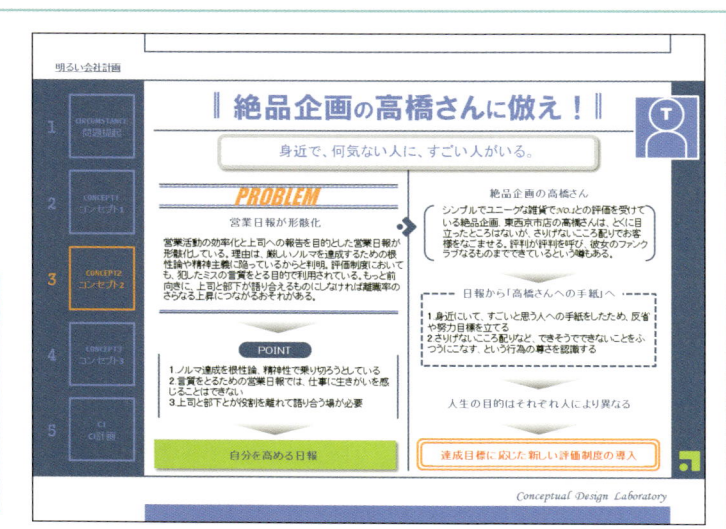

3 コンセプト＋具体案　V（バリュー）は「価値観の尊重」

ノルマ達成や結果重視ではなく、人知れず頑張る人に価値を見出すべきだ、という理念を「絶品企画の高橋さん」という象徴的な人物像に託した。

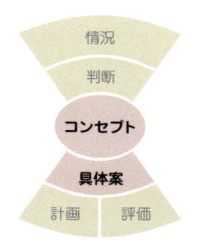

Coloring
もっとも目立つ赤を使用

3種類のコンビネーションカラーからいうとオレンジの枠取りの中は同色のオレンジを使うところだが、地の色が白だと目立たないので赤色を使った。

4 コンセプト＋具体案　V（バリュー）は「自己目標の重視」

社員個人がそれぞれの価値観において切磋琢磨してくれれば、会社全体として「オンリーワン」の競争力を業界内で勝ち得ることができる、としている。

084

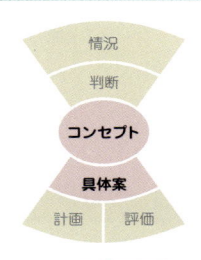

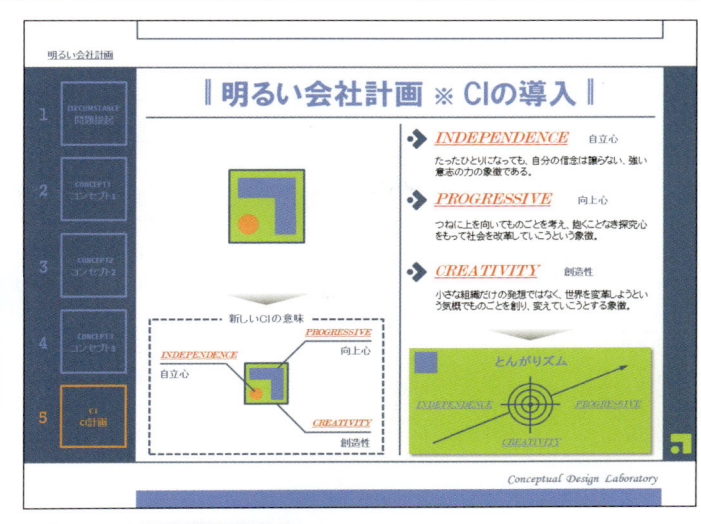

Design
シャープな印象の斜体に下線

ロゴのいわれを説明する部分は、英語の単語に斜体をかけ、さらに下線を敷いた。こうすると、シャープでスピード感のある印象を与えることができる。

5 コンセプト＋具体案　V（バリュー）は「明るい会社計画」

4枚目までを受け、抜本的改革として新しいCIのもとに再出発すべきであることを提案した。CIのような概念には、絵的なイメージが必要となる。

作成ポイント　的（ターゲット）の描き方

弓矢の"的"(次項にも登場)やロックオン(狙いを定める)したときの"射程"（P099を参照）の図形は、ターゲットを定めるターゲティングほかさまざまな用途で用いられる。使う図形は円と直線だけで、すべてのパーツを揃えたあとで「左右中央揃え」と「上下中央揃え」という操作を行えば、きれいに中心が揃っている"的"の図形となる。

完成イメージ

1 正円を描いて [Ctrl] キーを押しながらドラッグしてコピーを作り、[Shift] キーを押しながら右下のハンドルを左上にドラッグして、縮小した図形を作成する。

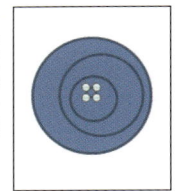

2 1の作業をもう一度行い、最後に極小の正円を中心に描き入れる（右上図）。

3 [図形描画] の [直線] をクリックして、[Shift] キーを押しながら縦にドラッグして垂直方向に直線を描く。

4 直線を選択し、[Shift] + [Ctrl] キーを押しながら横にドラッグしてコピーを作り、[図形描画] の [配置] をクリックして [回転] → [右へ90度回転] をクリックする。

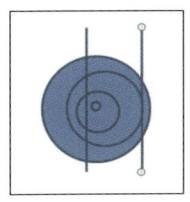

5 すべての図形を選択し、[配置] をクリックして [配置] → [左右中央揃え] と [上下中央揃え] をクリックする。

PowerPoint 2002, 2003　▶ ▶ ▶　**P170**

15 書籍出版企画書　　　　　　　　　　　　　　　　　　　四辺を囲む型

本書で実際に使用した「5枚プレゼン」企画書

STORY

前著「1枚企画書」の書籍のあとを受け、新しい時代のプレゼンの提案にはどのようなものがふさわしいかを考察し、「5枚プレゼン」型の企画書にまとめたものです。これは実際に出版社の担当編集者に対して提案した企画書で、実物がどのような経緯で生まれてきたかの一例として参考にしてください。

なぜそれを企画するのか？　　　　　　　　　　　　　　　　　PAV

PURPOSE　目的
- すべての企画書を1枚にすることはできないし、また複数枚にしたほうが説得力があるケースもある。そうしたニーズに応える書籍を出版する。
- プレゼンの資料を作るとつい10枚、20枚に及んでしまうという人に、かならず5枚で完結する企画書作成法の提案をする。

AIM　目標
- 前著でカバーできなかった読者層を取り込みたい。
- シリーズ第2弾を出版することで、「ビジネス極意シリーズ」の認知と浸透を図りたい。
- 前著を上回る5万部突破を目標とする。

VALUE　バリュー
- 「論理展開には自信があるが、企画書のなかでうまくまとめることができない」という人に「企画書デザイン」の極意を理解してもらえる。
- 付加価値の高い企画提案には企画書自体にもデザイン性が求められるが、そうした時代の要請に応えることができる。

どのようにそれを表現するか？　　　　　P（プロット）90：10 I（アイデア）

PLOT & IDEA　P&I

基本的な形は、問題提起と結論を上下に配した「問答形式型」（P018を参照）であるが、企画内容を左右2つに分割して、片方に図解を入れることで、メリハリをつけている（「左ビジュアルの法則」（P024を参照）にのっとっている）。左と下に薄緑色の帯をつけたので、それとバランスをとるため右上に英字を入れた。論理性を重視したプロット思考による企画書となっている。

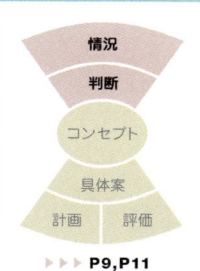

Coloring
バランスの良い3色の組み合わせ

紫色と薄い緑色それに黄色は、そのうちの2色でもきれいだが、3色揃っても相性が良い。ここでは3色によるトリプルコンビネーションとなっている。

1 情況＋判断　　**P（目的）はプレゼンの未来の提案**

「問題提起＋企画の背景＋現状認識＋その構造図＋結論」を見やすくレイアウトしたもので、「問題提起」と「結論」が呼応した「問答形式型」の一例である。

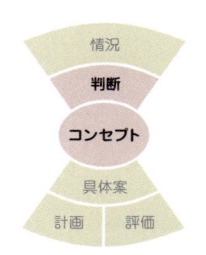

Coloring
1枚にバランスよく色を配置する

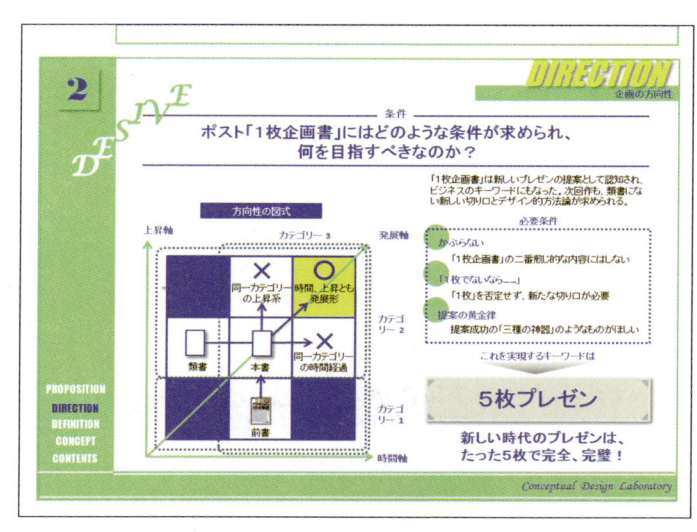

基本となる3色が決まったら、それを1枚の紙の上でバランスよく配置するときれいに見える。このページも3つの色がほどよく「配合」されている。

2 判断＋コンセプト　　**方向性を策定するのがP（目的）**

「類書の追随でも、前著を引き継いだものでもない」第3のベクトルを目指すべきだ、ということを図解で表現し、つぎのページに続くコンセプトを提示。

ケーススタディ編 15

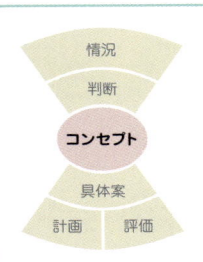

Design
大きな枠組みで
ページを構成する

このページを見たら、すぐに「2つの対象を、2つの要素を並列させて、たがいに比較している」とわかる。点線による枠取りとアイコンがそう見せている。

3 コンセプト　V（バリュー）は明確な違いの打ち出し

「差異」（前著との明確な違い）と「異化」（表現の仕方により認識を新たにすること）という2つの観点で、「5枚プレゼン」のコンセプトを位置づけた。

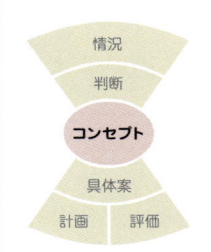

Design
スペースに飾り的な
デザインを施す

「Desive」はこの企画書を象徴するキーワードであるが、左上のスペースにこれを入れたのは、右に英字を入れたためにバランスが片寄ったからである。

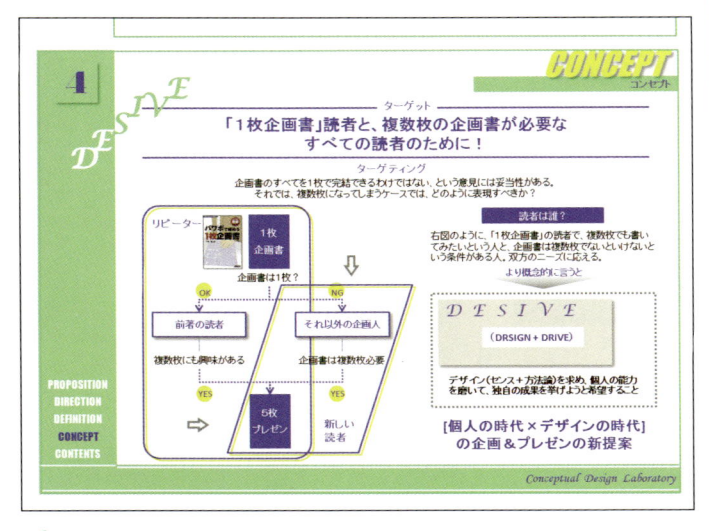

4 コンセプト　V（バリュー）は明確なコンセプト

「5枚プレゼン」はコンセプトでもありアイデアでもある。それが目指すものとして「Desive」という新造語を使ってコンセプトワードとした。

088

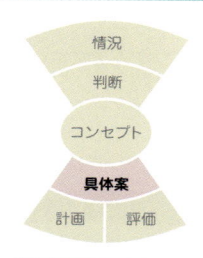

Design
単調な部分に
直角三角形を敷いた

枝分かれ図をそのまま載せただけだと、全体としてそっけないものになってしまう。そこで地に直角三角形を敷いて「Contents」と影文字で入れた。

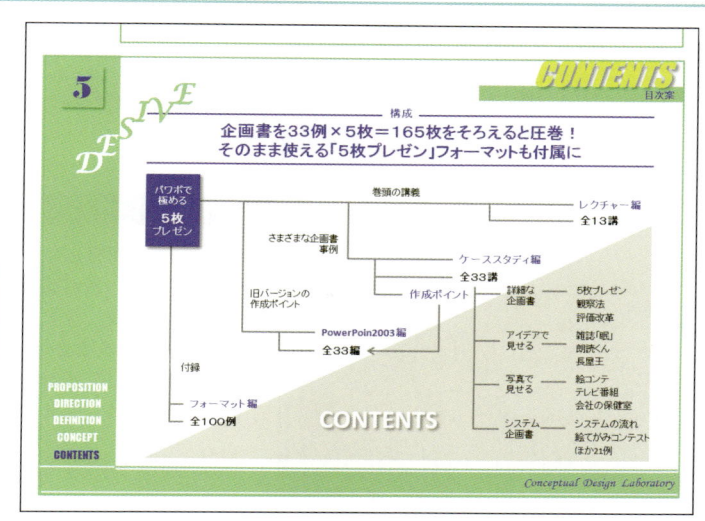

5 具体案　A（目標）は望まれる誌面構成

通常、書籍の企画というと目次のみを指すケースが多いが、具体的な誌面構成を立体的に示したほうがわかりやすいので、ルーツ型の図解で表現した。

作成ポイント 「サイ」のイラストを使ったアイコン

これは影をつけた四角形の上にクリップアートのイラストを貼り付け、それに「テキストボックスを使ったテキスト」を組み合わせて作られたものである。本企画では「サイ」と「イカ」のイラストを使ったが、当然、使用するものは同じテイストのものでなくてはいけないし、アイコンのイラストとしてふさわしいものを選択しなければならない。

完成イメージ

1 四角形を描いて［図形描画］→［図形の効果］をクリックして［影］→［外側］→［オフセット（斜め右下）］をクリックする。

2 ［挿入］タブの［図］→［クリップアート］→［クリップアート］作業ウィンドウの［検索］ボックスに「サイ」と入力して［検索］ボタンをクリックし、出てきた検索結果から適当なクリップアートをクリックする。

3 「サイ」のイラストを選択し、右クリックをして［グループ化］→［グループ解除］をクリックすると、アラートダイアログボックスが現れるので［はい］ボタンをクリックする。再度同じ操作で［グループ解除］をクリックする。

4 「サイ」のイラストがパーツに分解されたので、［図形描画］→［図形の塗りつぶし］で適当な色を施していく。

5 イラストのパーツをすべて選択し、右クリックをして［グループ化］→［グループ化］をクリックすると、ふたたび1つの図形として扱えるようになる。最後に、大きさを調整して四角形の上に乗せる。

PowerPoint 2002,2003　▶ ▶ ▶　**P171**

16

新雑誌提案企画書　　　　　　　　　　　　　　　　　　　四辺を囲む型

読者のニーズを反映した新雑誌の創刊企画

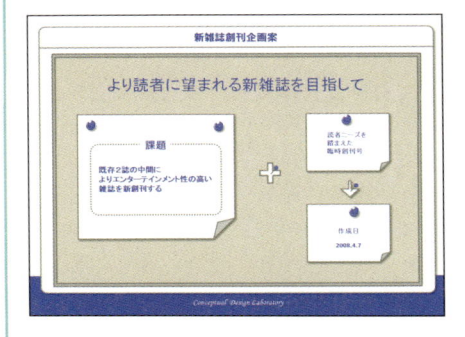

STORY

2つの雑誌を刊行している出版社が、新しい時代にふさわしい新雑誌をまず特集号として世に問い、月刊誌化できるかどうかを検討したあとで創刊を決定するという企画案になっています。ポイントは、重ねた議論の結果であるということをリアルに見せる工夫にあります。

なぜそれを企画するのか？　　　　　　　　　　　　　　　　PAV

PURPOSE 目的
- 既存2誌の部数の減少が決定的となった情況下、これからの読者に支持される第3の方向性を見出す。
- 読者のニーズを別の雑誌で探って、反応が良ければ月刊誌化する。
- もし月刊誌化が可能であれば、1誌を廃刊にして新雑誌に引き継ぐ。

AIM 目標
- 毎年目減りする読者数に歯止めをかけたい。
- 活力ある雑誌に引き継ぎ、再度、出版社の認知度アップにつなげたい。
- 部数の減少により、不振が続く2誌の編集者の有効活用を図って、モチベーションをアップさせ、仕事をリスタートさせたい。

VALUE バリュー
- 既存の雑誌のアンケート結果などから、睡眠に対する関心の高まりがあることがわかり、この分野で有益な情報を提供することができる。
- かつて30万部以上の購読実績を誇っていた2つの雑誌が大幅に部数を減らしたことで自信を失った社員の士気を高めることができる。

どのようにそれを表現するか？　　　　　P（プロット）30：70 I（アイデア）

PLOT & IDEA P&I
この企画書は、5枚目の「雑誌企画アイデア」をどう見せるかをまず考え、会議と同じようにボードに"貼り紙"をしたものをそのまま見せればわかりやすいと判断したもので、絵的な発想から入った点でアイデア思考である。"貼り紙"という発想が得られたので、アイデアを紙に書いてボードに貼りつけるというビジュアル案をほかのすべての企画書に踏襲した。

ケーススタディ編 16

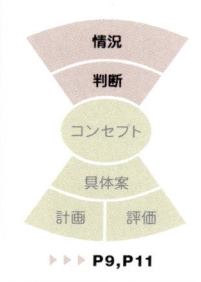

情況
判断
コンセプト
具体案
計画　評価
▶▶▶ P9, P11

Coloring
青色とベージュの
ダブルバランス

「コルクボード」をイメージしたベージュ系の色を選んだので、基調色は青色にした。地味なベージュに対し、青色でももっとも鮮やかな色彩がこの色である。

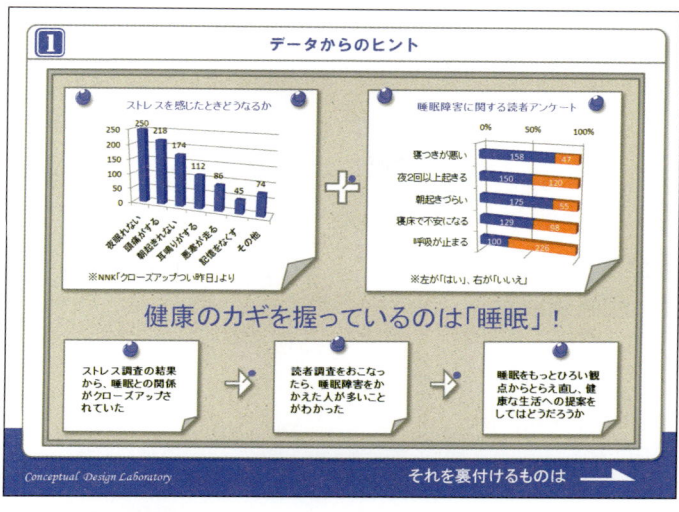

1 データからのヒント

ストレスを感じたときどうなるか
250 218
200 174
150 112
100 86
50 45 74

※NHK「クローズアップつい昨日」より

睡眠障害に関する読者アンケート
0%　50%　100%

寝つきが悪い 158 47
夜2回以上起きる 150 120
朝起きづらい 175 55
寝床で不安になる 129 68
呼吸が止まる 100 226

※左が「はい」、右が「いいえ」

健康のカギを握っているのは「睡眠」！

- ストレス調査の結果から、睡眠との関係がクローズアップされていた
- 読者調査をおこなったら、睡眠障害をかかえた人が多いことがわかった
- 睡眠をもっとひろい観点からとらえ直し、健康な生活への提案をしてはどうだろうか

Conceptual Design Laboratory　それを裏付けるものは →

1　情況＋判断　データの解析がP（目的）

アンケートの結果を踏まえて、新たに第2のアンケートを行い、睡眠が健康な生活と密接な関係にあるというF（事実）を発見し、それを提示している。

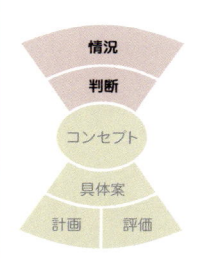

情況
判断
コンセプト
具体案
計画　評価

Design
枕のイラストを挿入

ここで一番目立つのは「枕のイラスト」である。こうしたアイキャッチャーになるイラストがあるとそのページが何を表したものであるかが一目瞭然となる。

2 ビジネスチャンス

編集部に送られた不眠の意見

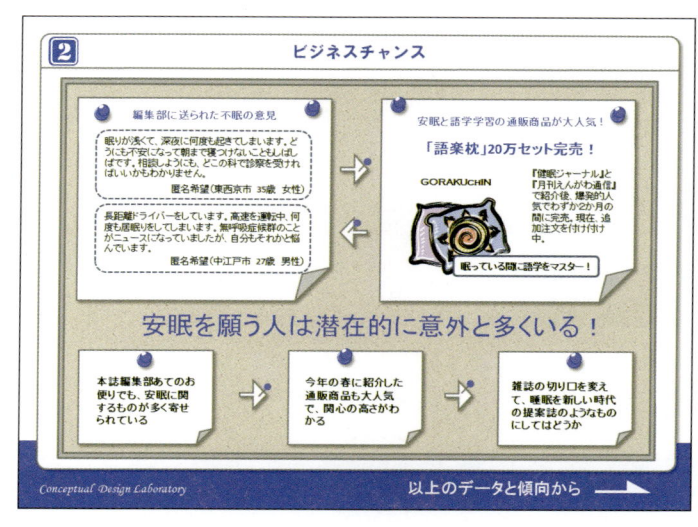

眠りが浅く、深夜に何度も起きてしまいます。そのうち不安になって朝まで寝つけないこともしばしばです。相談しように、どこの科で診察を受けばいいのかもわかりません。
匿名希望（東西京市 35歳 女性）

長距離トライバーをしています。高速を運転中、何度も居眠りをしてしまいます。無呼吸症候群のことがニュースになっていましたが、自分もそれかと悩んでいます。
匿名希望（中江戸市 27歳 男性）

安眠と語学学習の通販商品が大人気！
「語楽枕」20万セット完売！

GORAKUCHIN

『睡眠ジャーナル』と『月刊えんがわ通信』で紹介後、爆発的人気でわずか2か月の間に完売。現在、追加注文を付け行き中。

眠っている隙に、語学をマスター！

安眠を願う人は潜在的に意外と多くいる！

- 本誌編集部あてのお便りに、安眠に関するものが多く寄せられている
- 今年の春に紹介した通販商品も大人気で、関心の高さがわかる
- 雑誌の切り口を変えて、睡眠を新しい時代の提案誌のようなものにしてはどうか

Conceptual Design Laboratory　以上のデータと傾向から →

2　情況＋判断　客観的な裏付けがP（目的）

上記の1枚目で取り上げた定量データからF（事実）を追究するため定性データを採取し、企画に値するテーマであることをアピールしている。

091

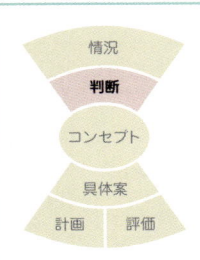

ケーススタディ編　**16**

情況
判断
コンセプト
具体案
計画　評価

Design
紙をとめる「ピン」のイラスト

「コルクボード」に差すものといえば「ピン」なので、紙を「ピン」でとめた。リアルに見えるよう、左上から光があたっているように見せている。

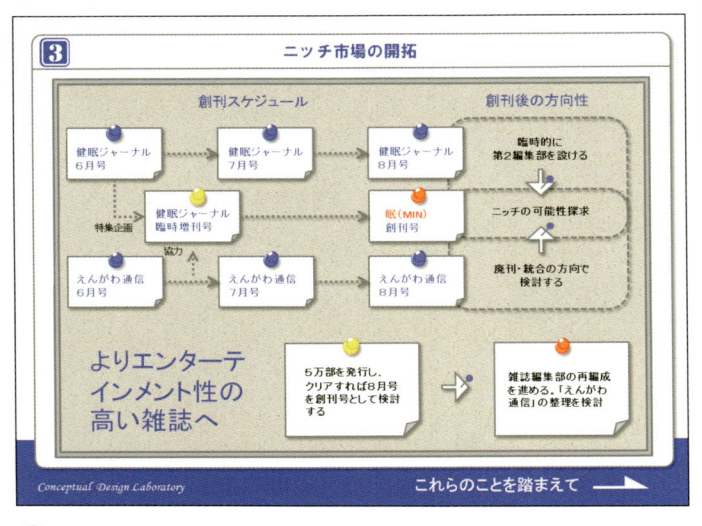

3 ニッチ市場の開拓

創刊スケジュール / 創刊後の方向性

健眠ジャーナル6月号 → 健眠ジャーナル7月号 → 健眠ジャーナル8月号 → 臨時的に第2編集部を設ける

特集企画 → 健眠ジャーナル臨時増刊号 → 眠(MIN)創刊号 → ニッチの可能性探求

協力 → えんがわ通信6月号 → えんがわ通信7月号 → えんがわ通信8月号 → 廃刊・統合の方向で検討する

よりエンターテインメント性の高い雑誌へ　5万部を発行し、クリアすれば8月号を創刊号として検討する　雑誌編集部の再編成を進め、「えんがわ通信」の整理を検討

Conceptual Design Laboratory　これらのことを踏まえて →

3 判断　P（目的）はニッチへの参入

1枚目、2枚目で作った推論を推し進めた結果、ニッチ（スキ間）に市場性があると確信したので、手順にしたがって新雑誌を創刊すべきであると訴えている。

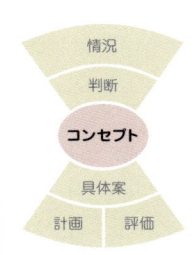

情況
判断
コンセプト
具体案
計画　評価

Design
ロゴとキャラクターの見せ方

ロゴはパソコンにあるフォントで、使えるものは使う。ここでは「Bauhaus 93」を用いた。キャラクター案は「バク」で検索したクリップアートである。

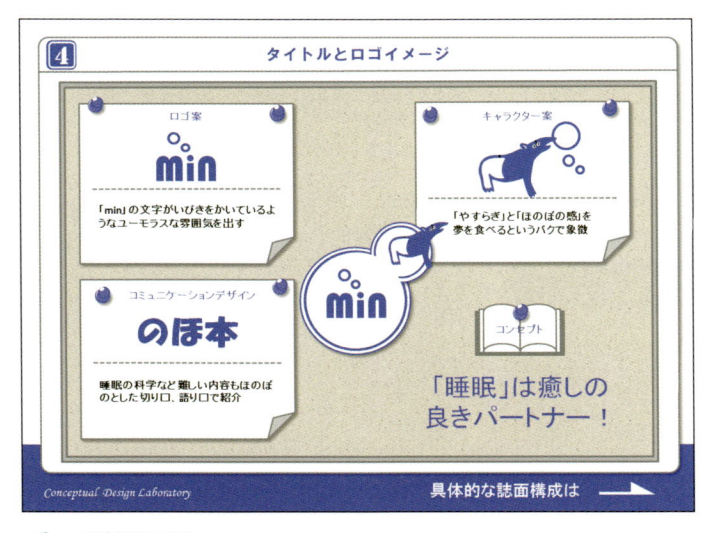

4 タイトルとロゴイメージ

ロゴ案　min
「min」の文字がいびきをかいているようなユーモラスな雰囲気を出す

キャラクター案
「やすらぎ」と「ほのぼの感」を夢を食べるというバクで象徴

コミュニケーションデザイン
のほ本
睡眠の科学など難しい内容もほのぼのとした切り口、語り口で紹介

コンセプト
「睡眠」は癒しの良きパートナー！

Conceptual Design Laboratory　具体的な誌面構成は →

4 コンセプト　V（バリュー）は安眠による癒し

新雑誌を形づくる3つの要素を列挙し、それぞれ何を目指したものであるかを提案している。全体として、親しみと安心感のイメージを醸し出している。

ケーススタディ編

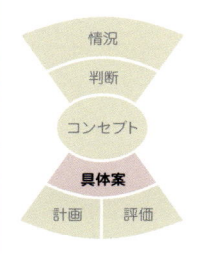

16

Design
会議の模様をリアルに再現

コルクボードのイメージは、会議の模様をリアルに再現するという効果を狙ったもので、誌面のアイデアを出したこのページがこの企画書の原型になっている。

5 **具体案** 具体的な内容がV（バリュー）

どういった誌面にするかを、考えてきた雑誌の特集アイデアなどを見せて示している。後半の3枚が「方針、コンセプト、アイデア」のセットになっている。

作成ポイント **紙をとめるピンの描き方**

完成イメージ

コルクボード上の紙をとめるピンは自作できる。リアルに見せる最大のポイントは、斜め上から光が差し込んで、下にピンの影ができているように見せるという点にある。使用する図形はすべて円（楕円）で、光のあたった白い部分をいかにうまく配置するかでリアルに見えるかどうかが決まってくる。針の部分が見えたピンの作成法はP101を参照。

1 大きい円を描き、［Ctrl］キーを押しながらドラッグしてコピーを2つ作り、右下のハンドルを[Shift]キーを押しながら左上にドラッグして最初の円を小さく、あとの円をそれよりやや大きめにする。

2 大きい円を選択し、［図形描画］の［図形の効果］をクリックして、［影］→［外側］→［オフセット（斜め右下）］をクリックして右下に影をつける。

3 一番上の中くらいの円（図の右側）を同色の青色、真ん中の小さい円を白にして、大小3つの円を重ね合わせる。

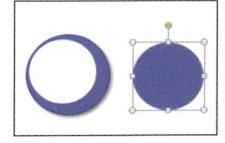

4 円と楕円を描き、楕円は緑色の回転ハンドルをドラッグして傾きをつけたあと白にして、図のような配置にする。

5 3と4の図形を組み合わせて、すべての図形を選択し、右クリックをして［グループ化］→［グループ化］をクリックする。

PowerPoint 2002,2003 ▶▶▶ **P171**

ケーススタディ編　17

クレーム処理企画書　　　　　　　　　　　　　　　　　　　　　　　タテ型

17 クレームを全社で解決する 顧客の声を聴取する装置

STORY

偶然見つけたネットの掲示板に、自社の悪評が書かれていました。クレーム処理については顧客から「ご意見カード」を頂戴して、社長が直接読めるようにしていたのですが、効果はなかったようです。そこで、それを解消するための装置を開発し、各店に設置する企画を立てました。

なぜそれを企画するのか？　　　　　　　　　　　　　　　　　　PAV

P PURPOSE 目的

- 苦情を書き込んで郵送する「ご意見カード」でクレーム処理ができると考えていたが、拾い切れておらず、悪評がネットで拡大していたので、こうした現状を何とか打破する。
- 「ご意見カード」が「言いつけ」の道具になっている現状を見直す。

A AIM 目標

- 上がってこなかった苦情の実態を正確に把握したい。
- クレーム処理をチャンスに変え、よりよいサービスを提供できるシステムを作りたい。
- 全社員が参加して問題に取り組めるような態勢を作りたい。

V VALUE バリュー

- お客様のほんとうに言いたいことを聴取し、店のサービス向上に活かすことで、より質の高い接客に役立てることができる。
- 社内に鬱屈していた不満を解消し、「サービスの良い店」という大きな目的に全社あげて邁進できる。

どのようにそれを表現するか？　　　　　　　　P（プロット）40：60 I（アイデア）

P&I PLOT & IDEA

クレーム処理のための装置というアイデアを発想したのがこの企画の発端である。その装置の想定図を企画書のうちの2枚に貼り付けるイメージにするため、コルクボードのようなテクスチャ（実際には「再生紙」）を使った。これは上から下への流れで見せる形式なので、ヨコ位置よりもタテ位置のほうが見栄えは良い。背景を含めて相性の良い3色で構成されている点にも注目してほしい。

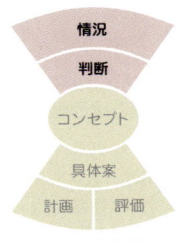

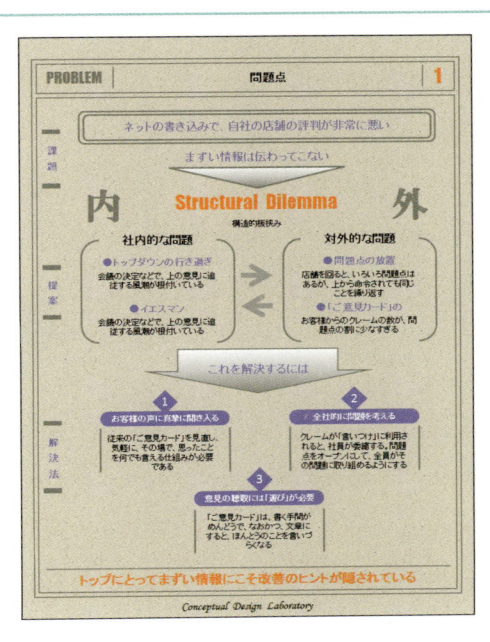

1 情況＋判断

P（目的）は潜在する問題の解決

問題提起を最初に行い、内外の問題点を対比させ、そこから解決すべき課題を3点列挙した。これらを可能にするのがこの企画案だという構図である。

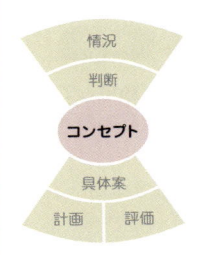

Coloring
地の色を含めたトリプルコンビネーション

使ってあるのはオレンジ色と紫色で、2色のダブルバランスのようにも見えるが、配色がきれいに見えるのはバックのベージュが引き立てているからである。

▶▶▶ P9, P11

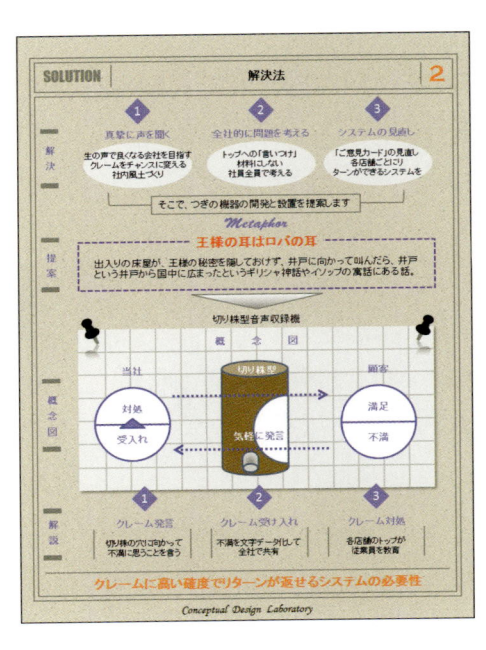

2 コンセプト

さりげなく意見を聴取できるのがV（バリュー）

1枚目で提示した課題を3つの観点で解決し得るものが、コンセプトにもなっている「王様の耳はロバの耳」である。クレーム対策に3つの効果を示している。

Design
コルクボードのメタファーを利用

中央下の図面を載せるには何がいいかと考え、コルクボードのメタファーを利用した。ちなみにコルクボードに使用したのはテクスチャの「再生紙」である。

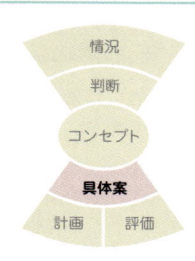

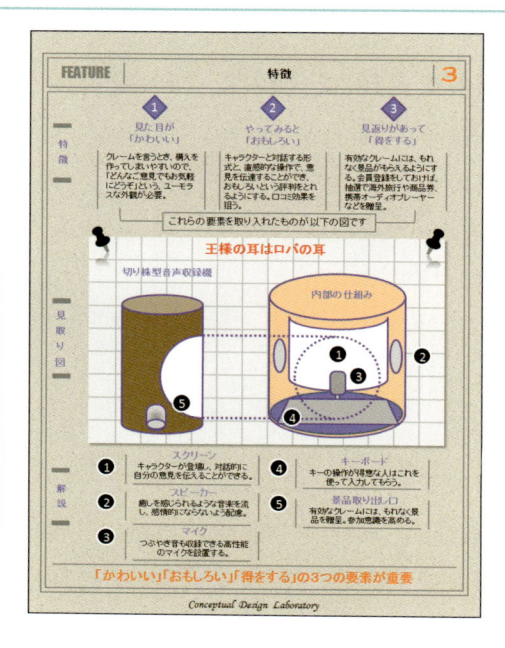

3 具体案

V（バリュー）はユーザー側の操作性

前ページの2で示したV（バリュー）を可能にする要素を3つ掲げ、新しく導入する機器がどのような機能と特徴を持ったものにすべきかを図解で示した。

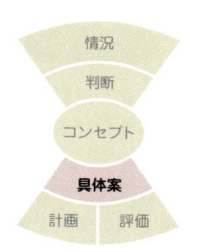

Design
左右のバランスを整える

タテ位置の企画書の場合、左右のバランスを徹底的に整える。ピンを差したのは雰囲気を出すためもあるが、センター揃えをきれいに見せるためでもある。

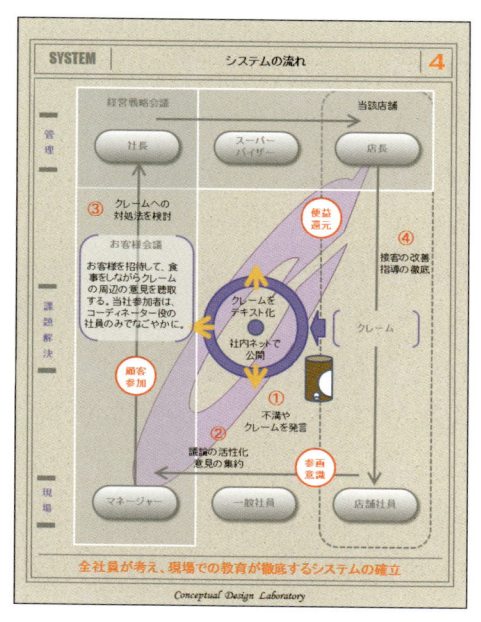

4 具体案

社内で運用して効果を上げるのがA（目標）

「王様の耳はロバの耳」を社内的にどう運用すればクレーム対策に効果的かを図解で示した。時計回りでひとつの処理が完結するという図になっている。

Design
「大きな流れ」にインパクトをつける

時計回りに回転することで、ひとつの作業が完結するというもの。ひと目見てダイナミックさが伝わるよう、「大きな回転の矢印」でインパクトをつけた。

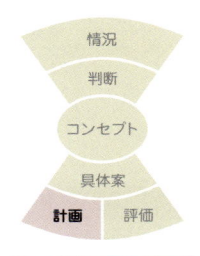

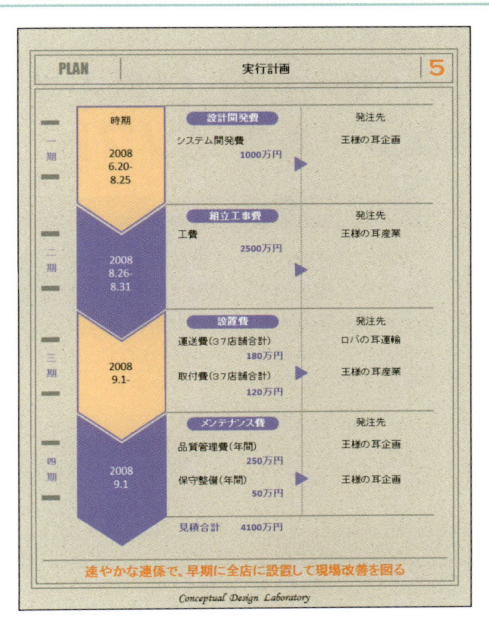

5 計画

A（目標）達成のコストと時間

新しい機器を発注してすべての店舗に導入するまでの時間的経過に、メンテナンスまでのコストを書き入れたスケジュール表を最後に提示した。

Design
時系列の大きな流れを横に入れる

作業の推移を大きく見せるには、左側にあるような2種類の図形（「ホームベース」と「山形」）を使って見せる方法がふさわしい。2色による配色も生きている。

PLAN　実行計画　5

時期	設計開発費	発注先
一期 2008 6.20-8.25	システム開発費 1000万円	王様の耳企画

	組立工事費	発注先
二期 2008 8.26-8.31	工費 2500万円	王様の耳産業

	設置費	発注先
三期 2008 9.1-	運送費(37店舗合計) 180万円	ロバの耳運輸
	取付費(37店舗合計) 120万円	王様の耳産業

	メンテナンス費	発注先
四期 2008 9.1	品質管理費(年間) 250万円	王様の耳企画
	保守整備(年間) 50万円	王様の耳企画

見積合計　4100万円

速やかな連係で、早期に全店に設置して現場改善を図る

Conceptual Design Laboratory

作成ポイント　碁盤目状の"方眼紙"の作成法

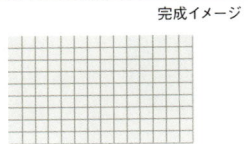

設計図のイメージを出す"方眼紙"は、四角形の上に直線を等間隔に描く。ただ等間隔に描くだけだと横縞の場合、上下のいずれかに寄ってしまうので、ダミーの直線を上下いずれの辺の上にも描いて、これらを含めて「上下に整列」という操作を行う。これを左右の縦縞の線でも行うと、きれいな碁盤目状の"方眼紙"を作成することができる。

完成イメージ

1 四角形を描いて、ダブルクリックをして［書式］タブの［サイズ］で［図形の高さ］を9cm、［図形の幅］を15cmに設定する（影をつける方法は前項を参照）。

2 色をグレーに変えたあと、［図形描画］の［直線］をクリックして、[Shift]キーを押しながら四角形上の左中央の赤いハンドル上でクリックする。そのままドラッグして、右側の赤いハンドル上でドロップする（クリックを放す）。

3 直線を選択して、[Shift]＋[Ctrl]キーを押しながら上と下に計9回ドラッグし、コピーを9本作って計10本にする。

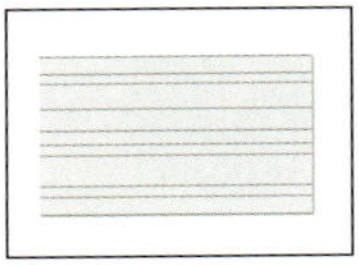

4 10本のうち2本を四角形の上下の辺上に合わせたあと、すべての直線を選択して［図形描画］の［配置］をクリックして［配置］→［上下に整列］をクリックする。

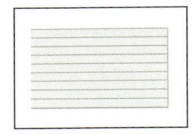

5 最後に上下の辺上の線を選択し、[Back Space]キーか[Delete]キーを押して削除しておく。一連の作業を縦の線でも行う。

PowerPoint 2002,2003　▶▶▶　P172

ケーススタディ編　18

18 新型ソフト企画書　　　　　　　　　　　　　　　　　　　　　　タテ型

楽しく、暇つぶしにもなる
スパムメール撃退ソフト

STORY

スパム（迷惑）メールが1日に何十件と入ってくるとさすがにうんざりするもので、削除するにも手間がかかります。そこで、どうせなら楽しんで、ゲームのようにスパムを撃退できたらおもしろいと企画したもので、「ひらめき」を簡単に形にしたアイデアスケッチ型の企画例になっています。

なぜそれを企画するのか？　　　　　　　　　　　　　　　　　　　　PAV

PURPOSE / 目的
- 1日何十通と入ってくるスパムメールにイライラしているので、何かうまい撃退法があればいい。
- 撃退するとき、スカッとするような遊びゴコロがあれば、ストレス解消にもつながる。

AIM / 目標
- PC上で動作するゲームやユーティリティソフトの提案があればどんどんしてほしい、という会社の期待に応えたい。
- 単体で製品化をするのは無理でも、たくさんのユーザーを獲得し、広告収入を得ることによって、自社の売上に貢献したい。

VALUE / バリュー
- 同じようにスパムメールの攻勢にさらされている人のイライラした気持ちを解消してあげることができる。
- このソフトで遊ぶことでストレスが解消し、ほんのいっときでも楽しい気分を味わってもらえる。

どのようにそれを表現するか？　　　　　　　　P（プロット）20：80 I（アイデア）

PLOT & IDEA / P&I

とくに1枚目と2枚目は文字どおり「アイデアスケッチ」なので、スケッチブックの形にした。スケッチブックに貼るものといえば付箋が思い浮かんだので、ノーマルな黄色と青色を組み合わせて、そこに解説を書き入れた。"デジタル承認印"もアイデア思考である。ひらめきによる発想なので「情況」「判断」にあたるものはないが、プロット自体はノーマルな展開にのっとっている。

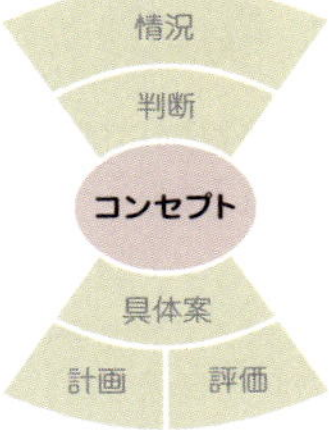

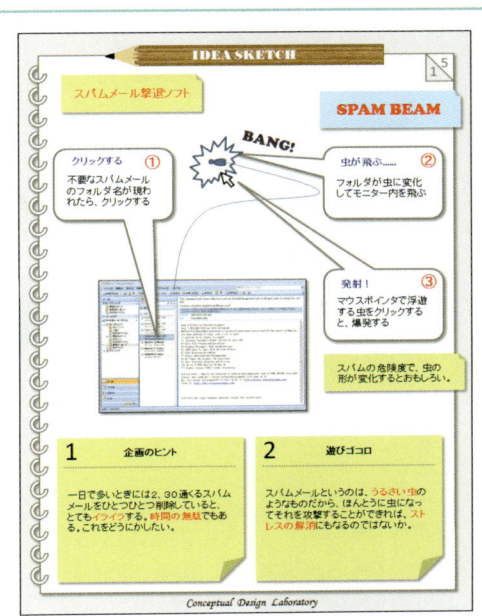

1 コンセプト

ストレス解消がP（目的）

コンセプト「SPAM BEAM」（脚韻を合わせてある）を提示するとともに、アイデアを1枚の絵で表現している。なぜこれを発想したかを「付箋」で説明した。

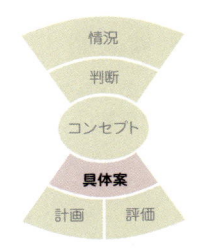

Design / スケッチブックの描き方

スケッチブックをリアルに見せるポイントは画帳をとめる金具の部分（左側）にある。「アーチ」という図形を加工したあとコピーを作り、上下に均等に並べた。

▶▶▶ P9, P11

2 具体案

V（バリュー）は仕事中の遊び

スパムメールの削除は時間の無駄であるが、遊びに変えることでストレス発散や気分転換に役立てることができる。わかりやすく4コママンガで表現した。

Coloring / 3色によるトリプルコンビネーション

配色は、「付箋」ではもっともノーマルな黄色と青色、それに強調色である赤色の3色で構成されている。黄色の地に赤色というのは、非常に強烈な色彩である。

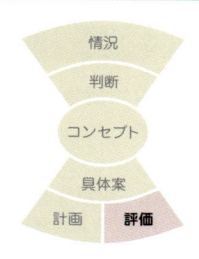

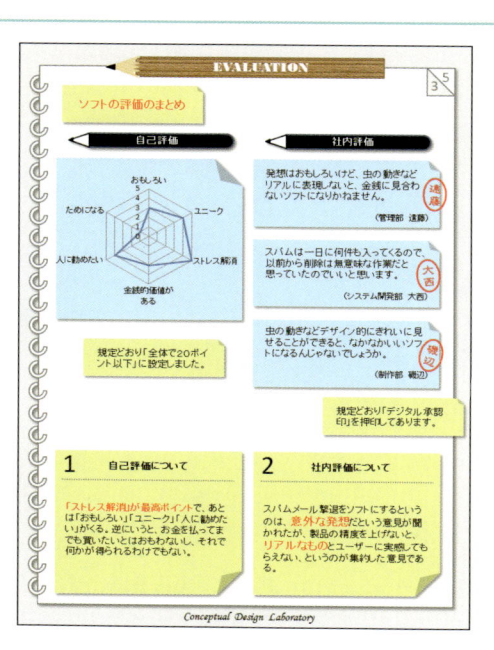

ケーススタディ編　18

3 評価

即決の材料にするのがA（目標）

このアイデアを「自己評価」と「社内評価」に分けて提示した。客観的な見方を併記することで、会議に入ってもその場で何らかの判断を下すことができる。

Design
"デジタル承認印"をデザインする

「私本人がこれを承認しました」という押印マーク（右側）は、「図形の塗りつぶし」を「なし」にした赤色の楕円の中央に、明朝体のテキストで名前を入れたもの。

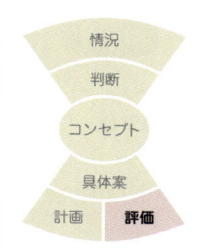

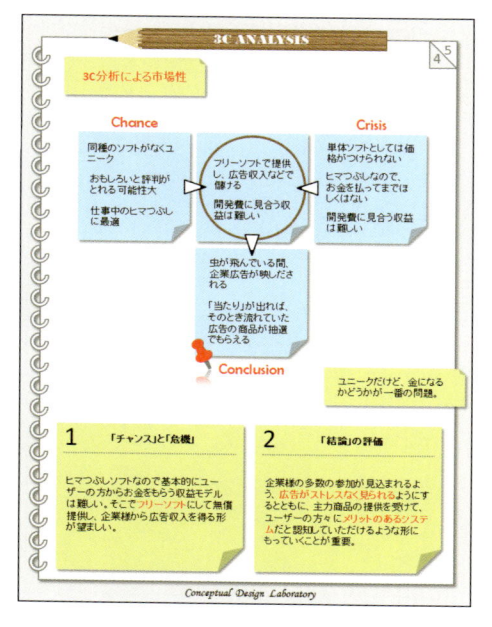

4 評価

商品化のリスク軽減がA（目標）

ビジネスとして成算はあるかどうかを「3C分析」という手法で検証。これにより企画自体の弱みや、商品化段階での問題点を明らかにすることができる。

Design
もっとも重要な部分に「ピン」

ここをもっとも注目して見てほしい、という箇所に「ピン」を打った。同様に囲みは「輪ゴム」、矢印代わりに「ボールペンの先」でリアルさを出した。

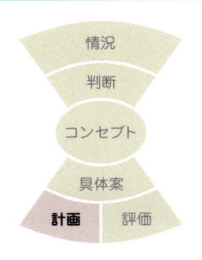

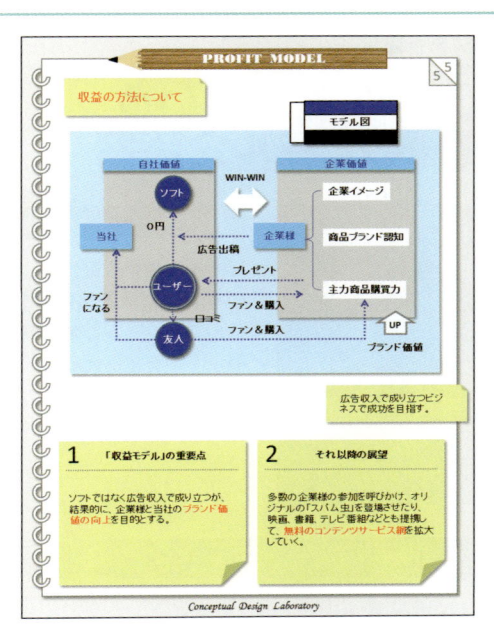

5 計画

A（目標）は収益モデルの安定性

製品化するにはリスクが高いと判断し、ダウンロード用のソフトの形で無償で提供し、ゲーム中に広告が表示される収益モデルを考え、最後に提案した。

Design
図解のタイトルに「消しゴム」

図解のタイトルも工夫して、「消しゴム」の形の上にテキストを乗せた。こうしたイラストはネットで適当なものを検索し、基本図形を使ってまねて描くのがコツ。

作成ポイント　斜めに突き刺さったピンの描き方

完成イメージ

16 で紙留めのピンを描いたが、もう少し浅く刺して、斜めに立たせたように描くこともできる（前項にも登場）。ここでは紙面を立体的に見えるようにするとともに、左右に突き刺すことで（片方を作ったあとグループ化して、左右反転させる）センターラインをきれいに見せるという効果もある。ピンに影をつけるといっそうリアルさが増す。

1 大きめの楕円を描き、[Shift] + [Ctrl] キーを押しながら上にドラッグしてコピーを作る（下図を参照）。

2 コピーした円の右下のハンドルを左上にドラッグして縮小図形を作る。

3 同じように台形を上下に描き、下の台形を選択して [図形描画] → [配置] をクリックして [回転] → [上下反転] をクリックする。下の台形は最背面に送る。

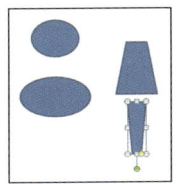

4 それぞれの図形に色を施したあと、すべての図形を選択して、[配置] → [配置] → [左右中央揃え] をクリックして垂直方法に揃える。

5 右クリックをして [グループ化] → [グループ化] をクリックする。1つになった図形の緑色の回転ハンドルをドラッグして適当な傾きをつける。

6 [図形の効果] をクリックして [反射] → [反射の種類] → [反射(中)、オフセットなし] をクリックしてピンの下に影を作る。

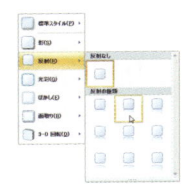

PowerPoint 2002,2003　▶▶▶　**P172**

ケーススタディ編　19

19　新飲料開発企画書

氷で割って飲むという新発想のビール企画案

上下にバー型

NEW STYLE BEER 2008, BEER ON THE ROCK
2008.2.7

STORY

ビール業界は、発泡酒、第3のビールに現れているように低価格競争を強いられるとともに、他のアルコール飲料に押されて頭打ちの状態に陥っています。そこで、まったく新しいビールの飲み方の提案として、氷を浮かべてオン・ザ・ロックで楽しめる新商品を企画しました。

なぜそれを企画するのか？　　　　　　　　　　　　PAV

PURPOSE 目的
- 「新しい製法で作った」と宣伝しても、味わいにほとんど差がないビールそのものではなく、飲み方を新たに提案することで、新鮮な印象を与え、ひいては購買意欲を促進する。
- 若々しいイメージの広告宣伝で、若者のビール離れに歯止めをかける。

AIM 目標
- 若者層にアピールして、月間出荷量5000万ケースを目指す。
- 新しい飲み方の提案によって、業界シェア35％突破を狙う。
- 新登場感を前面に出して、新商品としての成功だけでなく、低迷するビール業界全体の起爆剤にしたい。

VALUE バリュー
- 真夏の猛暑には、氷の入ったキンキンに冷えたビールを楽しむことができる。また買い起きしたビールの冷やし忘れや突然の来客にも、氷を入れるだけで冷たい状態のものを味わうことができる。
- 変わりばえのしないビールのなかで、一風変わったチョイスができる。

どのようにそれを表現するか？　　　　　P（プロット）90：10 I（アイデア）

PLOT & IDEA　P&I

クライアントの企画依頼の説明（オリエンテーション）を踏まえて行うプレゼンで、最初の1枚目でそれを整理した。業界ではこれを「与件の整理」と呼んでいる。ただしこの例では、企画の内容にも踏み込んでいて、続く4枚目までが企画内容、パッケージデザイン、広告案で、最後が企画の目標という形をとっている。典型的なプロット思考による企画書例である。

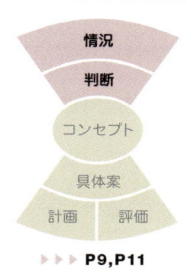

Coloring
青色とローズ色のダブルバランス

基調色は青色で、「冷たいビール」のイメージから取ったもの。青色だけだと寒々しい紙面になるため、反対色=強調色の扱いでローズ色を用いてある。

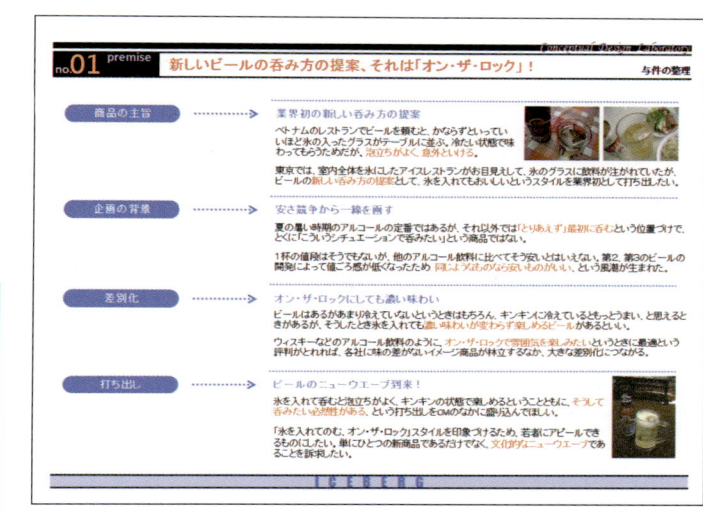

1 情況+判断 **オリエンの整理からP（目的）を定める**

クライアントの要望を1枚目にまとめるいわゆる「与件の整理」であるが、ここでは与件=情況だけでなく、コンセプトへの布石となる判断も行っている。

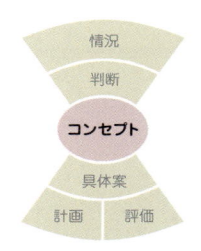

Design
白ヌキ文字にして背景に敷く

対比させる言葉を象徴的に入れるとわかりやすい。ただしいくつも入れるとうるさいので、「ICY」と「STRONG」は白ヌキにしてテキストの背景に敷いた。

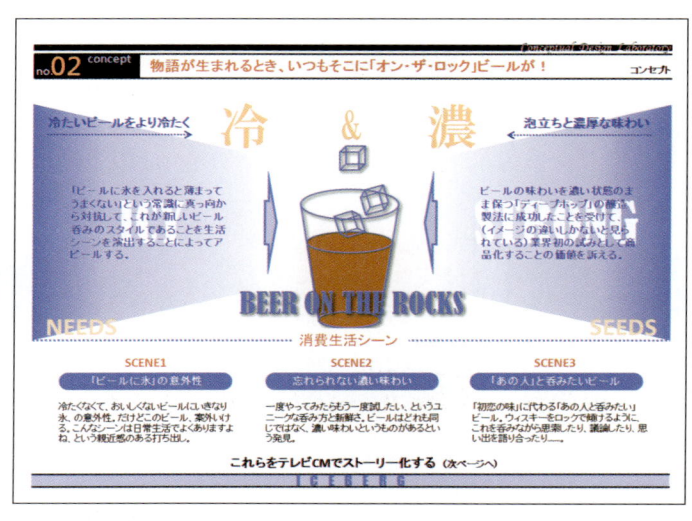

2 コンセプト **V（バリュー）は消費生活のメリット**

2つの商品特性がミックスされたというイメージをイラスト入りで表現し、コンセプトを提示した。それがどのように楽しまれるかを下段で列挙して示した。

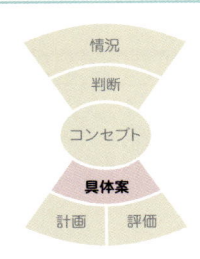

ケーススタディ編　19

Design
雪の結晶を散らして入れる

冷たい印象を強調するため、中央のラベルの周囲に雪の結晶を散らして入れた。「雪」のキーワードで検索してピックアップしたクリップアートである。

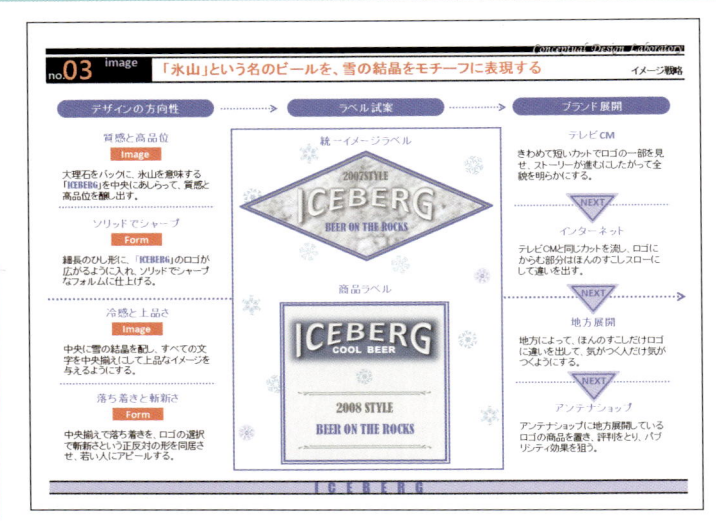

no.03 image　「氷山」という名のビールを、雪の結晶をモチーフに表現する　イメージ戦略

- デザインの方向性
  - 質感と高品位 Image ― 大理石をバックに、氷山を意味する「ICEBERG」を中央にあしらって、質感と高品位を醸し出す。
  - ソリッドでシャープ Form ― 縦長のひし形に、「ICEBERG」のロゴが広がるように入れ、ソリッドでシャープなフォルムに仕上げる。
  - 冷静と上品さ Image ― 中央に雪の結晶を配し、すべての文字を中央揃えにして上品なイメージを与えるようにする。
  - 落ち着きと斬新さ Form ― 中央揃えで落ち着き、ロゴの選択で斬新さという正反対の形を同居させ、若い人にアピールする。
- ラベル試案
  - 統一イメージラベル
  - 商品ラベル
- ブランド展開
  - テレビCM ― きわめて短いカットでロゴの一部を見せ、ストーリーが進むにしたがって全貌を明らかにする。
  - インターネット ― テレビCMと同じカットを流し、ロゴにからむ部分はほんのすこしスローにして映し出す。
  - 地方展開 ― 地方によって、ほんのすこしだけロゴに違いを出して、気がつく人だけが気がつくようにする。
  - アンテナショップ ― アンテナショップで地方展開しているロゴの商品を置き、評判をとり、パブリシティ効果を狙う。

3　具体案　上品な時間を満喫できるのがV（バリュー）

「オン・ザ・ロックで飲めるビール」というコンセプトに「氷山」というブランドネームを与え、どう広告・販売促進戦略に結びつけるかを説明している。

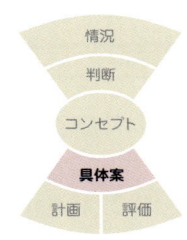

Design
背景にイメージ写真を敷く

CMのロケ地がアイスランドの氷山湖なので背景に写真を敷いて、イメージ的に見せた。写真が目立ちすぎるので「色の変更」を行った（P033を参照）。

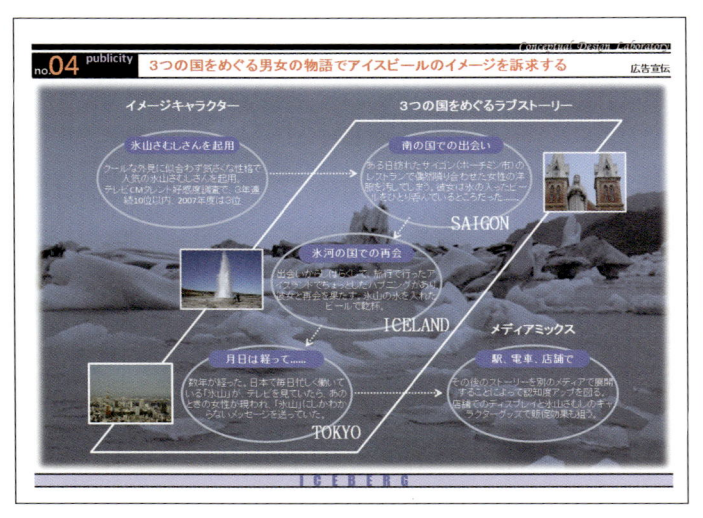

no.04 publicity　3つの国をめぐる男女の物語でアイスビールのイメージを訴求する　広告宣伝

- イメージキャラクター
  - 氷山さむしさんを起用
- 3つの国をめぐるラブストーリー
  - 南の国での出会い　SAIGON
  - 氷河の国での再会　ICELAND
  - 月日は経って……　TOKYO
- メディアミックス
  - 駅、電車、店舗で

4　具体案　ドラマのように楽しめるのがV（バリュー）

2枚目で提示した広告戦略が具体的にどのような形で展開されるのかを概略で示した。なお、このイメージ戦略が次項の絵コンテ案へと発展している。

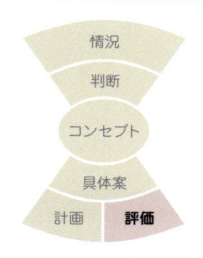

Design
**テキストを
もっとも目立たせる**

このページを見渡して、もっとも目立つのは赤色をつけた右側上下のテキスト2ヵ所である。図形で囲まずに提示すると、そこだけ目立たせることができる。

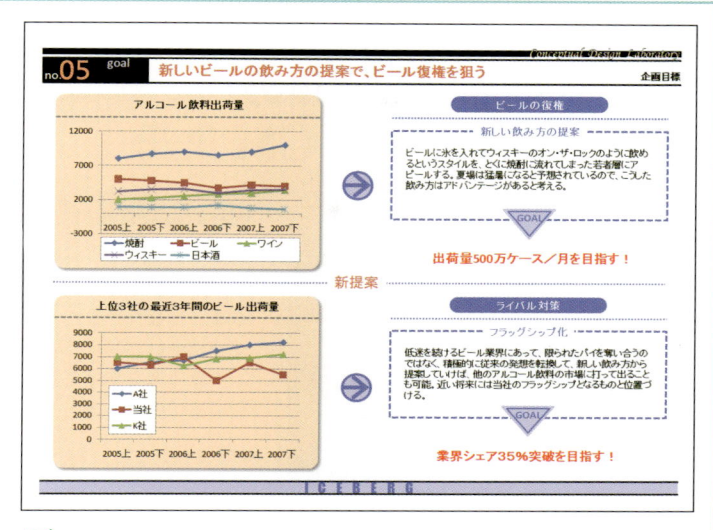

5 評価　A（目標）は2つのNo.1奪取

この企画案を実行に移すことによって獲得できる出荷量予想と業界シェアの目標値を提示。V（バリュー）がどのような結果をもたらすかを最後に評価した。

作成ポイント　ビールが注がれたグラスの描き方

グラスにビールが注がれたイラストは、3つの楕円と2つの直線、それに台形を使って描く。ポイントは、上下左右の比率が同じで縮小した楕円を3つ作って垂直の位置に並べる点と（上と下の楕円の端に直線を引いたあとで中央の楕円を揃える）、ビールが注がれた部分に台形をきれいに重ね合わせる点である。氷の描き方については次項を参照。

完成イメージ

1. 大きめの楕円を描き、[Shift] + [Ctrl]キーを押しながら下にドラッグしてコピーを2つ作る。

2. コピーして作った中央の楕円の右下のハンドルを[Shift]キーを押しながら内側（左上）にドラッグして中くらいの楕円を作る。一番下の楕円も同様の操作を行い、それより小さい楕円にする。

3. 3つの楕円を選択し、[図形描画] → [配置]をクリックして[配置] → [左右中央揃え]をクリックする。

4. 上の楕円は透明に、下の2つの楕円には茶色を施したあと、[図形描画] → [直線]をクリックして、3つの楕円の端を結ぶ。反対側でも同じ作業を行う。

5. 台形を描いて上下反転させたあと（前項を参照）、黄色の調整ハンドルをドラッグして、ちょうど「ビールの注がれた部分」に合うよう成形する。

6. 台形を選択し、右クリックをして[最背面へ移動] → [最背面へ移動]をクリックしたあと、色を茶色にする。

PowerPoint 2002,2003　▶▶▶　P173

ケーススタディ編　20

CM制作企画書　　　　　　　　　　　　　　　　　　　　絵コンテ型

20 新しいビールの絵コンテ型CM企画

STORY

前項で企画開発したビールのテレビCMのイメージをクライアントに「絵コンテ」の形で伝えることになりました。ポイントは、旅先での男女の出会いの話にうまくからめて、新しいビールの飲み方を知ってもらい、ターゲットである若者層にアピールするという点にあります。

なぜそれを企画するのか？　　　　　　　　　　　PAV

PURPOSE　目的
- オン・ザ・ロックという新しいビールの飲み方を認知してもらい、若々しいイメージをインプットして、店頭で一番に支持してもらう。
- ストーリー仕立ての連作CMを採用し、テレビドラマのように次回作を楽しみにしてもらう。

AIM　目標
- CMの男女と同じ年齢で、同じような体験をしたい、という若者層のハートをとらえて、低迷するビール出荷量の底上げにつなげたい。
- 他社にない手法の連作CMによってイメージアップを図り、存在感を示したい。

VALUE　バリュー
- 技術開発先行で「おいしくなった」と訴えるビールが多いなか、オン・ザ・ロックで飲むという独自のスタイルを楽しんでもらえる。
- 氷が入ったビールが縁でラブストーリーが始まる、という斬新な切り口で、低迷が続くビール業界に活力をもたらすことができる。

どのようにそれを表現するか？　　　P（プロット）20：80　I（アイデア）

PLOT & IDEA　P&I

広告業界のCM案では、イメージしやすいイラストを4コママンガのように見せる「絵コンテ」という手法を使うが、これはその応用である。ポイントは、イメージ写真、ナレーション、カメラワークを1つの画面にレイアウトして、プレゼンでの説明がなくても内容が把握できるようにした点にある。発想そのものはアイデア思考だが、ストーリーは起承転結にのっとっている。

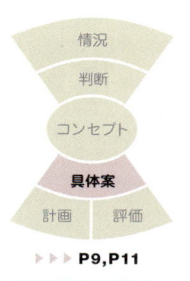

ケーススタディ1 20

情況
判断
コンセプト
具体案
計画　評価
▶▶▶ P9,P11

Design
2枚の写真で
展開を作る

基本的には1ページにつき1写真で説明するが、途中で情景ががらりと変わる1枚目は、最初のカットを左下に入れ、メインのカットを大きくして全面に入れた。

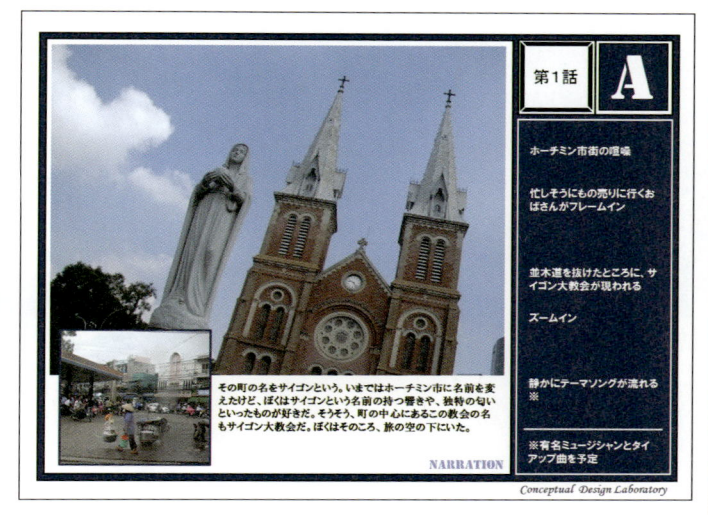

第1話　A

ホーチミン市街の喧噪

忙しそうにもの売りに行くおばさんがフレームイン

並木道を抜けたところに、サイゴン大教会が現われる

ズームイン

静かにテーマソングが流れる※

※有名ミュージシャンとタイアップ曲を予定

その町の名をサイゴンという。いまではホーチミン市に名前を変えたけど、ぼくはサイゴンという名前の持つ響きや、独特の匂いといったものが好きだ。そうそう、町の中心にあるこの教会の名もサイゴン大教会だ。ぼくはそのころ、旅の空の下にいた。
NARRATION

Conceptual Design Laboratory

1 具体案　「絵コンテ」形式でCM案を見せる

これから遭遇する出会いをまるで予想していない男性が主人公。訪れた旅先を純粋に楽しんでいる様子を映し出す。「絵コンテ」形式の見せ方である。

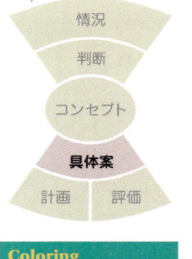

情況
判断
コンセプト
具体案
計画　評価

Coloring
落ち着いた紺色を
中心に構成

主役は写真なので枠組みは落ち着いていて、かつ主張のない色合いがふさわしい。アイスビールのイメージであるライトブルーが映える紺色を使った。

第1話　B

一軒のチキン料理専門店の午後。

テーブルの上の料理にズームイン

氷の入ったジョッキにビールが注がれる

ビール缶がテーブルをころげて落ちる

女性の小さな叫び声

店の外から窓に映る2人のシルエットが見え、謝っている様子がわかる※

※この場面ではヒロインの顔は見せない

通りかかった店で簡単な食事をした。頼んだビールにはなぜか氷が入っていた。おっと、横倒しになったビール缶がテーブルをころげて、落ちた。勢いよく飛び散ったビールが、隣の席にいた女性のまっしろなブラウスにかかってしまった。ごめんなさい。それが彼女との出会いだった。
NARRATION

Conceptual Design Laboratory

2 具体案　場面を転じて話が展開する

1枚目の情景とは一変して、レストランの食事の模様。思わぬアクシデントで話は急転するが、若い男女が知り合うには十分なシチュエーションである。

107

ケーススタディ編　20

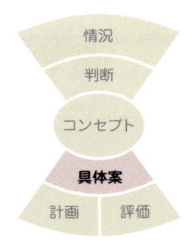

情況
判断
コンセプト
具体案
計画　評価

Design
ズームアップする部分を透明の円にする

景色全体を映し出したあと、この部分をズームアップする、という情況設定を円を使って示した。円はいったん白にしたあと「透過性」の調整をする。

[第2話 C]

- 氷河の遠望からズームアウトし、氷河湖を映し出す※
- 氷河湖の氷辺の映像、ひとかけらの氷を拾い上げる場面
- 後姿の女性に声をかける
- 振り返った女性の背後に回って、男性の驚いた顔、ズームイン
- 静かにテーマソングが流れる

※ロケ地：ヨークルスアウルロウンの氷河湖

数か月が経っていた。最後の旅行の地に選んだのは、7月、白夜のアイスランドだった。有名な氷河が、長年かけて流れついた場所にその氷山の湖はあった。エメラルドブルーのきれいな氷をひとかけら、ひろった。「これでロックでも飲みたいですね」。近くにいた女性に声をかけたら、「一万年の氷山に、百年の恋」と、ほほえみ返したのは、彼女だった。

NARRATION

Conceptual Design Laboratory

3　具体案　場所を移して再会する話

がらりと変わって北欧の氷山を間近に眺める場所で、あのときの男女が再会する。氷山湖の全景とともに、どこにその男女がいるかを透明の円で示した。

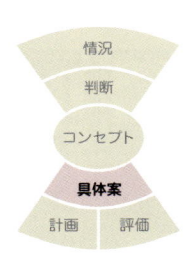

情況
判断
コンセプト
具体案
計画　評価

Design
フラッシュするカットを挿入

「いくつもの景色を短時間で映し出す」というイメージを見せるため、メインの写真上に小さなカットを配置した。写真の枠線は背景に合わせて緑色にした。

[第2話 D]

- 間欠泉、岬、大滝、氷河の景色を映し出す
- 男女の歓声や談笑を映像にかぶせる
- 大滝の上から下を映し、ひと組の男女をフレームイン
- 女性の手、首筋、唇を映しながら、最後の会話
- 彼女の出て行ってしまった部屋と窓からの岬の風景
- フェイドアウト

※ロケ地：ゴーザフォスの滝をメインに数か所

ぼくと彼女はアイスランドじゅうをいっしょにまわった。といっても北海道ほどの面積なのだけど。それはとても、とても幻想的な島だった。轟音とともに流れ落ちる瀑布、十数メートルの高さまで噴き上げる間欠泉、それに……。明日はいよいよ、最後の目的地であるブルーラグーンという、ちょうどその日に、突然、彼女は姿を消した。

NARRATION

Conceptual Design Laboratory

4　具体案　期待感を煽って話を打ち切る

西の果ての島のいろんな観光名所をフラッシュで映し出し、旅路と男女の物語が進行していくさまを表現した。しかし最後は、急転直下の幕切れとなる。

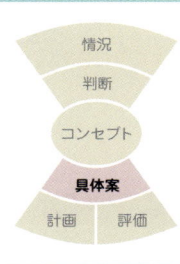

Design
ラストカットの見せ方

CMでよく見かける、写真の中央に商品のロゴを入れる手法を使い、商品イメージのイラストは左下に置いた。写真は遠くのビルが見える夜景直前を狙ったもの。

第3話 E

東京・六本木の喧噪の音、フェードイン

走る足元、差し出す名刺、CM撮影の風景、企画書を書く机をフラッシュで

男性の部屋のテレビにドラマが流れる

ヒロイン役の女性が氷の入ったグラスでビールを呑む

テーマソングが流れる

これまでのカットを数点、フラッシュバック

映像をバックにロゴ

※ロケ地：六本木ミッドタウン

それから数年。ぼくは旅を卒業して、小さな広告会社で働いている。徹夜続きのある夜、テレビのドラマで彼女を発見した。なぜそれがわかったかって？　氷を浮かべたグラスでビールを飲むしぐさに、ぼくだけがわかるメッセージがあったからさ。

アイスバーグ、氷山という名の新しいビールです。濃厚な味わいをオン・ザ・ロックで、どうぞ。すっぱい、想い出とともに。

NARRATION

Conceptual Design Laboratory

5 具体案　最後にたどりついた思いとは

旅先と比べると味気ないくらい平凡な毎日を送る青年。その心奥は隠されたままだが、テレビドラマで見た彼女のしぐさに熱い思いがよみがえってくる。

作成ポイント　透き通った氷の描き方

前項に引き続き、今度はビールに入れる氷を描く。氷は立方体の形をしているが、直方体の図形をそのまま使うと、立体感や透明感が出ない。そこで2つの直方体を逆さの状態で組み合わせて、氷のリアルなイメージを出す。作った氷はグループ化することで1つの図形として扱えるので、適当な傾きをつけて、いましもグラスに入れられる状態に見せる。

完成イメージ

1. ［図形描画］から［直方体］を描き、［Shift］キーを押しながら緑色の回転ハンドルをドラッグして左に45度の傾きをつける。

2. ［ホーム］タブの［図形描画］→［図形の塗りつぶし］→［塗りつぶしなし］をクリックして透明にする。

3. ［Shift］+［Ctrl］キーを押しながら横にドラッグして、水平方向にコピーを作り、コピーしたほうを選択して［図形描画］の［配置］をクリックして［回転］→［上下反転］をクリックする。

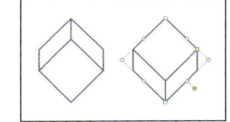

4. ［Shift］キーを押しながら2つの直方体をクリックして選択し、［配置］をクリックして［配置］→［左右中央揃え］をクリックする。

5. 2つの直方体を選択し、右クリックをして［グループ化］→［グループ化］をクリックする。

6. 緑色の回転ハンドルをドラッグして適当な傾きをつける。

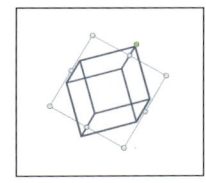

PowerPoint 2002,2003　▶▶▶　P173

ケーススタディ編　21

21 独立事業企画書
バックに写真型

関係者に支援を仰ぐ
独立開業の支援依頼書

STORY

独立開業の際、資金調達を目的として、起業家支援をするエンジェルや、銀行、あるいは社内起業の場合はトップの経営者や独立支援の部署に対してプレゼンを行う必要があります。ここでは、事業成功の約束も大切ですが、起業しようと決めたマインドの表明が重要になります。

なぜそれを企画するのか？　　　　　　　　　　　　　　　PAV

PURPOSE／目的
- 起業にあたって、関係者に事業内容を理解していただき、資金面での支援をしてもらえるよう、詳しい内容をわかりやすい文面で伝える。
- ビジネスモデルと起業マインドを理解してもらい、実際に開業時のもろもろのサポートや金銭面での支援をしてもらう。

AIM／目標
- 起業にいたった経緯をわかりやすく説明し、これから行う事業内容に共感を持ってもらいたい。
- まったく新しいビジネスモデルで、差別化も十分で、将来的な成長も見込まれることを理解してもらったうえで、資金援助をお願いしたい。

VALUE／バリュー
- 精神的な病でひとり悩む人のために、「会社の保健室」という場を提供し、精神面でのケアや専門医の紹介で、治癒に専念してもらえる。
- カウンセラーを志望する若者を養成して、社会に送り出したり、新しく事業を起こす人に対して支援を行える。

どのようにそれを表現するか？　　　　　P（プロット）40：60 I（アイデア）

PLOT & IDEA／P&I

見た目でいうと、イメージ写真を大きく掲載し、その上にキャッチコピーとボディコピーを載せる点でアイデア思考であるが、内容そのものはビジネスモデルを提示した事業企画書に忠実なプロット思考型である。この手の企画書では最初の1枚が重要で、それが社会的に意義ある仕事で、なおかつどれだけ懸命に取り組みたいかという熱い思いを伝えることが大切である。

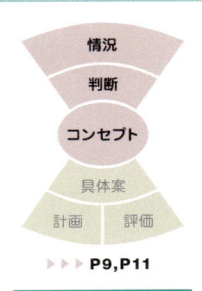

ケーススタディ1▶

情況
判断
コンセプト
具体案
計画　評価
▶▶▶ P9, P11

Coloring
緑とオレンジ色によるダブルバランス

この企画書のテーマは「人を幸せにすること」なので四つ葉のクローバーを象徴的に使った。よって緑色が基調色で、反対色＝強調色がオレンジ色である。

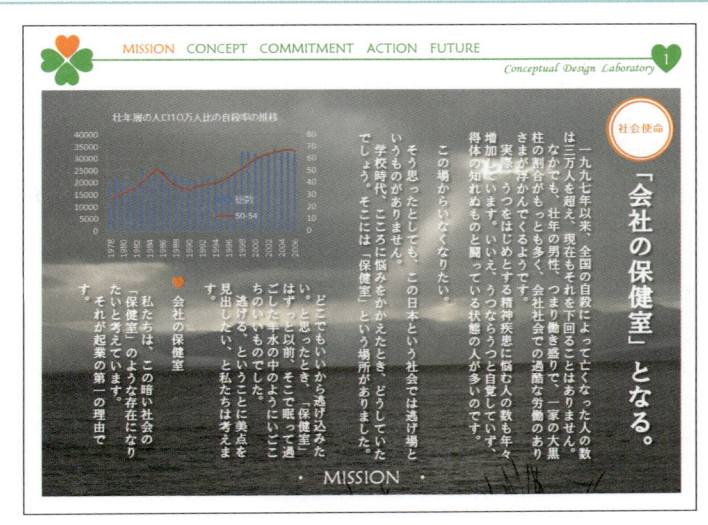

MISSION　CONCEPT　COMMITMENT　ACTION　FUTURE
Conceptual Design Laboratory 1

社会使命

「会社の保健室」となる。

一九九七年以来、全国の自殺による亡くなった人の数は三万人を超え、現在もそれを下回ることはありません。なかでも、壮年の男性、つまり働き盛りで、一家の大黒柱の割合が多く、日本社会で過酷な労働のありさまが伺かがえるようです。うつをはじめとする精神疾患に悩む人の数も年々増加しています。いいえ、うつならうつと自覚している人が多いのです。得体の知れないものと闘っている状態の人が多いのです。

この場からもなくなりたい。
そう思ったとしても、この日本という社会には逃げ場というものがありません。学校時代、心に悩みをかかえたとき、どうしていたでしょう。そこには「保健室」という場所がありました。

どこでもいいから逃げ込みたい、と思ったとき、「保健室」はずっと以前、「保健室」で眠ったり、ごしごしと水のみ場にいて過ごしたり、とにかく逃げてきました。ということに美点を見出したい、と私たちは考えます。

会社の保健室

私たちは、この暗い社会の「保健室」のような存在になりたいと考えています。
それが起業の第一の理由です。

社年層の人口10万人比の自殺率の推移

MISSION

1 情況＋判断＋コンセプト　コンセプトまでを1枚で説明する

日本のメンタルヘルスの問題点を指摘し、それにどう対処していきたいのかを宣言した。コンセプトまでを提示し、以降は事業内容の説明となっている。

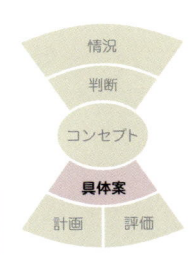

情況
判断
コンセプト
具体案
計画　評価

Design
センターにテキストを入れるときの工夫

写真下に入っている「CONCEPT」というテキストは、ただ入れただけだと収まりが悪いので、左右に小さな円を配してセンターに入っていることを強調した。

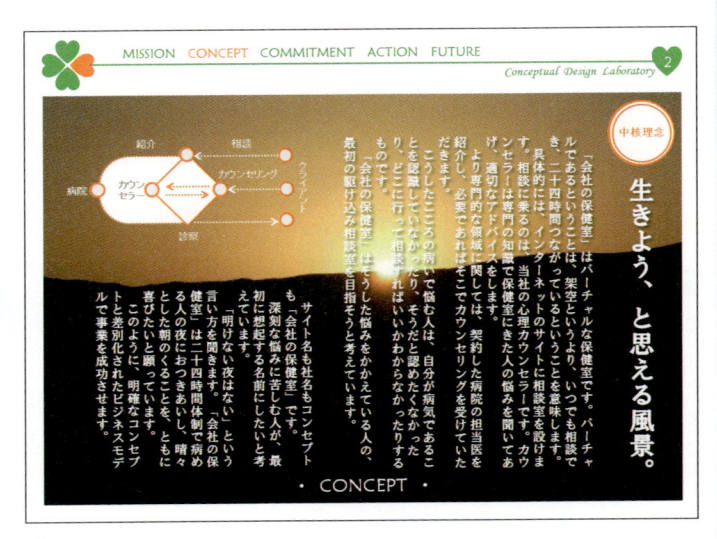

MISSION　CONCEPT　COMMITMENT　ACTION　FUTURE
Conceptual Design Laboratory 2

中核理念

生きよう、と思える風景。

「会社の保健室」はバーチャルな保健室です。バーチャルであるということは、架空というより、いつでも相談でき、二十四時間つながっていることを意味します。インターネットのサイトにきた相談者を設けてあり、相談者を専門の知識のある当社の心理カウンセラーですアウンセラーにつなぎます。カウンセラーは専門的な領域を受けた人の悩みを聞いて適切なアドバイスをします。
契約した病院の担当医により専門的な領域であればそこでカウンセリングを受けてください。必要ならば紹介します。
こうしたこころの病いで悩む人は、自分が病気であることを認めたくなかったり、そうだと認めながらどこに行って相談すればいいかわからなかったりするものです。「会社の保健室」はきたに悩みをかかえている人の、最初の駆け込み相談室を目指そうと考えています。

サイト名も社名もコンセプトも「会社の保健室」です。言い方を変えれば「明けない夜はない」という深刻な悩みに苦しむ人が、最初に想像する名前にしたいと考えています。「会社の保健室」も二十四時間体制で病める人の、夜に語らえる人々を待っています。健やかな悩みある人は、明るくとした朝のおとずれをともに喜びたいと考えています。このように、明確なコンセプトと差別化したビジネスモデルで事業を成立させます。

・ CONCEPT ・

2 具体案　Ｖ（バリュー）は病への温かな視点

「会社の保健室」というコンセプトがどういった内容で、社会的にどのような存在意義を持ち、既存の会社との差別化が明確に打ち出せるかを説明した。

ケーススタディ編　21

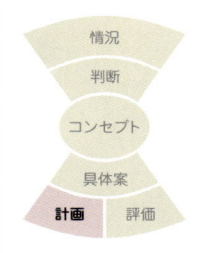

Design
図解を半透明の四角形の上に乗せる

左下の組織図の図解は写真にそのまま入れず、写真との間に四角形を挟んだ。ただこうすると写真が隠れてしまうので「透過性」の設定で20％くらいにした。

3　計画　A（目標）は熱い信念と同士の存在を知ってもらうこと

社会的弱者に対する事業なのでそれなりに強い意気込みがあり、それについてくる同士の存在がなくてはいけない。スタッフ紹介を兼ねているページである。

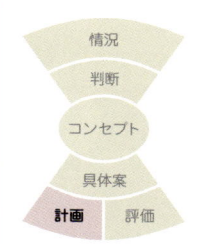

Design
表も「透過性」で色を落とす

上記の3と同様、この写真でも砂丘の半分が隠れてしまうといけないので、表の「透過性」を50％に変更。青色の色彩はこの写真の空の色からとったものである。

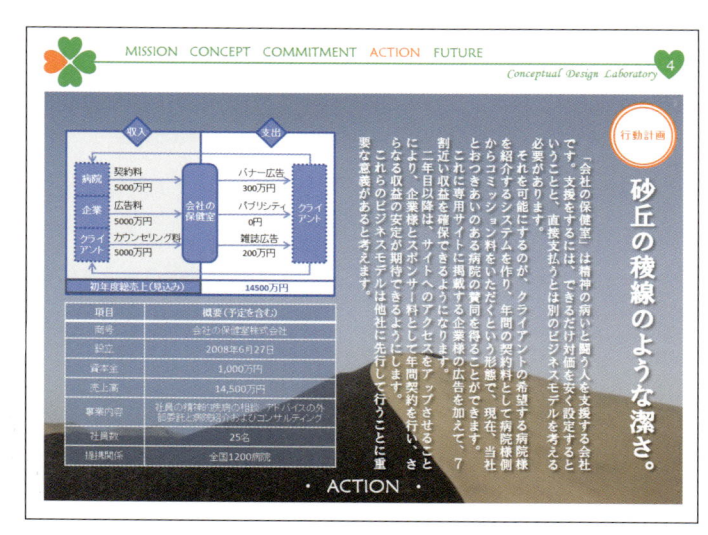

4　計画　「社会的に意義ある仕事」を強調するのがA（目標）

社会奉仕の意味合いが強いので、ビジネスモデルも病院からの紹介料などで収益を得るシステムを構築することを説明した。ここで会社概要を掲載する。

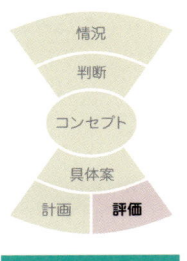

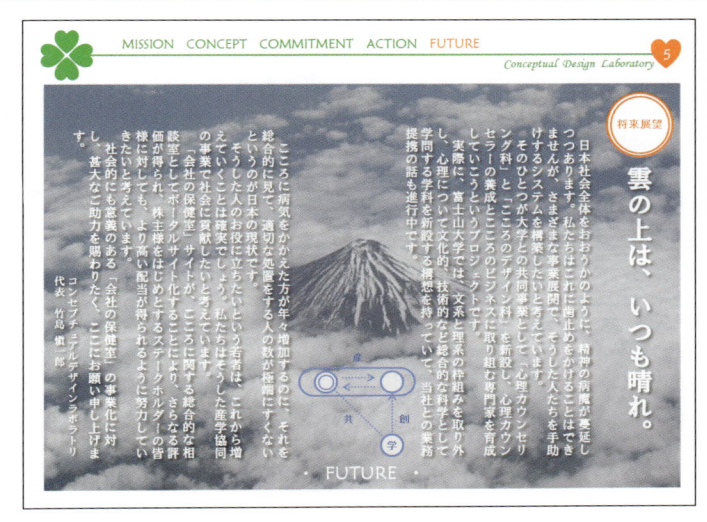

ケーススタディ1 21

Design
写真に文字がかからないようにする

中央に富士山が写っている写真なので、テキストボックスを左右2つに分けてある。テキストには影をつけて、写真から浮き上がった感じが出るようにした。

スライド内テキスト：

MISSION　CONCEPT　COMMITMENT　ACTION　FUTURE
Conceptual Design Laboratory
将来展望
5

雲の上は、いつも晴れ。

日本社会全体をおおうかのように、精神の病魔が蔓延しつつあります。私たちはこれに目を向けることはできませんが、さまざまな事業展開で、そうした人たちを手助けするシステムを構築したいと考えています。そのひとつが大学との共同事業として、心理カウンセリング科と〈こころのデザイン科〉とこころのデザインに取り組む専門家を育成していこうというプロジェクトです。実際に、富士山大学では、文系と理系の枠組みを取り外し、心理について文化的技術的など総合的な科学として提携する話も進行中です。

こころに病気をかかえる方が年々増加するのに、それを総合的に見て、適切な処置をする人の数が極端に少ないというのが日本の現状です。そういうことはお役に立ちたいという若者は、これから増えていくことは確実でしょう。私たちはそうした事業で社会に貢献したいと考えています。「会社の保健室」というボータルサイトから、こころに関する総合的な相談室としてのコピーにより、さらなる評価が得られるように、株主様をはじめとするステークホルダーの皆様にも、より高い配当が得られるように努力していきたいと考えています。社会的にも意義のある会社の事業化に対し、皆大なるご助力を賜わりたく、ここにお願い申し上げます。

コンセプチュアルデザインラボラトリー代表 竹島 慎一郎

産　共　創　学

FUTURE

5 評価 最後にV（バリュー）を自己評価

産学協同の事業として、若い人材の育成に貢献していくことを挙げ、社会的にも十分な意義と可能性を持ったビジネスであると自己評価している。

作成ポイント　"四つ葉のクローバー"の描き方

4つのハート形を上下左右にきれいに配置すると"四つ葉のクローバー"のような図形ができ上がる。作成の手順は、上下対称の位置にハート形を描いてグループ化し、コピーを作って90度回転させたあとに「左右中央揃え」と「上下中央揃え」という操作を行う。この方法はいろんな場面で活用できるのでぜひマスターしておきたい（次項を参照）。

完成イメージ

1 ［図形描画］から［ハート］を描き、［Shift］＋［Ctrl］キーを押しながら下にドラッグしてコピーを作る。

2 ［図形描画］の［配置］をクリックして［回転］→［上下反転］をクリックして、上下対称のハート形にする。

3 2つのハート形を［Shift］キーを押しながらクリックして選択し、右クリックをして［グループ化］→［グループ化］をクリックする。

4 ［Shift］＋［Ctrl］キーを押しながら横にドラッグしてコピーを作る。

5 2と同様、［配置］をクリックして［回転］→［右へ90度回転］をクリックする。

6 すべての図形を選択し、［配置］→［左右中央揃え］をクリックする。

PowerPoint 2002,2003　▶▶▶　P174

ケーススタディ編　22

飲食街企画書　　　　　　　　　　　　　　　　　　　　四辺を囲む型

22 お店を持ちたい人のための自立支援の飲食街の提案

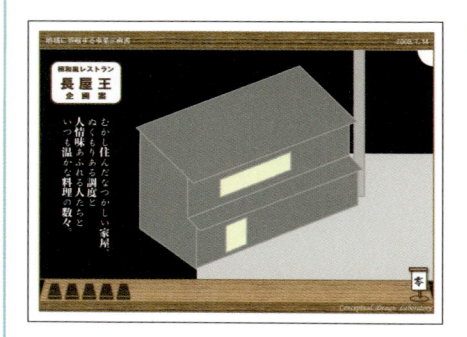

STORY

これは、景気の低迷で苦境に立たされている地方の町が舞台で、お店を持ちたくても失業や資金難などの理由で持てない人のために一時的に店舗を貸し与え、力をつけたあとで独立してもらう集合飲食街の提案書です。どこか懐かしい昔風情の長屋を再現するところに大きな特徴があります。

なぜそれを企画するのか？　　　　　　　　　　　　　　　PAV

PURPOSE 目的

- 地元の食材を使って、地域の振興を図ろうとする人々を支援する。
- リストラなどで職を失った人で、お店を持って独立したいという人に再起のチャンスを与える。
- 飲食街の発展に尽くせば儲かるというビジネスモデルを構築する。

AIM 目標

- 20軒ある長屋の店舗を満たし、改装の初期費用である1,500万円を5年半以内に回収して、それ以降、年間480万円を採算ベースに乗せたい。
- 地域振興のNPO法人として、生まれ育った町を支援し、ひとりでも多くの人たちに経営者として独立してもらいたい。

VALUE バリュー

- 年配者には懐かしい長屋で、憩いと癒しを提供することができる。
- 資金不足や経験がないため、独力ではなかなかお店を持つことができない人に、経験を積ませ、お客さんをつけて、ノウハウを教え合って独立させることで、地域経済の発展に尽くしてもらえる。

どのようにそれを表現するか？　　　　　P（プロット）30：70 I（アイデア）

PLOT & IDEA P&I

むかし懐かしい長屋を再現するのがこの企画の大きな特色なので、長屋のイメージを「木目」などのテクスチャで表現し、すべてを統一したデザインにした。このように、見た目に関してはアイデア思考であるが、企画の展開自体は、問題提起からコンセプトを導き出し、コンテンツを見せて、事業計画を述べている点でオーソドックスなプロットを採用している。

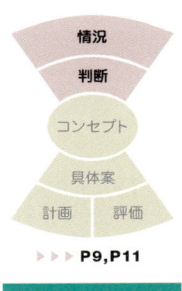

Coloring
木目の色調を活かす

企画案がむかしながらの長屋の再現なので、テクスチャにある「木目」「オーク」「くるみ」を利用した。基調色は茶色、強調色がオレンジ色ということになる。

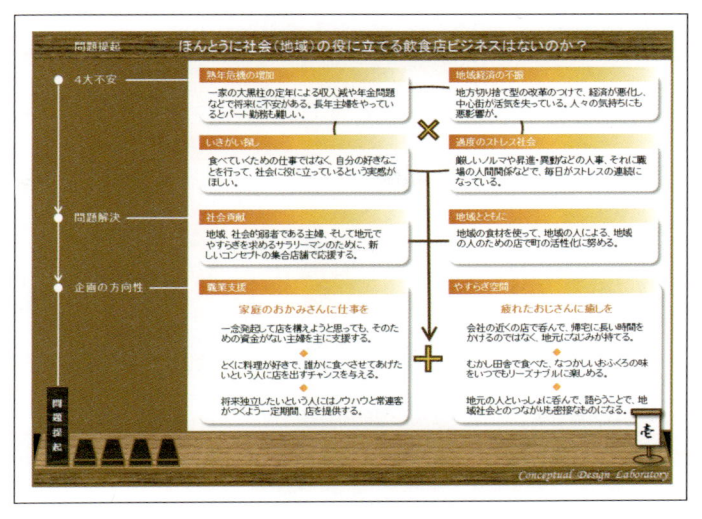

▶▶▶ P9, P11

1 　情況＋判断　　P（目的）は不安の解消と人々の救済

社会に広がっている４大不安という問題解決に一石を投じるには、身近な地縁社会で、人に勇気とチャンスを与えることが大切だということを述べている。

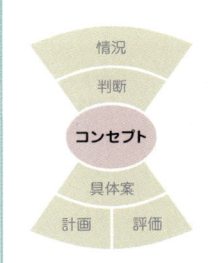

Design
板の裏を順番に見せるギミック

画面下に描かれた板の上の、向かって左側に置かれた５枚の木片が項目タイトルになっている。左から順番に書かれた項目タイトルを見せていく。

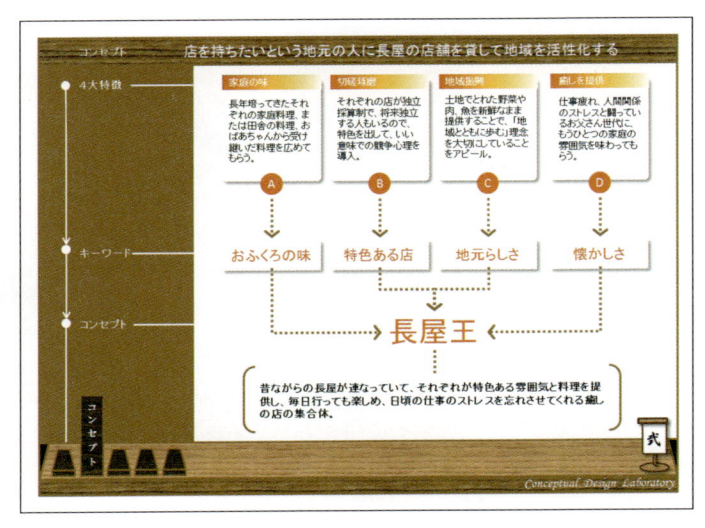

2 　コンセプト　　V（バリュー）は出店者も地域も癒すこと

上記の１枚目を受けて、どういう人がどういった特徴の店を出店していけば、想定しているひとつのコンセプトが達成できるかをフローで表現した。

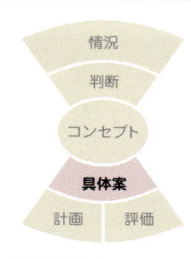

Design
寄席の演目のように見せる

下の板の右側には寄席で見かける演目が書かれた掲示物が描かれ、これも1枚目から順番に展開するようになっている。数字はすべて旧字体を用いてある。

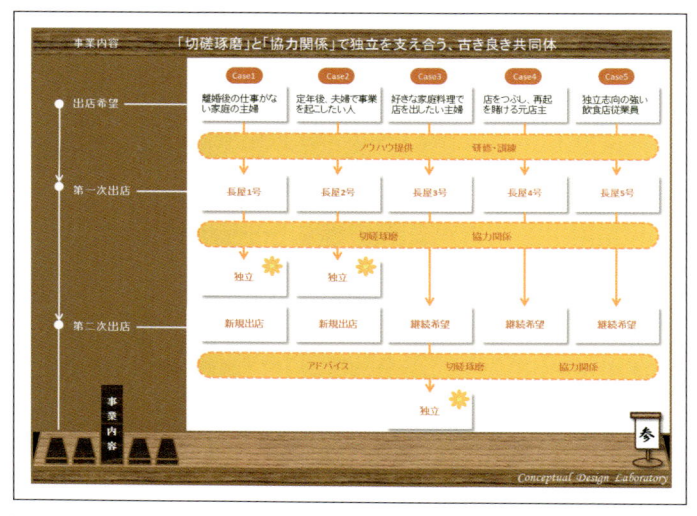

3 具体案 脱落者を出さないことがV（バリュー）

疑似長屋に入居して、将来自分の店を持ちたい人を地域で支えていくためのシステムを考案した。独立していく事業主には、右肩に黄色い花をつけた。

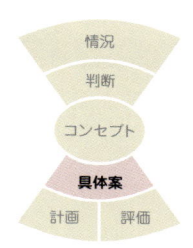

Design
長屋の雰囲気を背景に描く

長屋の料理屋の企画なので、背景には月夜の長屋のイラストを描き、どのようなコンテンツかを「絵馬」の上に書いた。これがこの企画書の中心だとわかる。

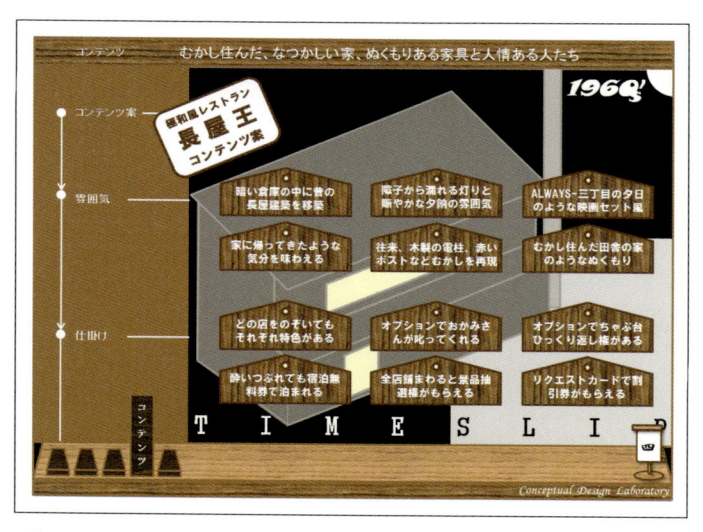

4 具体案 コンセプト徹底がV（バリュー）

「長屋王」というコンセプトの主旨を、それぞれの事業主に理解してもらい、軸がぶれないようにする。それを確認するためのページがこれである。

ケーススタディ1軸 22

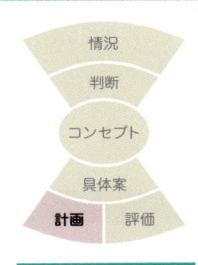

情況
判断
コンセプト
具体案
計画　評価

Coloring
時系列の図解を描く

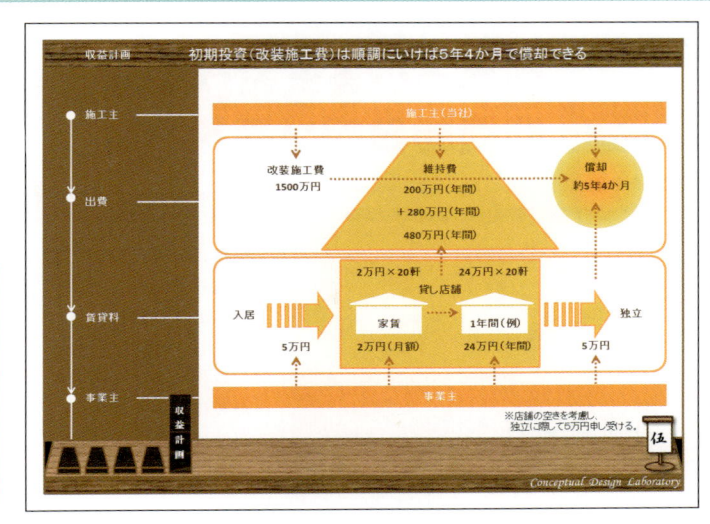

建物のテナントに入居し、そこで2,3年経営したあと独立することを左から右への流れで示し、同時に金銭の授受についても理解してもらえる図解にした。

収益計画　初期投資（改装施工費）は順調にいけば5年4か月で償却できる

施工主

施工主（当社）

出費

改装施工費　維持費　　　　　償却
1500万円　200万円（年間）　約5年4か月
　　　　　＋280万円（年間）
　　　　　480万円（年間）

貸資料

2万円×20軒　24万円×20軒
貸し店舗
入居　　家賃　　1年間（例）　　独立
5万円　2万円（月額）24万円（年間）5万円

事業主

事業主

※店舗の空きを考慮し、
独立に際して5万円申し受ける。

収益計画

位

Conceptual Design Laboratory

5 [計画] A（目標）は5年後に黒字化

懐かしい店の集合体というビジネスを事業として成功させるためには、収益モデルができていないといけない。具体的な数値で黒字化のプランを立てた。

作成ポイント　"合格"を表す花びらの描き方

8つの花びらからなる花のイラストも、作成の方法は前項の"四つ葉のクローバー"と変わらない。すなわち、2つの花びらを対称の位置に配置してグループ化し、それをコピーして4つにしたあと、十文字を真横にもう1つ作って45度の傾きをつけて「左右中央揃え」の操作を行う。グループ化すれば、1つの図形として扱える。

完成イメージ

1 正円を描き、縦長の楕円をその上に描く。

2 上の楕円を選択し［Shift］＋［Ctrl］キーを押しながら下にドラッグしてコピーを作る（右図）。

3 上と下2つの楕円を［Shift］キーを押しながらクリックして選択し、右クリックをして［グループ化］→［グループ化］をクリックする。

4 グループ化した楕円を［Shift］＋［Ctrl］キーを押しながら横にドラッグしてコピーを作る。

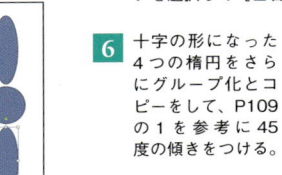

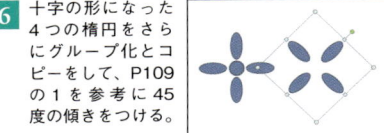

5 ［配置］をクリックして［回転］→［右へ90度回転］をクリックしたあと、両方の図形グループを選択して［左右中央揃え］をクリックする。

6 十字の形になった4つの楕円をさらにグループ化とコピーをして、P109の1を参考に45度の傾きをつける。

7 最後に正円を含めたすべての図形を選択し、［配置］→［左右中央揃え］をクリックする。

PowerPoint 2002,2003　▶▶▶　**P174**

ケーススタディ編　23

ゲームソフト企画書　　　　　　　　　　　　　　　　　　　　四辺を囲む型

23 親子のいきちがいを解消する
交換絵日記ソフト

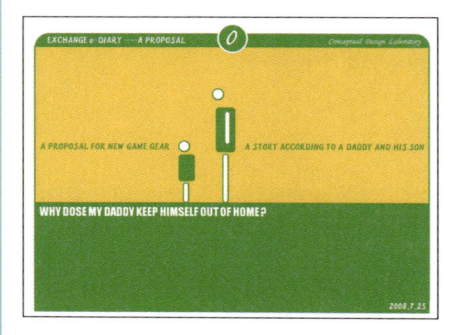

```
EXCHANGE e-DIARY — A PROPOSAL                    Conceptual Design Laboratory

A PROPOSAL FOR NEW GAME GEAR    A STORY ACCORDING TO A DADDY AND HIS SON

WHY DOSE MY DADDY KEEP HIMSELF OUT OF HOME?

                                                              2008.7.25
```

STORY

毎日、夜遅く帰ってくるお父さんと、遊びたいのにすれ違ってしまうその子どもというのは、日本の典型的なサラリーマン家庭像といっていいでしょう。これは、そうした現況に携帯型ゲーム機のソフトでひとつの解決法を提示できるのではないかと考え、企画されたものです。

なぜそれを企画するのか？　　　　　　　　　　　　　　　PAV

PURPOSE / P / 目的
- 3000万本を売上げた携帯ゲーム機「DF」のソフトに親子で使用するものがほとんどないので、「交換日記」をテーマに親子で楽しめるものを導入して、この分野でのヒット作を狙う。
- 知育、教育ソフトを手掛ける当社の会心作を市場に投入する。

AIM / A / 目標
- これまで遊具のハード製品を数多く手がけてきた当社であるが、そのノウハウを結集して、ソフトの分野でも存在感を示し、このソフト1本で社名が想起されるようなヒット作に育て上げたい。
- 目標売上を5万本に設定する。

VALUE / V / バリュー
- 小さい頃、お互いに対話する場がほとんどなく、関係性が冷え切って育った子どもは、人間関係がうまくいかないばかりか、最悪、犯罪を犯す可能性もあるというが、そうした悪循環を変えるきっかけになる。
- 親子のコミュニケーションが良好になり、社会全体が明るくなる。

どのようにそれを表現するか？　　　　P（プロット）20：80 I（アイデア）

PLOT & IDEA / P&I

順番に絵を見ればわかる、という企画書に仕上げた。その点でアイデア思考である。イラストは必要最小限の図形で描き、独特の雰囲気を醸し出すため英文で構成した。それを紙芝居形式で展開させる点ではプロット思考である。こうした見せ方では、色数は控えめにするのがよく、ここでも緑色とオレンジ色の2色で構成した。欧米のコミックタッチの紙芝居である。

ケーススタディ1 23

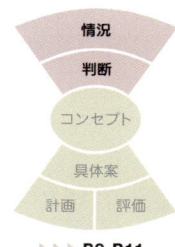

情況
判断
コンセプト
具体案
計画　評価
▶▶▶ P9,P11

Coloring
インパクトのある
2色で構成

濃い緑色とオレンジ色に近い黄色の組み合わせはとてもインパクトがある。単純なイラストなので曖昧な色ではなく、明確で主張のあるものがふさわしい。

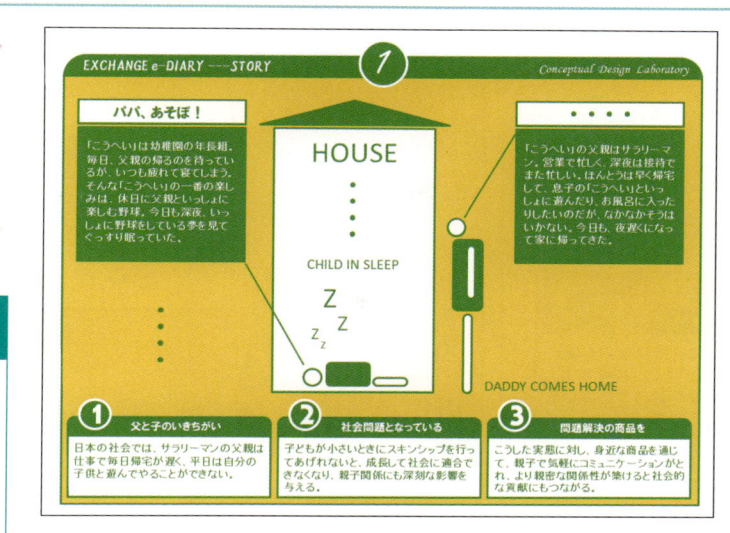

EXCHANGE e-DIARY ---- STORY　①　Conceptual Design Laboratory

パパ、あそぼ！

「こうへい」は幼稚園の年長組。毎日、父親の帰るのを持っているが、いつも疲れて寝てしまう。そんな「こうへい」の一番の楽しみは、休日に父親といっしょに楽しむ野球。今日も深夜、いっしょに野球をしている夢を見てぐっすり眠っていた。

HOUSE
・
・
・
CHILD IN SLEEP
Z
Z
z

・・・・

「こうへい」の父親はサラリーマン。営業で忙しく、深夜には接待でまた忙しい。ほんとうは早く帰宅して、息子の「こうへい」といっしょに遊んだり、お風呂に入ったりしたいのだが、なかなかそうはいかない。今日も、夜遅くになって家に帰ってきた。

DADDY COMES HOME

① 父と子のいきちがい
日本の社会では、サラリーマンの父親は仕事で毎日帰宅が遅く、平日自分の子供と遊んでやることができない。

② 社会問題となっている
子どもが小さいときにスキンシップを行ってあげれないと、成長しても社会に適合できなくなり、親子関係にも深刻な影響を与える。

③ 問題解決の商品を
こうした実態に対し、身近な商品を通じて、親子が気軽にコミュニケーションがとれ、より親密な関係作りが築けると社会的な貢献にもつながる。

1 情況＋判断　社会問題の解決が P（目的）

深夜に帰宅した父親と、家の中で眠りについた子どもの絵を掲げ、互いの気持ちを説明している。これから始まる物語の進行を予測させるものになっている。

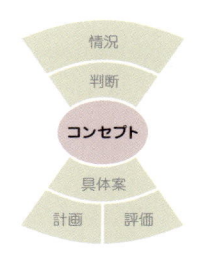

情況
判断
コンセプト
具体案
計画　評価

Design
極限まで
単純化した絵

人間を表す絵で、使用されているのは1つの円と3つの角丸四角形だけである。これだけでそうと認識できるだけでなく、配置を変えると微妙な感情も表せる。

EXCHANGE e-DIARY ---- FEATURE　②　Conceptual Design Laboratory

パパ、いつもありがとう。
ぼく、きょうやさいぜんぶたべたよ。
またあそぼうね。

こうへい。

DADDY LOOKS AT THE MONITOR
・
・
・
AND HE CRYS WITH GRIEF

Z
Z
z

① DFの日記ソフト
現在、累計で3000万個、子どもの約3人に2人が持っているDFに日記を綴っておくと、遅くに帰宅した父親がそれを見ることができる。

② 日々のできごと
日記には、その日あったことを書いておくだけでいい。父親へのメッセージをそえておくと、いっそう気持ちが伝わる。

③ イラスト入り絵日記
たとえば、野球のことなら、野球のイラストを貼り付けておくと、よりリアルな表現が可能となる。

2 コンセプト　親と子のふれあいが V（バリュー）

「父と子の交換絵日記」がテーマだということが、1枚目に続くこの絵で明らかになっている。考えさせるテーマなので、絵には無駄な説明はつけていない。

119

ケーススタディ編 23

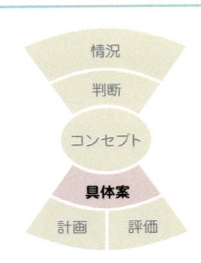

情況
判断
コンセプト
具体案
計画　評価

Design
強調したい絵は
大きく

ここではゲーム機の説明をしたいので人物に比べて格段に大きい扱いになっている。どこをどう強調して、どのように見てほしいかを大小関係で表す。

EXCHANGE e-DIARY --- USAGE　③　Conceptual Design Laboratory

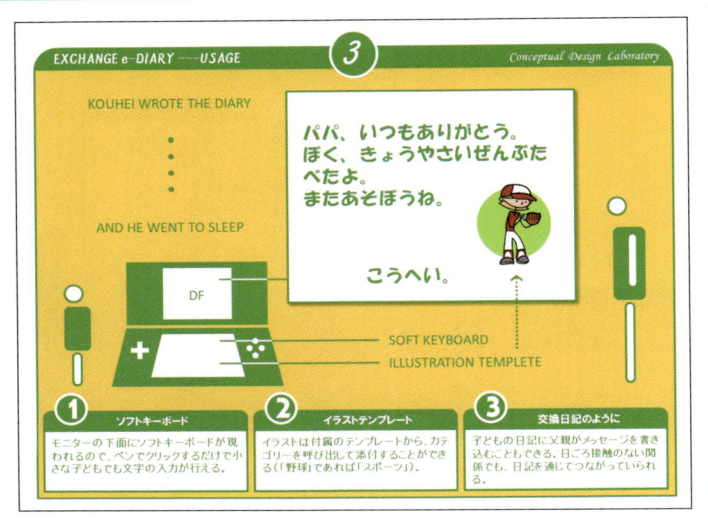

KOUHEI WROTE THE DIARY
⋮
AND HE WENT TO SLEEP

パパ、いつもありがとう。
ぼく、きょうやさいぜんぶたべたよ。
またあそぼうね。
こうへい。

DF
SOFT KEYBOARD
ILLUSTRATION TEMPLETE

① ソフトキーボード
モニターの下面にソフトキーボードが現われるので、ペンでクリックするだけで小さな子どもでも文字の入力が行える。

② イラストテンプレート
イラストは付属のテンプレートから、カテゴリーを呼び出して添付することができる（「野球」であれば「スポーツ」）。

③ 交換日記のように
子どもの日記に父親がメッセージを書き込むこともできる。日ごろ接触のない関係でも、日記を通じてつながっていられる。

3　具体案　V（バリュー）は子どもでも簡単な操作性

子どもの描いた絵日記がどのように作成され、どう活用するものなのか、機能面の説明がなされている。ゲーム機を大きくしてメリハリをつけた点に注目。

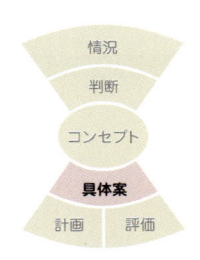

情況
判断
コンセプト
具体案
計画　評価

Design
手順を矢印で
説明する

「タブレットのついた機器に挿入すると、もう1台のゲーム機にデータが転送される」という一連の動作を、見てすぐわかるよう点線による矢印で示した。

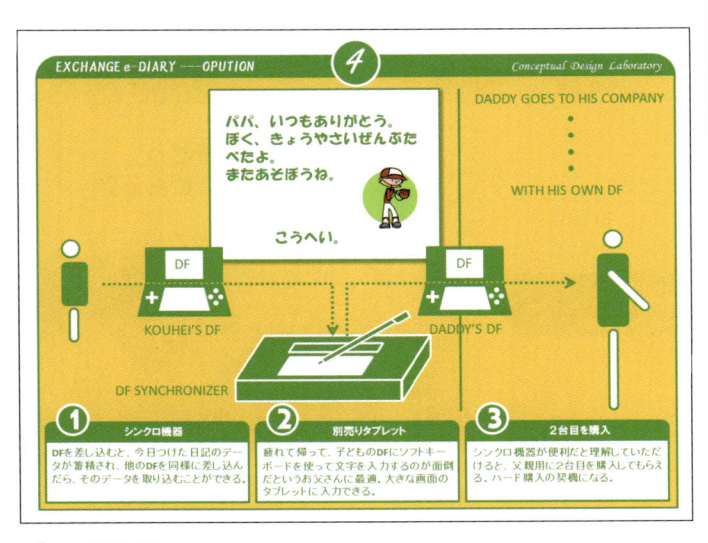

EXCHANGE e-DIARY --- OPUTION　④　Conceptual Design Laboratory

DADDY GOES TO HIS COMPANY
⋮
WITH HIS OWN DF

パパ、いつもありがとう。
ぼく、きょうやさいぜんぶたべたよ。
またあそぼうね。
こうへい。

DF　　DF
KOUHEI'S DF　　DADDY'S DF
DF SYNCHRONIZER

① シンクロ機器
DFを差し込むと、今日つけた日記のデータが蓄積され、他のDFを同様に差し込んだら、そのデータを取り込むことができる。

② 別売りタブレット
慣れて帰って、子どものDFにソフトキーボードを使って文字を入力するのが面倒だというお父さんに最適。大きな画面のタブレットに入力できる。

③ 2台目を購入
シンクロ機器が便利だと理解していただけると、父親用に2台目を購入してもらえる。ハード購入の契機になる。

4　具体案　父親用2台目購入がA（目標）

交換日記なので父親も同じゲーム機を買い求めることになる。また小さなソフトキーボードの入力が苦手な人のために、タブレットの購入を勧めている。

ケーススタディ編 23

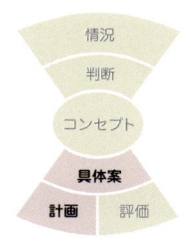

情況
判断
コンセプト
具体案
計画　評価

Design
強調したい部分に「印」をつける

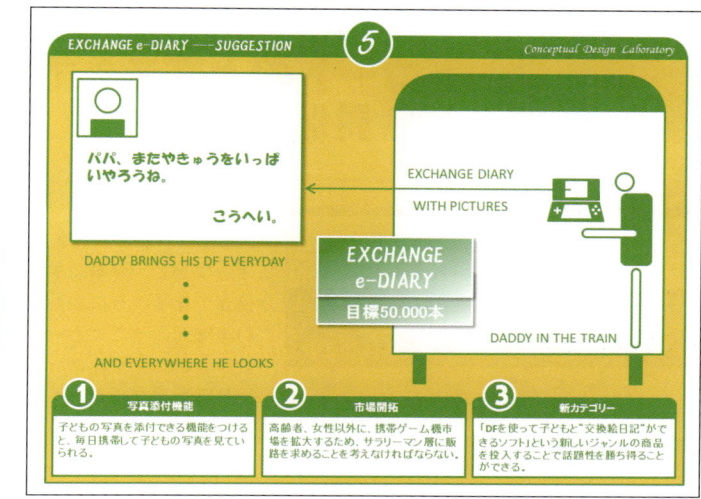

「ここをとくに見てほしい」という部分の図形には、ほかで使っていないものを使用する。ここでは中央の図形がそれで、グラデーションと影をつけてある。

5 　具体案＋計画　**売上げ A（目標）は 5 万本突破**

子どもの日々の成長を楽しみにする親のために、写真を添付できる機能をつけた。機能性を充実させることで、5 万本の販売目標を見込んでいる。

作成ポイント　**寝かせた「平たい箱」の描き方**

基本図形の中に直方体という図形はあるが、"菓子折り" を寝かせたような見せ方はできないので、2 つの平行四辺形と四角形を組み合わせて自作する。右横の平行四辺形をうまく入れ込むには角度の調節が必要になる。どの程度の傾きにするのかは、完成する平行四辺形の形に関連してくるため作成はやや難しく、多少の慣れが必要となる。

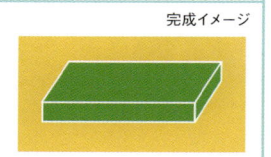

完成イメージ

1 平行四辺形を描いて、左中央と黄色の調整ハンドルをドラッグして完成図にあるような形に成形する。

2 もうひとつ平行四辺形を描き、下図のような形に成形したあと、[図形描画] から [直線] をクリックして [Shift] キーを押しながら垂直方向に直線を描く。

3 その線と平行四辺形の右側の辺が合うよう緑色の回転ハンドルをドラッグする（時計回りに約 120 度回転）。

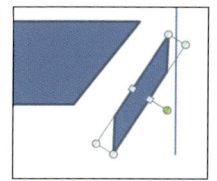

4 先ほどの平行四辺形の辺とぴったり一致するようハンドルをドラッグして微調整する。

5 四角形を最初の平行四辺形の下の辺に合わせて描き、それぞれの図形に色を施す。

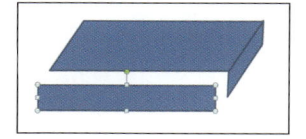

PowerPoint 2002, 2003 ▶▶▶ **P175**

ケーススタディ編　24

24 店舗イベント企画書
フードコートの上客をもてなすカード会員促進企画

上下にバー型

STORY

2年前にアジア料理専門のフードコートとしてオープンし、今年、プリペイド型カードでの決済ができるようにしたのですが、客足が伸びていません。そこでカードのデータを読み取って分析し、ロイヤルユーザーにもっと重点的にサービスを行うべきだとこの企画を立てました。

なぜそれを企画するのか？　　　PAV

PURPOSE　目的
- 客足が伸びない原因が、すべての顧客を同等（均等）に扱ってきたことにあると考え、上客であるロイヤルユーザーに手厚いサービスを行うことで売上げアップに**つなげる**。
- 3年目でそろそろ飽きられる時期なので、イベントを行い**盛り上げる**。

AIM　目標
- ロイヤルユーザー、ヘビーユーザーに現在より2、3回多く来店してもらうことで、売上50％アップを**図りたい**。
- イベントを開催し、話題性を提供し、比較的なじみのない料理を出す店にも集客効果が上がることを**期待したい**。

VALUE　バリュー
- 何度も来店している顧客にとって、自分たちに向けてサービスを行っているとわかると、これからも気持ちよく**利用してもらえる**。
- イベントを開催することにより、アジア料理に対する理解が深まり、フードコート全体に賑やかな雰囲気を**もたらすことができる**。

どのようにそれを表現するか？　　P（プロット）**80：20** I（アイデア）

PLOT & IDEA　P&I
5枚の展開は、問題点の洗い出し、データの整理、データの分析、企画内容、企画効果、となっていて、プロットを想定して仕上げた典型的な**プロット思考**の企画書である。見せ方は、左右2つのブロックに分け、左側で説明を、右側にはそれを表す図解やグラフを載せている。アジア各国のさまざまな料理に関する企画なので、最下段にはそれらの写真をイメージ的に掲載した。

ケーススタディ1編

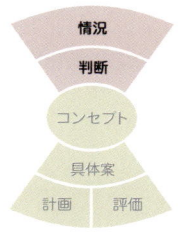

24

▶▶▶ P9,P11

Coloring
**オレンジ色と緑色の
ダブルバランス**

基調色はオレンジ色、補色は緑色のダブルバランスで、コントラストが強いので黒色を使って引き締めている。オレンジ色は写真の色からとったものである。

1 情況＋判断　P（目的）は現状をダイナミックに変えること

左側のブロックで現状での実態を掲げ、右側のブロックでアピール不足であることを提示し、相互に深く関連し合っていることを2つの矢印で表している。

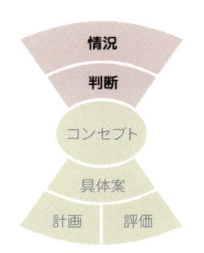

Design
**オレンジ色の
グラデーションを使う**

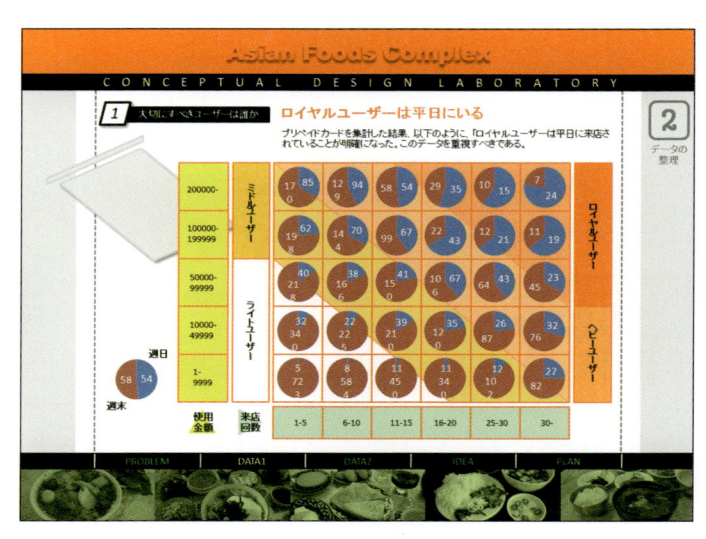

顧客の割合を示した円グラフを併置して比較したものであるが、縦横ともに、上位には濃いオレンジ、下にいくほど黄色に近くなる色彩を選んだ。

2 情況＋判断　P（目的）は顧客の客観的な分析

1枚目の問題提起を踏まえ、カードのデータから顧客の実態分析を行った結果、上客に対して十分な対策をとってこなかったことに問題があると判明した。

123

ケーススタディ編　24

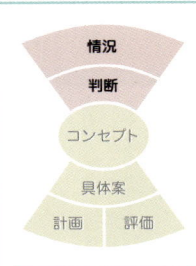

Design
**点線の円で
グラフを強調する**

折れ線グラフのなかで2つの特徴的な点に注目してほしいときには、その部分を点線の円で囲む。図のように円で囲むには、グラフ自体を透明にしてその下に敷く。

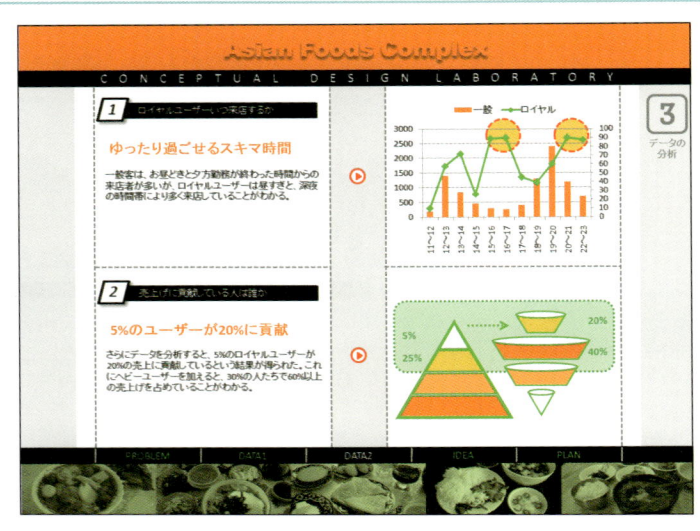

3 情況＋判断　P（目的）は差別化待遇の必然性

時間帯ごとの集客実績で上客の来店を分析した結果、平日の2つの時間帯に集中していることが判明し、時間帯を意識した対策の必要性を訴えている。

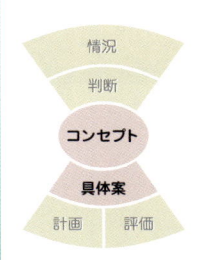

Design
**最下段に
料理のイメージ写真**

料理の企画なので最下段にイメージ写真を入れた。色調は「色の変更」で変えるが、PowerPoint 2003以前だと色のついた四角形で「透過性」を調整する。

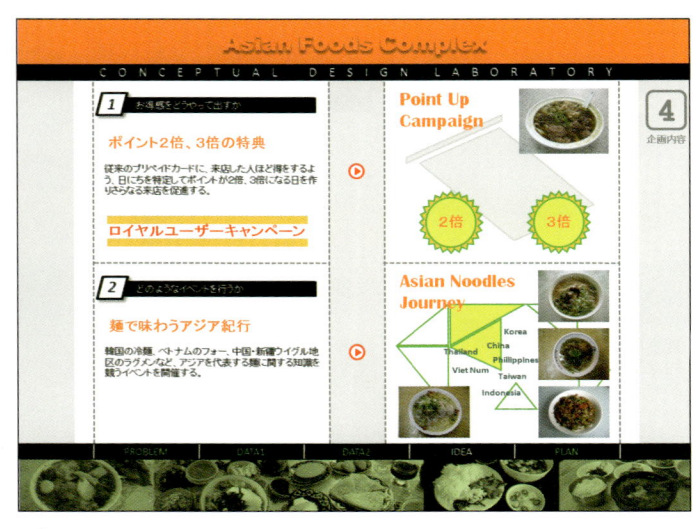

4 コンセプト＋具体案　手厚いもてなしがV（バリュー）

3枚目までを踏まえ、ロイヤルユーザーを手厚くもてなすべきだというコンセプトのもと、まず2つのキャンペーンとイベントを行うべきだと提案している。

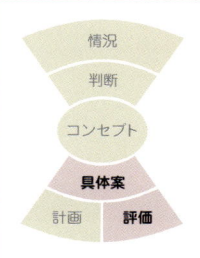

Design
グラフの一部分に色を敷く

グラフの中でこのエリアに注目してほしいと強調したいとき、色のついた四角形を、3と同じようにグラフを透明にしたうえでその下に敷くといい。

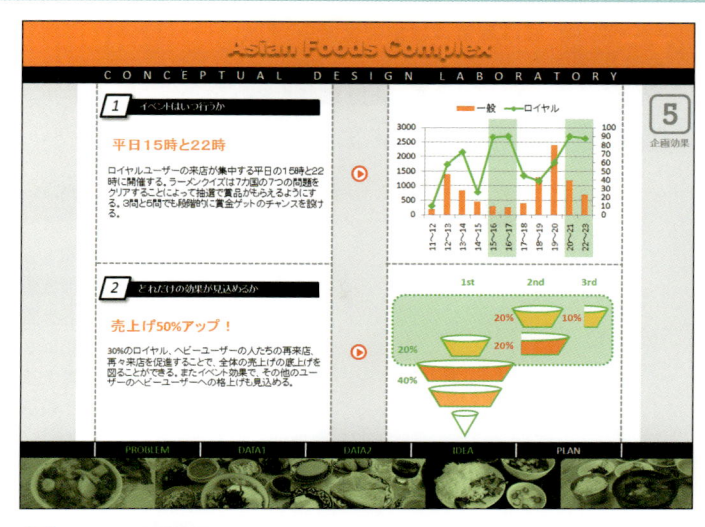

5 具体案＋評価   A（目標）達成の角度を検証

4枚目で提案したイベントを効果的に運用するアイデアを掲げ、売上げ50％アップが果たせると評価し、その根拠を右下の図解によって示している。

作成ポイント　カードを挿入口に挿入するイラスト

プリペイドカードのイメージイラストは、2つの平行四辺形を成形して自作する。「カード挿入口」は「90度回転」と「左右反転」の2つの操作のあと加工するだけだが、カードのほうは適度の傾きが必要になるので、こちらは直線を使って補助線を描いてから、平行四辺形の傾きを調整する。できた図形はグループ化してから拡大や縮小を行う。

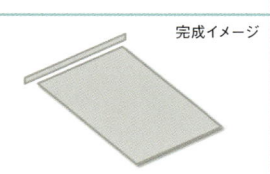

完成イメージ

1 平行四辺形を描き、［図形描画］の［配置］をクリックして［回転］→［右へ90度回転］と［左右反転］をクリックする。

2 左中央のハンドルを左側にドラッグしたあと、黄色の調整ハンドルを下にドラッグして、「カード挿入口」を作る。

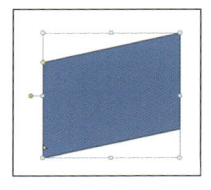

3 「カード挿入口」にカードがまっすぐに挿入されるよう直線で補助線を描き入れる（前項を参照）。

4 ふたたび平行四辺形を描き、補助線に沿うよう緑色の回転ハンドルをドラッグする。

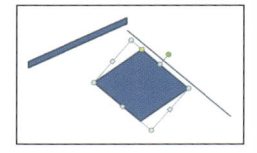

5 左側の角のハンドルをやや左上、黄色の調整ハンドルをやや右下にドラッグしたあと、右下のハンドルをちょうど「カードを抜き取る方向」へドラッグする。

6 2つの平行四辺形を選択し、右クリックをして［グループ化］→［グループ化］をクリックして1つの図形として扱えるようにする。

PowerPoint 2002,2003　▶▶▶　**P175**

ケーススタディ編 25

25 窓口店舗出店企画書
ネットと連動した旅行カフェ提携企画

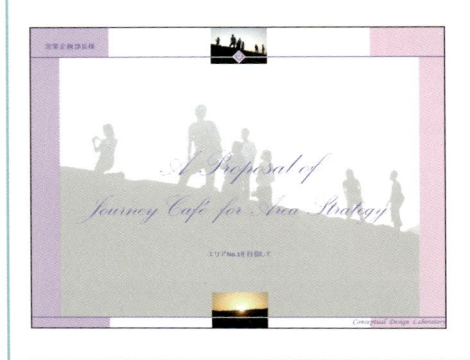

上下にバー型

STORY

起業から5年目を迎えた旅行代理店が、5年目のジンクスと大手代理店の進出に苦慮しています。そこで、ネットを主戦場に広い範囲のユーザーを獲得するのではなく、あえて地元エリアにこだわり、顔の見える懇切丁寧な接客に注力しようと、カフェとの提携に活路を見出すことにしました。

なぜそれを企画するのか？　　　　　　　　　　　　　　　　PAV

P URPOSE 目的
- 旅行のネット販売は低価格競争になって特色が出しづらく、指名買いの機会がないので、店頭販売の機会を増やし、お客様の立場に立ってサービス業の精神を**取り戻す**。
- 提携カフェを起点に、人が集まり、気軽に相談できる**システムにする**。

A IM 目標
- 旅行で出会った人が再会するとき、真っ先に思い浮かぶ**場所にしたい**。
- 地元の学生や社会人の来店を促し、エリアNo.1店を**目指す**。
- サービス業の基本に立ち返って、懇切丁寧な応対をすることでリピーターを多数**獲得したい**。

V ALUE バリュー
- 旅先で出会った人がもう一度会いたいときに、集って盛り上がれる最適の場所を**提供することができ**、その場でつぎの旅行の相談に気軽に**乗ってあげることもできる**。
- ネットを通じて知り合った仲間どうしが実店舗で**交流を持てる**。

どのようにそれを表現するか？　　　　　P（プロット）**80：20** I（アイデア）

P LOT & **I** DEA P&I

構成は「問題提起」「現状把握」「コンセプト」「企画内容」「戦略と予算」で、SVCIPE（P008を参照）がほぼそろった典型的な**プロット思考**による企画書である。見せ方は、2つか3つのブロックを対比させたり、流れで展開させたりするものになっている。統一感はあるが単調な印象を与えるので、バックに旅先で出会った男女7人が夕日を見つめる写真を敷いてある（**アイデア思考**）。

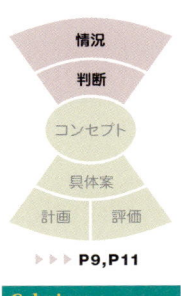

ケーススタディ1編

Coloring
紫色とピンク色の ダブルバランス

紫色とピンク色の2色で全体を構成してある。下地に異なった色を使ったのは、左右を使って対比や比較をする図解を中心に展開されているからである。

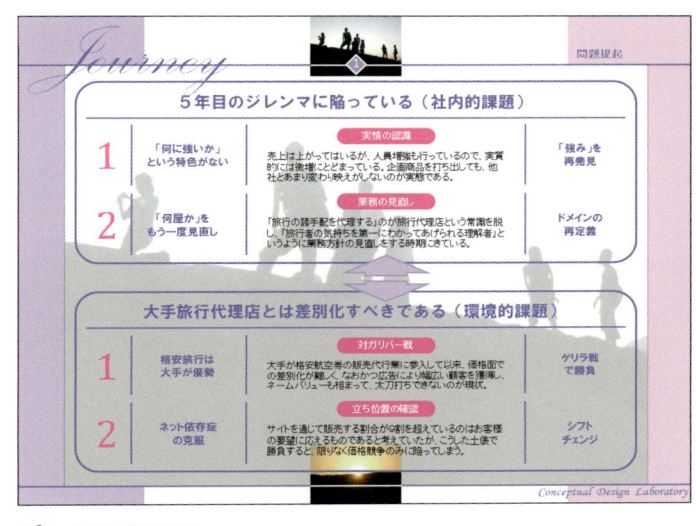

▶▶▶ P9, P11

情況 → 判断

1 情況+判断　**2つの課題の克服がP（目的）**

5年目を迎えての課題を「社内的」と「環境的」の両面から考察し、相互に深い関連があると位置づけている。これを解決しようというのがこの企画である。

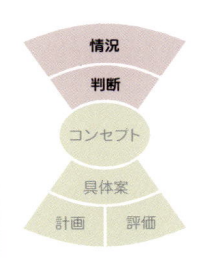

Journey ①　問題提起

5年目のジレンマに陥っている（社内的課題）

		実情の認識	
1	「何に強いか」という特色がない	売上は上がってはいるが、人員増強も行っているので、実質的には後退にとどまっている。企画商品を打ち出しても、他社とあまり変わり映えしないのが実情である。	「強み」を再発見
2	「何屋か」をもう一度見直し	「旅行の諸手配を代理する」のが旅行代理店という常識を脱し、「旅行者の気持ちを誰よりもわかってあげられる理解者」というように業務方針の見直しをする時期きている。	ドメインの再定置

大手旅行代理店とは差別化すべきである（環境的課題）

		対ガリバー戦	
1	格安旅行は大手が優勢	大手が格安航空券の販売代行業に参入して以来、価格面での差別化が難しく、なおかつ広告により顧客を獲得し、ネームバリューも相まって、太刀打ちできないのが現状。	ゲリラ戦で勝負
2	ネット依存症の克服	サイトを通じて販売する割合が8割を超えているのはお客様の要望に応えるものであると考えていたが、こうした土俵で勝負すると、限りなく価格競争のみに陥ってしまう。	シフトチェンジ

Conceptual Design Laboratory

Design
キーワードを 大きく見せる

文章の形にすると重要な言葉が埋没してしまうので、キーワードは色を変え、大きく見せると、ほんのわずかの時間内で内容を理解してもらえる（図の上半分）。

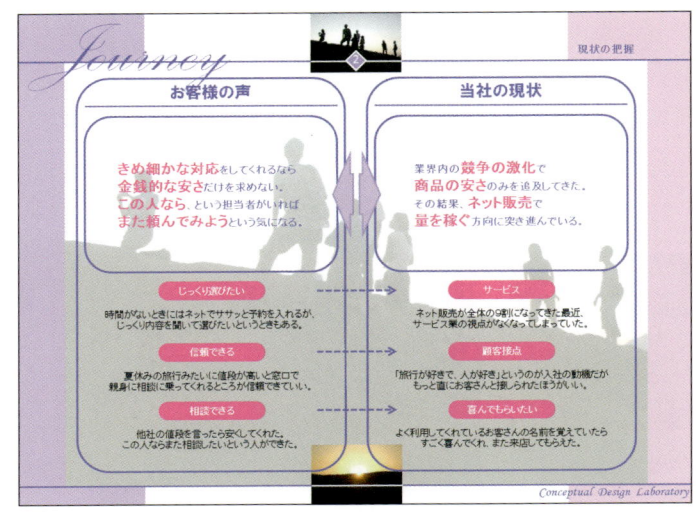

情況 → 判断

2 情況+判断　**双方のギャップ改善がP（目的）**

1枚目を受けて、「お客様」と「当社」の声に耳を傾け、問題となる点を3点列挙し、克服すべき課題を上に大きく掲げた。これも相互に深い関連性がある。

Journey ②　現状の把握

お客様の声	当社の現状
きめ細かな対応をしてくれるなら金銭的な安さだけを求めない。この人なら、という担当者がいればまた頼んでみようという気になる。	業界内の競争の激化で商品の安さのみを追及してきた。その結果、ネット販売で量を稼ぐ方向に突き進んでいる。
じっくり選びたい　時間がないときにはネットでササッと予約も入れるが、じっくり内容を聞いて選びたいというときもある。	**サービス**　ネット販売が全体の9割になってきた最近、サービス業の視点がなくなってしまっていた。
信頼できる　夏休みの旅行みたいに値段が高いと窓口で親身に相談に乗ってくれるところが信頼できていい。	**顧客接点**　「旅行が好きで、人が好き」というのが入社の動機だがもっと直にお客さんと接したほうがいい。
相談できる　他社の値段を言ったら安くしてくれた。この人ならまた相談したいという人ができた。	**喜んでもらいたい**　よく利用してくれているお客さんの名前を覚えていたらすごく喜んでくれた。また来店してもらえた。

Conceptual Design Laboratory

127

ケーススタディ編 25

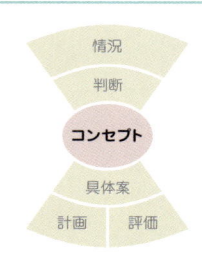

[図: コンセプト図「Journey」]

改革のポイント
1. 回数性 — 一度の利用だと低料金だけど、二度、三度来てもらえると、高額商品となる。長く顧客になってもらえることが大切。
2. 口コミ — 「長いおつきあい」は親しかに教えたくなる、現代の最高の宣伝は「口コミ」であることに間違いない。
3. ヒューマンウエア — 設備やネット通販のシステムといったハード、ソフトよりも、結局は誰がそれを売っているのかが重要。

必要なもの
1. 旅の原点 — 人が旅に求めるものは、感動、出会い、想い出といった人間の情動に結びついたもので、単なる商品ではない。
2. 共感の場 — 旅する場所が同じなら、その人に共感するように、好きなことは教えあったときが一番楽しいはずである。
3. 情報の発信地 — 情報を教えるだけでなく、行った旅先のことを教えてもらったり、出会いや再会などの延長のような場がほしい。

旅カフェ

マニアとたまり場
旅の「マンガ喫茶」
マンガが好きな人が行く「マンガ喫茶」、ネットのことなら「ネットカフェ」、旅ならここに行くという定番店にする。
旅の「スポーツカフェ」
スポーツのファンが集まったり、スポーツ観戦のメッカになっている「スポーツカフェ」の旅バージョンを目指す。

CONCEPT
旅の
コミュニティサロン

再会と旅立ち
"あそこで再会しよう"
海外旅行で知り合った仲間と、国内で再会するとき、真っ先に思い浮かぶ名前としてブランド化する。
ハネムーンはどうする
再会した男女が結婚を決め、ハネムーンをどうするかと考えたとき、気軽に相談できる場所にする。

Conceptual Design Laboratory

Design
通し番号→見出し→本文

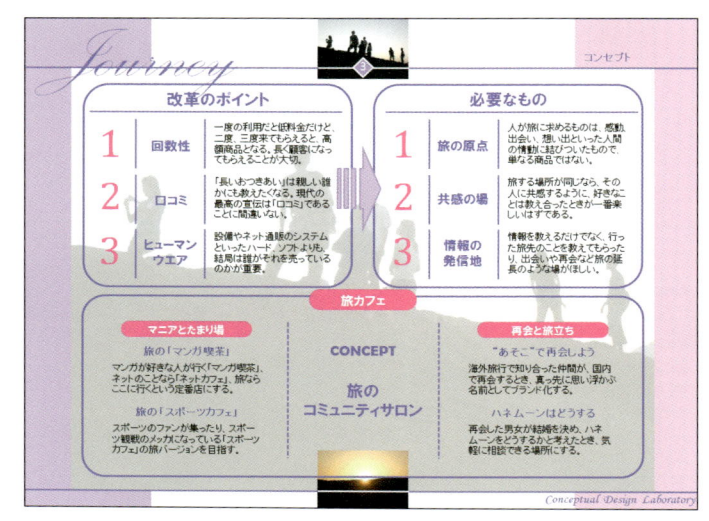

上の左右は大きな数字の「通し番号」と、「見出し」と「本文」に分かれているためとても見やすい。矢印のフローではなく、通し番号で流れを見せる見せ方。

3 コンセプト　V（バリュー）は旅のように「行きたい場所」

「改革のポイント」に「必要なもの」が下段のコンセプトという構図。旅行者に集まりやすい場を提供し、サービス業の根本に立ち返ることを目指している。

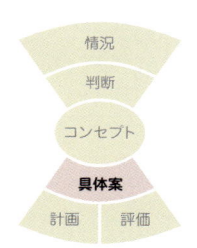

[図: 具体案「Journey」企画内容]

お客様 — 当社
REAL — REAL
旅カフェ
映写とスライドショー（企画）
旅の本とネットカフェ（常設）／語らいのフリースペース（常設）／旅の相談カウンター（常設）
講演会＆オフ会（企画）
VIRTUAL
BLOG / SNS ファンづくり

来店／旅の出会い／再会の場／自分の経験を語りたい／交流の場がほしい
相談／派遣／ハネムーン／旅案内／運営委託／運営会社／ブログマーケティング

Conceptual Design Laboratory

Design
図解はシンプルにしてスペースを設ける

「旅カフェ」を中心に、人がどう流れるかをフローで示した。こういった図解では空間の部分を大きくとって、流れを自然に目で追えるようなものにする。

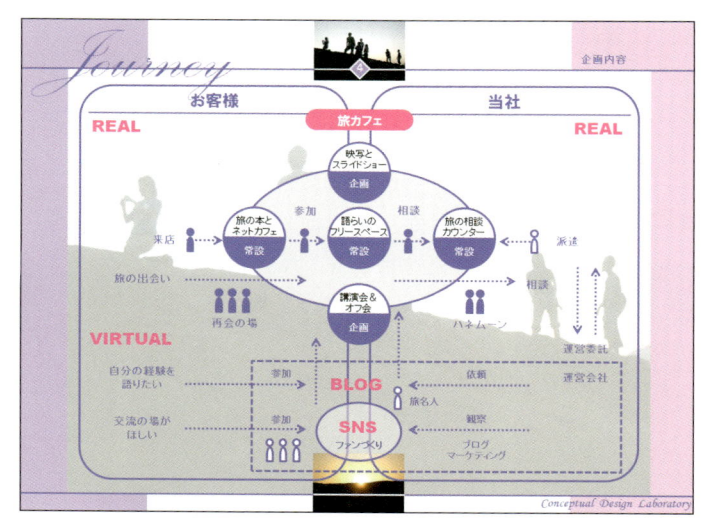

4 具体案　出会いの場の創出がV（バリュー）

「お客様」と「当社」の間に出会いの場を作って、そこに自由に集ってもらえるようにする、という図を描いた。人の流れを描き入れた点がポイント。

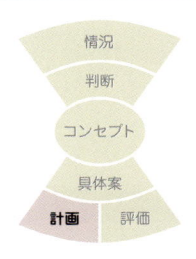

情況
判断
コンセプト
具体案
計画　評価

Design
背景の写真を活かした構図

このページがとくにそうだが、いずれのページも、上下で分ける見せ方をしている。背景に敷いた写真の構図もそれを考慮して上下に分かれている。

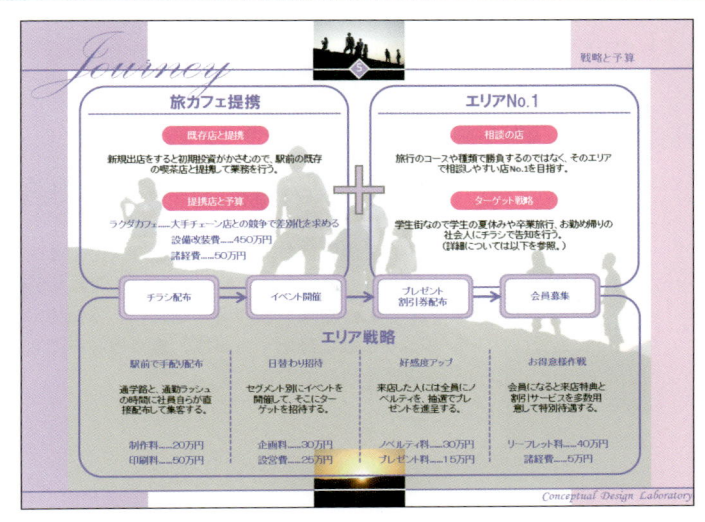

5 計画　エリアNo.1が達成A（目標）

地元のカフェと提携するという作戦でエリアNo.1を目指す。そのための戦略が下段という構図になっている。だいたいの予算を提示し、検討材料とする。

作成ポイント　円を半分に分けて色を施す

完成イメージ

半円形は基本図形にはないので「パイ」という「パイを4分の1カットした図形」を加工して半円を作る。作成の秘訣は、ちょうど半分のサイズになるよう、直線を使って補助線を描いて作業を進める点にある。円もこの「パイ」もデフォルト（標準設定）のサイズは「高さ」、「幅」ともに2.54cmなので、重ね合わせるとぴったりサイズが揃う。

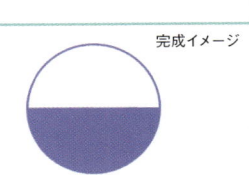

1 正円と「パイ」（円形を4分の1カットした図形）の形を描く（画面上でクリックすると同一サイズとなる）。

2 ［図形描画］から［直線］をクリックして、［Shift］キーを押しながらパイの水平の線に沿って直線を描く。

3 パイの黄色の調整ハンドルをドラッグして、水平に引いた線に揃える（半円にする）。

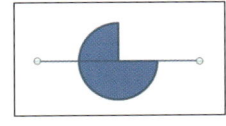

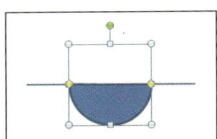

4 円は［図形描画］の［図形の塗りつぶし］の［テーマの色］で白を、半円は同様に紫系の青色を選択する。

5 円と半円を選択し、［配置］をクリックして［配置］→［左右中央揃え］と［下揃え］をクリックする。

6 2つの図形を選択し、右クリックをして［グループ化］→［グループ化］をクリックする。

PowerPoint 2002, 2003　▶▶▶　P176

ケーススタディ編　26

テレビ番組企画書　　　　　　　　　　　　　　　上下2画面型

26 若者向けの旅行を綴った映像番組イメージ案

STORY

冬の国内旅行の番組といえば「雪景色、温泉、鍋料理」が定番ですが、行こうと計画したら都心からだと泊まりがけになってしまいます。そこで、電車で数時間の距離にある鎌倉、江の島方面の冬にもちょっとした風情があって、出かけてみる価値があることを訴えた映像番組の企画案です。

なぜそれを企画するのか？　　　　　　　　　　　　　　PAV

PURPOSE 目的
- 鎌倉、江の島といえばサーフィン、海水浴というように夏のイメージだが、冬には独特の風情があり、違う魅力に出会えることを知ってもらう。
- 動画サイトでおなじみのテロップを、映像と映像の間に挿入することで、若い人の感性に訴える。

AIM 目標
- 日帰り旅行の番組の主な視聴者はシニア世代で、泊まりがけのため金銭的にも余裕がないと行けない。この分野で若い人向けに制作されたものがほとんどないので、独自の境地を切り開きたい。
- 他の深夜番組との差別化により、視聴率8%以上をキープしたい。

VALUE バリュー
- 古都鎌倉の伝統的な文化に触れるきっかけづくりをしてあげる。
- ひと味違う小旅行をユニークな切り口で紹介することにより、江ノ電沿線の魅力を再発見してもらえる。
- 「若い人にも、もっと来てほしい」という地域の要望に応えられる。

どのようにそれを表現するか？　　　　P（プロット）10：90 I（アイデア）

PLOT & IDEA P&I
映像を流し、その間に数秒間テロップのみを表示させるサイレント映画のような表現にしたい、というイメージを、PowerPointの2画面印刷の機能を使って表現した。また上下を黒でカットしてハイビジョン放送らしいイメージを出した。最初から最後まで、映像イメージをどうリアルに表現するかを考えたもので、典型的なアイデア思考の企画書である。写真の上のテロップの色づかいにも注目してほしい。

▶▶▶ **P9, P11**

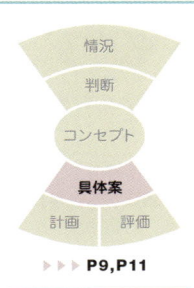

Design
スナップ写真を巧妙に利用する

大仏様のはるか頭上を飛行機雲がたなびいている写真で、小旅行で撮りためた、ちょっとしたスナップ写真も企画書に活かせるという一例である。

1 具体案

番組のテイストを見せる

鎌倉駅発、江ノ島電鉄の最初の訪問地は"鎌倉の大仏"で有名な高徳院。空に漂う飛行機雲をバックに撮影した写真で、ユーモアのある受け答えをしている。

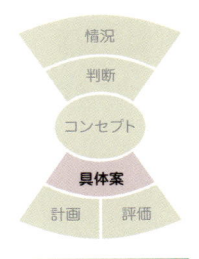

Coloring
写真の色合いをテキストに使う

上の写真上のテロップのピンクがきれいに見えるのは、紅梅の赤を淡くした色合いだからである。テキストが生える色彩は、使った写真の色からとってくる。

2 具体案

古典のパロディでたたみかける

2枚目は高徳院からほど近い長谷寺で、季節は梅の咲く初春。和歌に出てきそうな梅の花にまつわるエピソードであるが、実はパロディになっている。

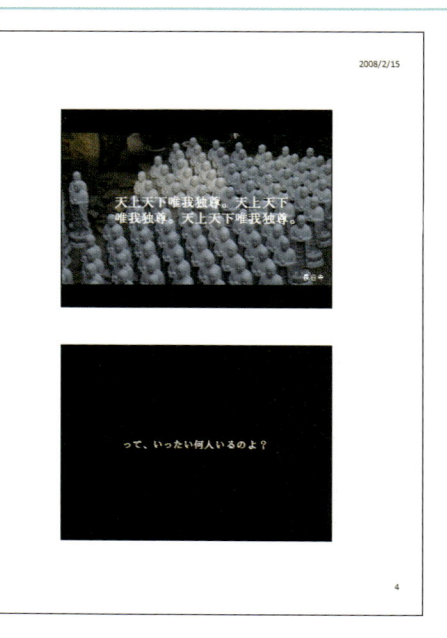

3 具体案

大仏様との対比が際立つ

同じく長谷寺の小さなお地蔵様を多数写真に収め、お釈迦様が誕生のときに口にしたという題目を、いっせいに発するおもしろさを表現している。

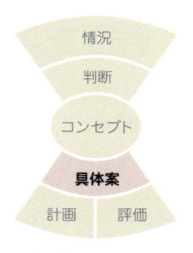

Design
写真と文章のミスマッチを狙う

お釈迦様の題目を大勢で唱えることのミスマッチを狙っている。デザインというと絵的なものだけと思いがちであるが、言葉のデザインも重要である。

4 具体案

主人公の恋愛観をかいま見る

鎌倉高校前駅から江の島を一望する沿線一の名所に移ってワンショット。学園ドラマの話題に振って、この番組の中心的テーマである恋愛模様を表現した。

Design
個人のエピソードを話題にする

江の島をかなたに望む有名な鎌倉高校前駅の写真なので、学園ドラマの想い出をエピソード的に綴っている。「落ち」のある話もデザイン的視点が必要となる。

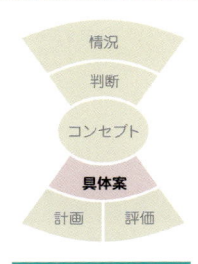

5 具体案

傷心の旅を最後に印象づける

最終の目的地は江の島を望む片瀬海岸東浜。人影のまるで見当たらない初春の海で、カップルがたわむれているのを見て思わずつぶやくセリフがこれ。

Design
ムードのある写真に「落ち」をつける

春まだ淡き海（2枚目の写真に紅梅が出てきたので）にカップルが戯れている写真を、女神さまの思い（嫉妬）にかぶせた。これも「落ち」を用意してある。

作成ポイント　ハイビジョン放送のイメージ

パソコンの画面より上下の比率が小さいハイビジョン放送（アスペクト比は16:9）のイメージを出すには、写真を入れたあと、上下を黒塗りの四角形で隠す。写真の上下にスペースを空けておけば、上と下に黒塗りの四角形を入れたあとで、写真を移動することで使いたいエリアを微調整することができる。印刷は「配布資料」でスライドの数を2枚にする。

完成イメージ

1. 写真のファイルをPowerPoint上にドラッグ＆ドロップする。
2. 左右のサイズが合うよう、右下のハンドルをドラッグして調整する。 
3. 写真の上部に細長い四角形を描いて、［ホーム］タブの［図形描画］→［図形の塗りつぶし］→［テーマの色］で黒を選択する。［図形の枠線］でも黒を選択する。
4. 黒塗りの四角形を［Shift］＋［Ctrl］キーを押しながら下にドラッグしてコピーを作る。
5. スライド画面左上の［Officeボタン］をクリックし、［印刷］→［印刷］をクリックする。
6. ［印刷］ダイアログボックスの［印刷対象］で［配布資料］、［配布資料］の［1ページあたりのスライド数］で［2］を選択して［OK］ボタンをクリックする。

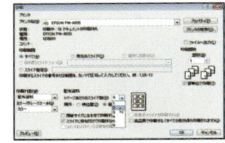

PowerPoint 2002, 2003 ▶▶▶ P176

ケーススタディ編　27

27　複合音楽商品企画書　　　　　　　　　　　　　　　　　上下2画面型

5つの「好き」が実現できる
音楽に特化した商品企画

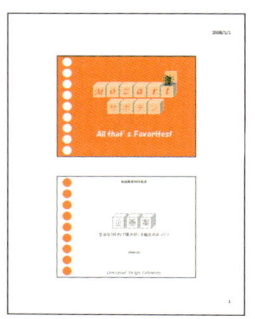

STORY

「サボテンにモーツァルトの音楽を聴かせるとよく育つ」という説があり、実際にキューブ型のボックスで作ったところ"プチヒット作"となりました。そこでその後継機として、音楽以外にもさまざまな機能をつけ、付加価値の高い商品に仕上げようという企画案を立てました。

なぜそれを企画するのか？　　　　　　　　　　　　　　　PAV

PURPOSE／目的
- 「モーツァルトサボテン」という商品がヒットし、ある程度の売上げを記録したが、頭打ち状態となっているので、付加価値の高い姉妹商品を市場に投入して売上げを伸ばす。
- 「もうすこし何かあれば」と買い控えていた顧客へのアピールとなる。

AIM／目標
- 累計10万個を売り上げた「モーツァルトサボテン」1号機の後継機として売り出し、5万個突破を目標とする。
- 単価を7,800円から14,500円にアップすることで、前回の商品とほぼ同額の売上げを記録したい。

VALUE／バリュー
- サボテンに音楽を聴かせて育てる従来の商品より付加価値の高いものが手に入る。
- 「メモリカードに記録した音楽で目覚める」などさまざまな付加機能をつけることで、毎日の生活に潤いをもたらしてくれる。

どのようにそれを表現するか？　　　　　　P（プロット）10：90 I（アイデア）

PLOT & IDEA／P&I

5つの機能を盛り込んだイラスト企画書を作ろうと考えた時点で、アイデア思考でいこうと決まった。機能は2つの画像で説明するのが適切なので2画面印刷を用い、上はオレンジの原色、下はモノクロを基調にし、なおかつ左にオレンジの円をアクセントで入れ、ポジとネガの関係とした。このように色が互いに対照的だと、その違い（コントラスト）に注目して見てもらうことができる。

ケーススタディ編

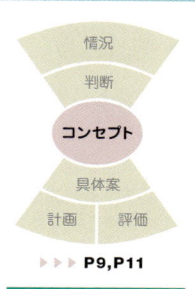

情況
判断
コンセプト
具体案
計画　評価

▶▶▶ **P9,P11**

Coloring
派手な色とシックな色を組み合わせる

見た通りオレンジ色が基調色で、白とグレーとのコントラストが上下画面で際立っている。左側のアクセントと右上の通し番号をバランスよく配置した。

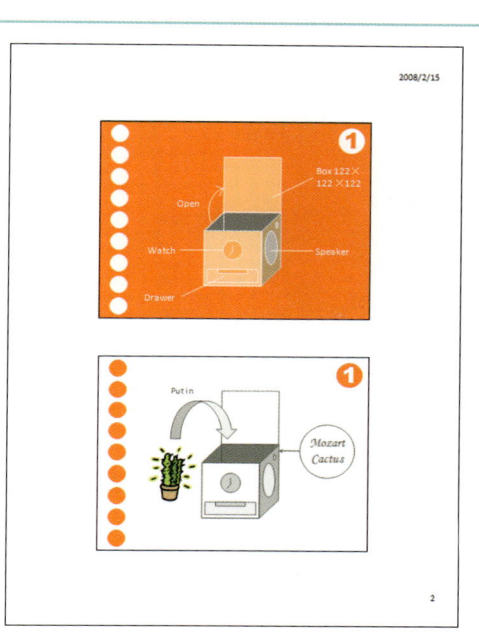

1 コンセプト

コンセプト商品の概要図を見せる

「モーツァルトサボテン」というコンセプトの商品がどのようなものであるかを説明したもの。上が概要図で、下は商品の取り扱い説明図になっている。

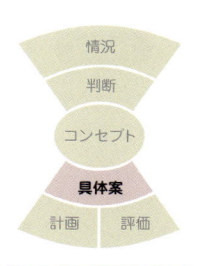

情況
判断
コンセプト
具体案
計画　評価

Design
「音符」と吹き出しでイメージを出す

音楽が流れるイメージは「おんぷ」と入力して出てくる「音符」記号を入れ、サボテンが気持ちよさそうにしているイメージは雲型の吹き出しで表現した。

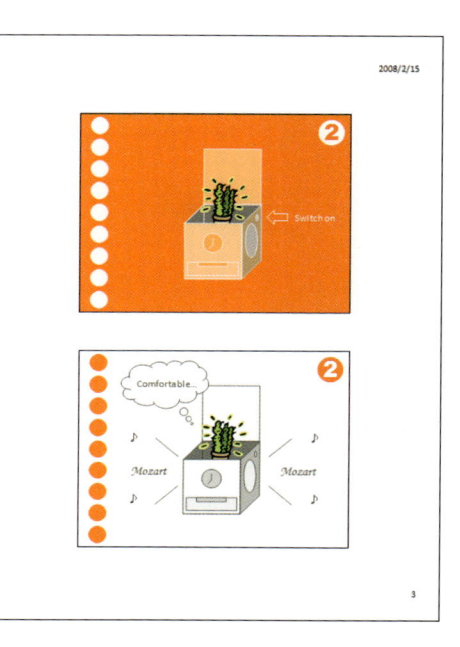

2 具体案

基本となる機能を説明する

箱に入れたサボテンが、モーツァルトの音楽を聴かせることによって気持ちよくなっている様子を表現。説明がなくても、上下2画面を見れば機能がわかる。

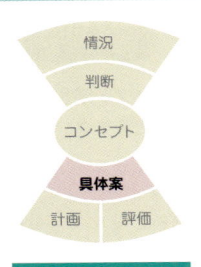

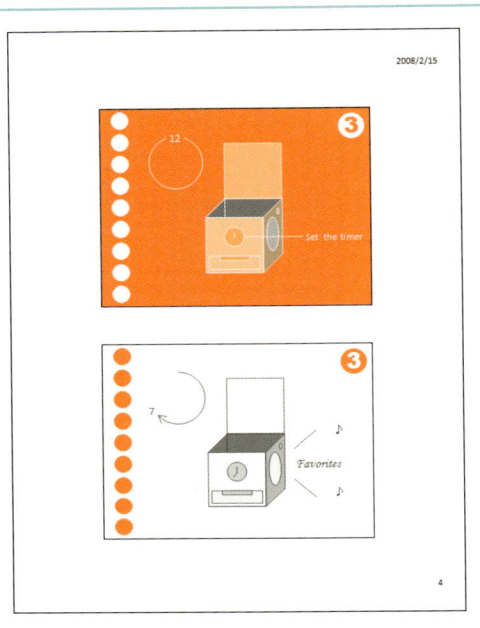

3 具体案

音楽機器としての別の形を提案

タイマーをセットすれば、朝起きると決めた時間に音楽を鳴らすこともできる、という機能。音楽はモーツァルトに限らず、好みのものが選択できる。

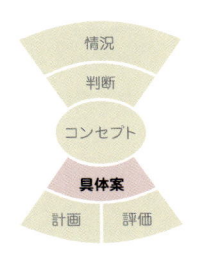

Design 時間の経過を表す表現

左上の「12」はテキストボックスに入れて背景と同じ色の「塗りつぶしの色」をつけたもの。「7」は白い四角形で円の3分の1を隠し、矢印部分は直線を使って描いた。

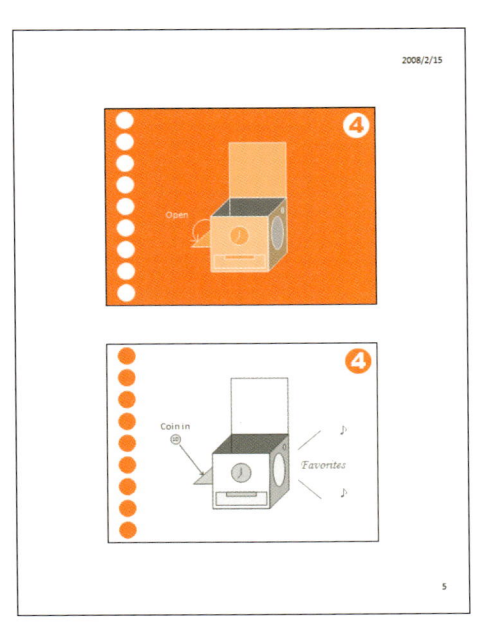

4 具体案

貯金箱という意外な使い方を提示

ふたを開けてコインを入れるとやはり音楽が鳴る。つまり貯金箱の機能も装備することで、前回の商品よりも多機能であることをアピールしている。

Design ふたが開くイメージを出す

箱の左側面のふたが開くイメージは楕円を使って描き、箱の背面に送って半分が見えないようにした。矢印の部分は上記の3と同様、直線を使って描き加えた。

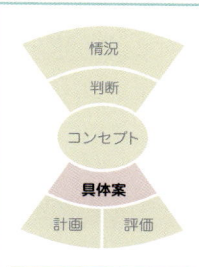

5 具体案

5つ目を紹介して機能性の高さを訴求

引き出しを開けると小物入れとしても利用でき、入れたときに音楽を鳴らすことができる機能を最後に紹介。5つの機能をたたみかけ、充実度をアピールした。

Design 引き出しが開くイメージ

箱の引き出しが開くイメージも、四角形と平行四辺形を組み合わせることによって描くことができる。作成のコツは、箱の傾きぐあいに合わせて描くこと。

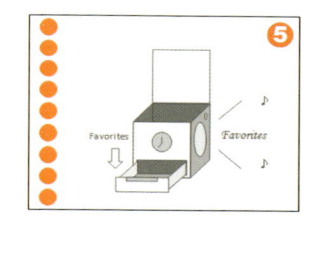

作成ポイント 「開いた箱」の描き方

「箱」は直方体という図形で描け、「開いた箱」の開いた部分は四角形を補足するだけであるが、これだと箱が空いた状態には見えない。そこで平行四辺形を直方体の上にかぶせ、そこに直線を一本描き入れると「開いた箱」がリアルに表現できる。箱の中は暗い色、外側は明るい色合いにすると、さらにリアルさが増す。

完成イメージ

1 [図形描画] から [直方体] を描いたあと、四角形を上辺に描く。クリックして描かれた図形だと、両者の辺は同じ長さになる。

2 同じく平行四辺形を描き、上中央のハンドルを下に、黄色の調整ハンドルを右方向にドラッグして、箱の上面のサイズに合うよう調整する。

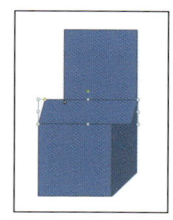

3 [図形描画] の [直線] をクリックし、いま描いた平行四辺形の図形の左上の頂点でクリックして、[Shift] キーを押しながら下にドラッグして垂直方向に直線を描く。

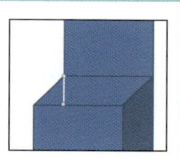

4 [図形描画] の [図形の塗りつぶし] でそれぞれの図形に適当な色を施したあと、すべての図形を左上から右下にかけてドラッグして選択し、右クリックをして [グループ化] → [グループ化] をクリックすると、1つの図形として扱えるようになる。

PowerPoint 2002,2003 ▶▶▶ **P177**

ケーススタディ編 28

28 読書関連企画書　　　　　　　　　　　　　　　　　　　四辺を囲む型

老眼で本が読みづらい人への
複合サービス＆商品企画

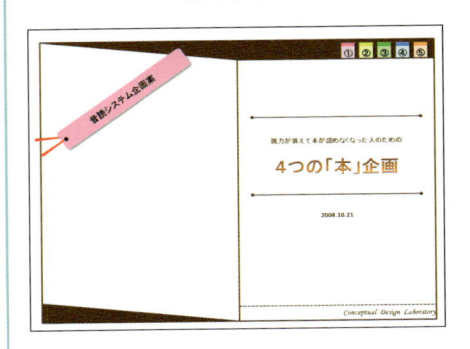

STORY

「本が読みたいが視力が落ちて困っている」という読者から寄せられたメールを読んで、この分野にマーケットがあると判断し、ケータイを使ったサービス、新商品、ブログコミュニティ、それに本好きが集まる店舗などを複合的に展開しようという企画案を立てました。

なぜそれを企画するのか？　　　　　　　　　　　　　　　　　PAV

PURPOSE 目的
- 老眼で以前より本が読めないと嘆く人のために、ケータイを使ったサービスなどさまざまな選択肢を用意することで、この分野のマーケット全体を取り込む。
- 書籍の出版業だけでは先細ってしまうので、複合的な展開を図っていく。

AIM 目標
- 書籍と音声を組み合わせたサービスなど、本業の出版業以外での可能性を模索して、将来的にビジネスの軸足を移動させる布石としたい。
- ブログマーケティングでニーズを把握し、朗読カフェを拠点に情報発信を続け、商品の開発などを活発に行っていきたい。

VALUE バリュー
- 「本を読みたいのに老眼のためあきらめなければならない」と思っている人に希望を与え、同じ悩みをかかえる人たちにコミュニティの場を提供し、情報の交換などに役立ててもらえる。
- 本を読む喜びに関する意見を聞いてもらえ、商品化も検討してもらえる。

どのようにそれを表現するか？　　　　　P（プロット）10：90 I（アイデア）

PLOT & IDEA　P&I

本に関する企画案なので、すべてを本のデザインにこだわった作りにした。レイアウトは開いた本、目次は付箋、タイトルは「しおり」、強調したい部分はマーカーを引いたようにし、各ページの概要はファイリングカードを模してある。典型的なアイデア思考主導型である。企画の構成は、前置きのページのあと4枚を並列に並べてあるので「1-4型」（P012を参照）ということになる。

ケーススタディ1論

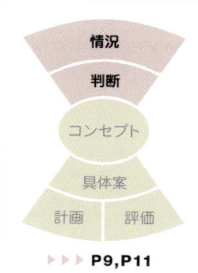

▶▶▶ P9, P11

Coloring
茶色と茶色に近いピンクで構成

この企画書は4つのパートに分かれ、それぞれのカラーがあるので非常にカラフルなものになる。そこでベースには、あまり主張の強くない2色を使った。

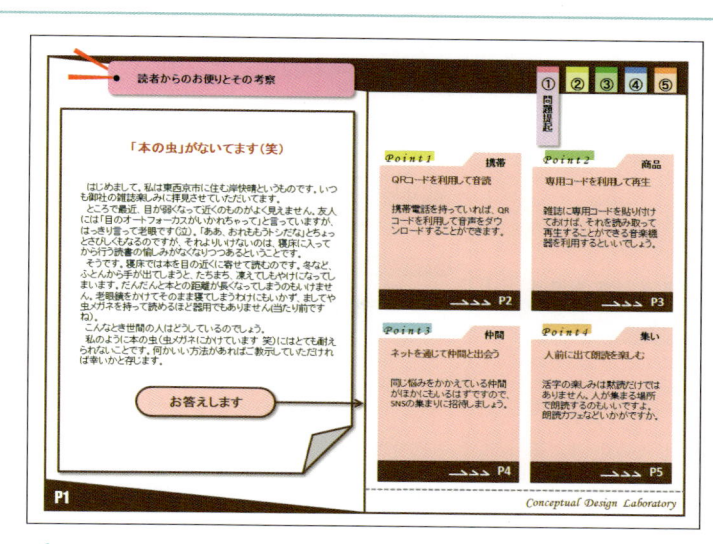

1 情況＋判断　P（目的）は同じ悩みの人の問題解決

企画の発端が読者からのメールだったので、メールをそのまま掲載するというアイデアを採用。それに対して4つの方策を「ファイルの形」で提示している。

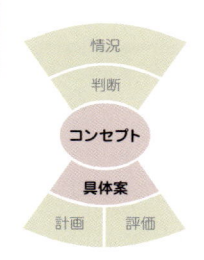

Design
「しおり」を縦に入れる

1枚目の「しおり」は横に寝かした状態で入っていたが、左上が隠れるとこの企画書が本をイメージしたものだとわからないので縦にして「本に挟んだ」形にした。

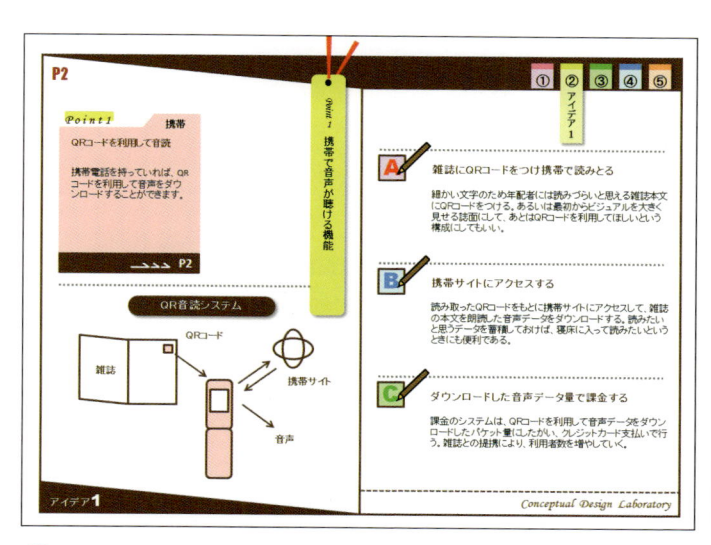

2 コンセプト＋具体案　V（バリュー）は「利便性」

現在持っているケータイをそのまま使って、すぐにサービスが受けられる気軽さと便利さを訴求した。以下のページはすべて同じ「誌面構成」になっている。

ケーススタディ編　28

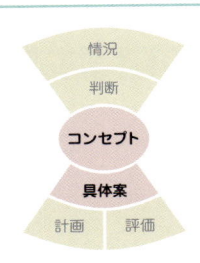

Design
「付箋」を目印に
めくっていく

この5枚の企画書の項目タイトルはすべて「付箋」の図形に書いて「本」の右上に貼り付けてある。実際の「付箋」のように目印にしてめくっていく。

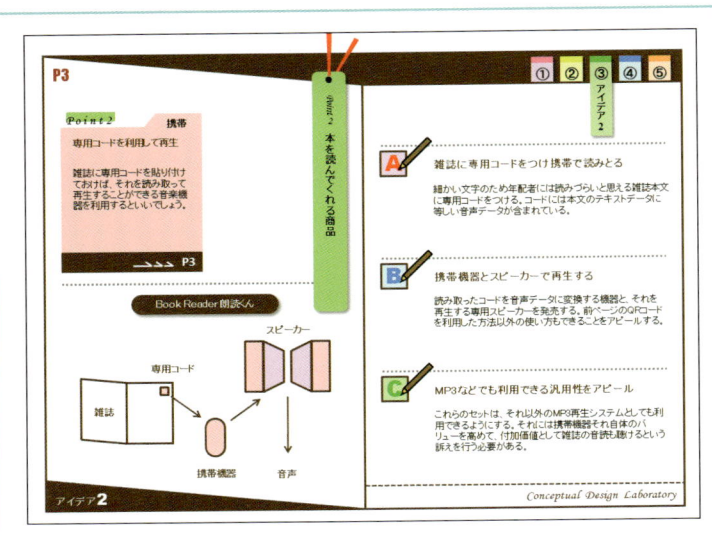

3 コンセプト＋具体案　V（バリュー）は「付加価値」

前ページと機能は同じだが、「雑誌を音読してくれるオーディオ」という付加価値の高い商品を選択することもできる、という利便性をアピールした。

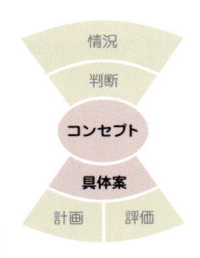

Design
ファイル型と
マーカーの印

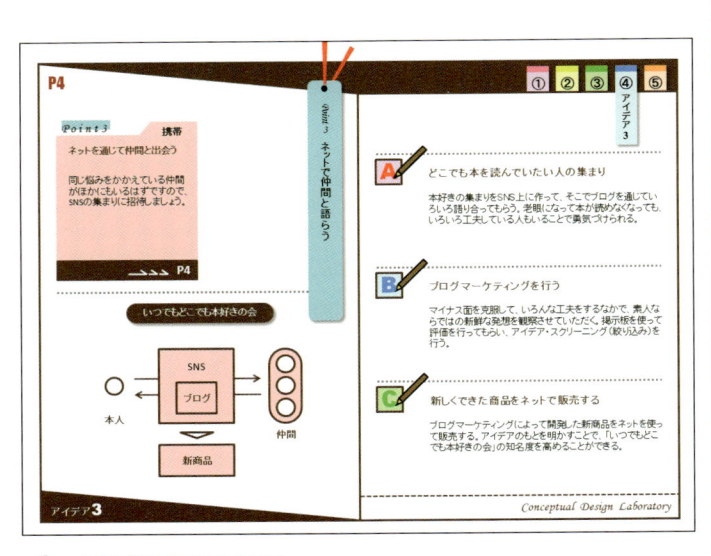

左上はファイリングのファイルの形であるが、1枚目で掲げた4枚をひとつひとつ取り上げる形になっている。マーカーを引いたような色を施してある。

4 コンセプト＋具体案　V（バリュー）は「仲間との交流」

本好きの集まりにブログのサービスを提供するというのが具体案であるが、社内的には、マーケティングに役立てて、データとして活かすのが目的である。

140

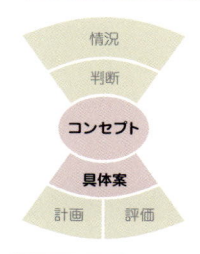

Design
本に描くので「鉛筆」のイラストを採用

右側のページの「A」「B」「C」という部分はそのままだとつまらないので、「鉛筆」のイラストを描いて斜めに入れた。すべてに「本」のイメージを踏襲している。

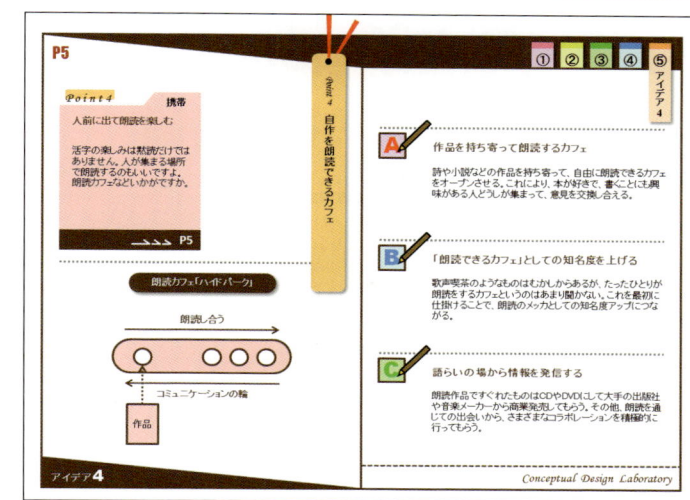

5 コンセプト＋具体案　V（バリュー）は「場の提供」

これも前ページと同じく活動の場を提供するということのほかに、マーケティングに活用し、かつ情報発信基地として活用していくという目的もある。

作成ポイント　ファイリングカードの作成法

ファイリングに使うファイリングカードのイメージも 2 つの図形を使えば簡単に自作することができる。ポイントは、上に出ている爪の部分（「フローチャート：手操作入力」という図形を使用）の形をきれいに整えることと、下の本体である四角形とうまくなじませる点にある。最後に「図形の塗りつぶし」と「図形の枠線」を同色に揃える。

完成イメージ

1 四角形を描いたあと、［フローチャート］から［フローチャート：手操作入力］を描く。

2 1 の後者の図形を選択し、［図形描画］の［配置］をクリックして［回転］→［左へ 90 度回転］と［上下反転］をクリックしたあと、ハンドルをドラッグして"ファイリングカード"の爪の部分になるよう成形する。

3 これを四角形の上の部分に配置し、［Shift］キーを押しながら両方の図形をクリックして選択し、2 と同様、今度は［配置］→［右揃え］をクリックする。

4 2 つの図形を選択し、［ホーム］タブの［図形描画］→［図形の塗りつぶし］→［その他の色］でピンクを、［図形の枠線］で［最近使用した色］のピンクを選択する。

PowerPoint 2002, 2003　▶▶▶　**P177**

ケーススタディ編　29

29 地域活性化企画書　　　　　　　　　　　　　　　　　　四辺を囲む型
不景気で落ち込んでいる地方の町の再生計画

STORY

少子高齢化、地方切り捨ての構造改革、郊外型大型ショッピングセンターの進出などで、かつて栄えた地方の中心街がさびれています。そこに一石を投じるため、地元の高校を舞台とした青春マンガを描いてもらい、それを映画化することで、観光の目玉にしようというのがこの企画案です。

なぜそれを企画するのか？　　　　　　　　　　　　　　　　　　　　PAV

PURPOSE　目的
- 中心街が空洞化した典型的な地方の町を舞台にマンガと映画を製作し、観光資源の見直しを図って、たくさんの人が旅行で訪れやすくする。
- マンガと映画の舞台とすることによって、地元の高校を中心とした活気ある町づくりをする。

AIM　目標
- マンガによって中学生から大学生まで、映画によって一般の人たちにまでこの町の良さを認知してもらうことができ、地味ながらすぐれた観光資源を持っていることをアピールしたい。
- 地元の高校に他県から志望する生徒を増やし、活性化の起爆剤としたい。

VALUE　バリュー
- 中央から見捨てられ、不景気のため自信を失った地元の住民に活力を与え、メディアに登場することで、1つの目標に力を結集することができる。
- 他の地区からの志望者がほとんどなく、学力が著しく低下したかつての進学校の悲惨な実態を変える契機となる。

どのようにそれを表現するか？　　　　　　　　P（プロット）**80 : 20** I（アイデア）

PLOT & **I**DEA　P&I

この企画は「地方共設計」という目的をどう展開して、現状の問題点を克服するかを順に見せていくもので、プロット思考の企画書である。流れも「現状の課題を提示し、魅力を再発見することで、このような企画が成り立ち、それにはいくらの予算を計上しなければならないか」と論理的に展開している。古い町並みをぼかして背後に入れたのはアイデア思考である。

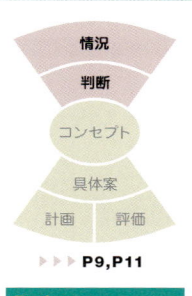

Design
上下左右のラインを揃える

このページではいろんな要素が入っているにもかかわらず、上下左右のラインはすべて整えられているので、見やすくなっている。ラインは補助線で整える。

1 情況＋判断　再生の可能性を探るのがP（目的）

地元の現状を町の声から探ることで問題点を浮き彫りにし、どのような点にもっとも力を傾ければいいかを、下の段に3つのポイントで列挙した。

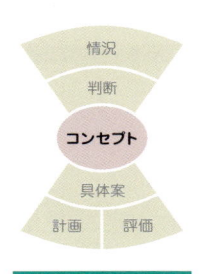

Design
広がるイメージで統一

6つの要素が1つに集約された部分にコンセプトがある、という概念図である。広がるイメージの背景の写真と同じようなデザインになっている点に注目。

2 コンセプト　V（バリュー）は再認識による自信

この町が保有する資産価値が、住民が考えているほど見劣りのするものではないことを再認識すべきである、という意味をコンセプトワードに託した。

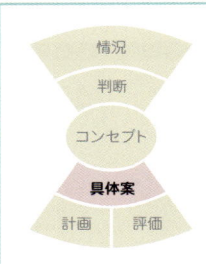

Design
アイキャッチャーになるアイコン

3つのイラストは、ひと目でそれとわかるようなアイコンにした。クリップアートでも構わないが、特定の色がついてしまうので図形で描いたほうがいい。

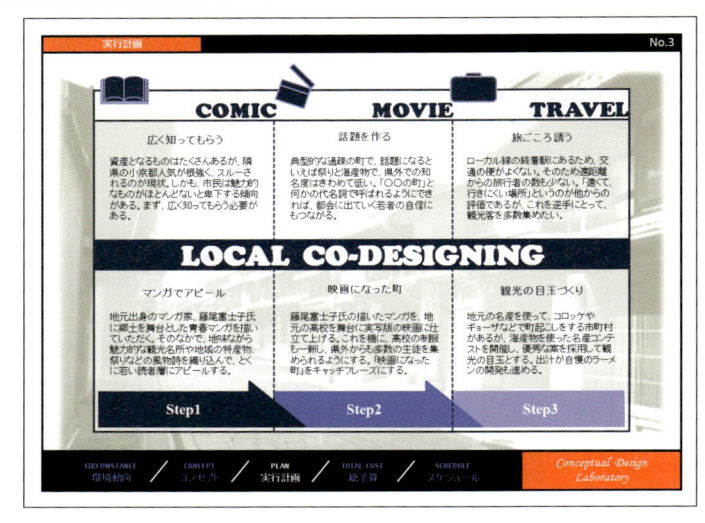

3 具体案　V（バリュー）は3ステップの連動性

「マンガ化」「映画化」「観光で再生する町」というシナリオを3つのステップで見せた。上段が方策で、下段はその結果得られる企画効果となっている。

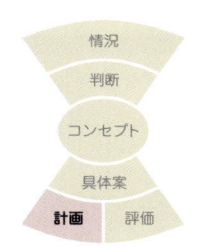

Design
背景を活かしたデザイン

「予算」の表現法といえば表であるが、ここでは背景の写真ができるだけ隠れないように、白と濃紺の正方形を組み合わせてふさわしい場所に配置した。

4 計画　A（目標）は予算案を通すこと

3つの案をすべて実行することで一定の効果が得られるので、それぞれいくらくらいかかり、どのくらいの費用対効果が期待できるかをこれで検討する。

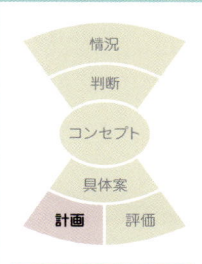

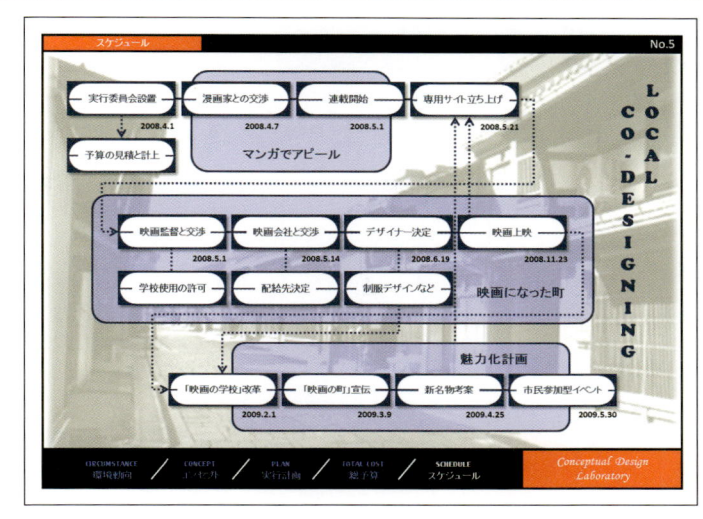

5 計画 A（目標）達成のシナリオ

実際に企画が通ったあとの実行計画をフローチャートで示した。各タスク（仕事のこと）の下には日付を入れて、シミュレーションをしやすくした。

Design
3つのスケジュールを3段に組んだ

3つの方策を順番に行っていこうという企画なので、日付が下についた四角形のフローを3段作って、スケジュールを順目で追っていけるようにした。

作成ポイント 「開いた本」の描き方

「書籍化する」「これは本に書かれている」など書籍／本に関することは企画書ではたびたび出てくるので（P033、P034を参照）、イラストをひとつストックしておきたい。前項のノートのような薄いものなら四角形と平行四辺形を使って描けるが、よりボリュームのある本を描きたい場合は「フローチャート：記憶データ」という図形を利用する。

完成イメージ

1 四角形を描き、［Ctrl］キーを押しながら右横上にドラッグしてコピーを作ったあと、右上のハンドルを左下にドラッグして縮小した四角形を描く。

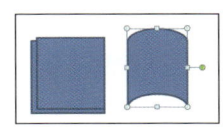

2 ［フローチャート］の［フローチャート：記憶データ］を描き、［図形描画］の［配置］をクリックして［回転］→［右へ90度回転］をクリックしたあと、上下の幅を四角形に揃える。

3 3つの図形を選択し、2と同様［配置］をクリックして［配置］→［右揃え］をクリックする。

4 選択状態のまま、右クリックをして［グループ化］→［グループ化］をクリックする。

5 ［Shift］＋［Ctrl］キーを押しながら右横にドラッグしてコピーを作って、同じように［回転］→［左右反転］をクリックする。

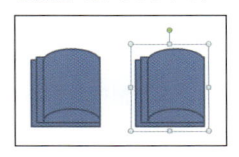

6 2つの図形グループの左右の端を揃えたあと、すべての図形をグループ化する。

PowerPoint 2002,2003 ▶▶▶ P178

ケーススタディ編 30

30 企業再生企画書　　　　　　　　　　　　　　　　　　　　四辺を囲む型

不祥事を起こした会社の内外プロモーション企画

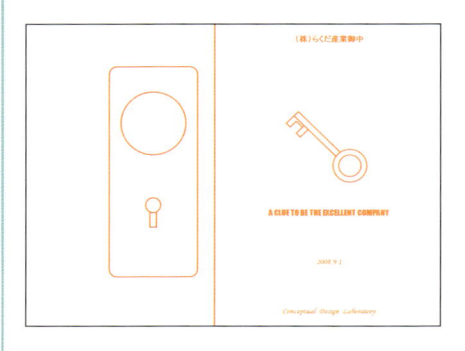

STORY

事業に手落ちがあって信頼を損ねた会社が再起を期すとき、どのような基本姿勢で臨み、社内に対してはどのように意識改革を行い、社外に対しては新聞広告などで再生の表明をするなどの方策が必要となります。これは外部の企画会社が行ったプレゼンで、文章主体の企画書例として参考にしてください。

なぜそれを企画するのか？　　　　　　　　　　　　　　　　PAV

PURPOSE 目的
- 信頼を回復するために、人心の刷新に努め、再起のための方針を示す。
- 揺らいだ社員の心を結集するため、全面的な協力をお願いする。
- 謝罪のあと、どのような考えで社会貢献していくつもりであるかを新聞広告を用いて、社外に対してわかりやすく説明する。

AIM 目標
- 旧態依然とした社風に「変」わる必要性と、業界内の横並びによる競争意識にとらわれず、人と違った「変」なことを恐れずにやる「変」革の意志を持ってもらいたい。
- 社会から再出発するチャンスを与えてもらい、見守っていてほしい。

VALUE バリュー
- 失敗から何を学んで、それをどう教訓に活かすべきかを考えたい。
- 戸惑う社員に自信を与え、積極的に仕事に精進していってもらいたい。
- 社会的に風あたりが強いなか、しばらく見守っていただき、寛容に対処してほしいことをメッセージの形で伝えたい。

どのようにそれを表現するか？　　　　P（プロット）10：90 I（アイデア）

PLOT & IDEA P&I

「文章型の企画書で必要事項を述べるもの」とは根本的に発想が異なり、読ませる文面＝「コピー」タッチを採用してある。フォントも表情のあるものを選び、大小のメリハリをつけて、どの部分をどう読んでほしいかを明確に示してある。また、極力ビジュアル的な要素を入れないで、文章でぐいぐい押していくものを目指している。アイデア思考のひとつの典型である。

ケーススタディ1箇

30

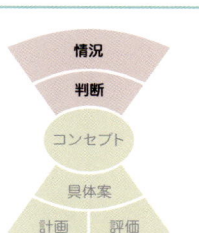

情況
判断
コンセプト
具体案
計画　評価

▶▶▶ P9,P11

Coloring
オレンジ色単色の
インパクト

いろんな色を派手に
使ったほうがインパク
トがあると思うかもし
れないが、単色でも
これだけのインパクト
がある。フォントの
選び方と空間の使い
方がポイント。

「変」を恐れていませんか？

　「変なひとをみかけたら、１１０番」という標語があります。あるいは、ちいさな子が指さして、「あのひとへん」といいます。親も変だと心で思いながら、「あっち行きましょう」といいます。

　「変なひと」っていったい誰のことでしょう。

　出口の見えない不景気に、過剰なノルマ、ギスギスした人間関係で、日本の会社社会はとても疲れています。社員は「人と違う」ことを恐れ、結果だけを追い求めて、仕事に喜びを見出せなくなっています。

　ですが、人間のおもむくところ、それは「楽」です。「楽」は「楽しい」ことでもあり、御社のお客様は、みんな「楽しい」ことをこの世で求める人たちのはずではないでしょうか。

　「変」であることを、ここでもう一度見直そう、
というのが今回の提案です。

1/5
Conceptual Design Laboratory

1　情況＋判断　P（目的）は気づきの大切さ

不祥事を起こした企業を外部からバックアップする立場なので、直接的な言葉で批判せず、問題点の本質はどこにあるのかをやわらかく問い掛けている。

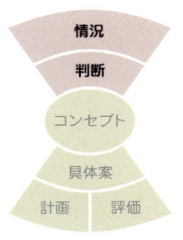

情況
判断
コンセプト
具体案
計画　評価

Design
記号を効果的に
用いる

大きく入れた２つの
フレーズで、「どのよ
うなことが書かれて
いるのだろう」と興
味を引かせる見せ方
をした。斜線入りの
「＝」と、「→」記号
が効いている。

変 ≠ おかしい

　商品がモノであるなら、モノの数をたくさん売ったものが勝者になります。ライバル会社から利益を奪ったほうこそが勝者です。

　ところが考えてみてください。お客さまというのはどちらが勝ちとか、モノそのものではなく、モノに「有難い」体験を求めているということを。「有難い」体験をさせてくれた会社に「ありがとう」というのです。

　「有難い」は、「ほかにはない」ということです。つまり、どこか違う＝「変」だということです。「変」を恐れないでください。「変」は「おかしい」と思われるかもしれませんが、

おかしい → 楽しい

　でもあるのです。「変」であることを、愚直に追い求めることがいま求められていることではないでしょうか。

2/5
Conceptual Design Laboratory

2　情況＋判断　P（目的）は常識を疑うこと

上記の１枚目を受ける形で、キーワードでいうと「変」「おかしい」「愚直」を縦糸に、常識にとらわれず、いまこそ意識改革のときであると訴えている。

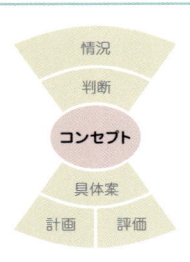

Design
最小限の内容でインパクト

文章にインパクトをつけるには、できるだけ短い単語で大きく見せる。単語と単語の結合の新鮮さが生きている。フォントサイズは最大の96ポイント。

そこで、キャッチフレーズは、

愚直礼賛。

愚直になって、「変」を恐れず、
「変」を創造しよう、ということです。

3/5
Conceptual Design Laboratory

3 コンセプト V（バリュー）はインパクト

ここまでの3枚の関係は「序論、本論、結論」にあたる。コンセプトワードとしての意味も大切だが、ガツーンとくる内容をインパクトで伝えることが重要。

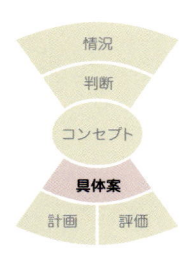

Design
インパクトのあるフォントの選び方

こうした見せ方は手書き風にしてインパクトを出す。フォントを選ぶとき、明朝体のほうが手書きに近いように思えるが、意外と文字の表情は硬い。

「変」な人になろう。

生物界で「変態」というと、卵から孵化したあと、成体になるまでいくつも姿を変えることを意味します。「変態」は大きく成長するのに欠かせないプロセスなのです。

「変態」は「変」と「態」と書きます。成長するためには「態」を変えていかなければならない、というのが自然の摂理だということです。

会社は建物の名前でも、特定の人がいる「状態」でもありません。集まって、そこで成長する人によって刻々、変わっていくものです。その成長には、みなさんの「変」な力を必要とするのです。

「変」と人から言われると「引く」かもしれません。しかしいまこそ「変」の力を集めて「変身」していかなければならないのです。

らくだ産業は、みなさんの「変」の力で
変身したいと考えています。

4/5
Conceptual Design Laboratory

4 具体案 インナープロモーションがA（目標）

社員のなかには戸惑い不安になる人もいるだろうが、そういう人たちに向けて再出発の決意を理解してもらい、賛同を得られるかが大きなポイントとなる。

ペテン師のなかにも天使はいる。

あるところに「ペテン師」がいました。通りを歩いていると、向こうから変な人が近づいてきます。「ペテン師」はいらいらします。しばらくすると、また変な人に出会います。3人目でようやく、「ペテン師」は気づきました。3人とも同じ顔で、それは「ペテン師」の顔そのものだということに。

そのとき「ペテン師」は悟ったのです。ここが「あの世」で、自分自身をあざむいてきたために、このような仕打ちを受けなければいけないことを。

その後も自分の影にさいなまれた「ペテン師」は、深く悔恨します。そして、これからは、あざむいてきた「この世」のために何かをしたい、と望みました。

人は、どうしても嘘を言わなければならないときがあります。しかしときとして、口を突いて、正直にほんとうのことを言ってしまうこともあります。実はそれ、「ペテン師」の善意のペテンのしわざ、なのかもしれません。

ほら、見えてきましたか。「ペテン師」のなかにも「天使」はいます。

わたしたちは、もう一度、ペテン師の愚行のことを考えたいと思います。

人は、遠まわりしたほど、人にやさしくできる、と信じて。　らくだ産業

Conceptual Design Laboratory

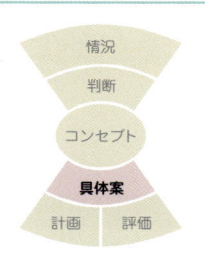

Design
新聞広告をイメージした紙面

これは新聞広告を想定し、企業からのメッセージを伝えるものになっている。ここだけイラストを入れてあるのは、本文内容が物語形式だからである。

5　具体案　社会的信頼回復が A（目標）

「愚直礼賛」という社内のコンセプトを社会的に理解してもらい、再出発していきたいという新聞広告案。4枚目が社内で、こちらは社外向けとなっている。

作成ポイント　ページのめくれた部分に数字を入れる

この企画書は5枚で構成されているが、ノンブルはページのめくれた部分を利用して入れてある。これは正方形の上に同サイズの直角三角形を組み合わせたもので、各ページに同じものを配置するには、テキストボックスを使って数字を乗せたあと「数字入りの図形」を各ページ上でコピー&ペーストし、あとから数字だけを書き換えるという方法をとる。

完成イメージ

1. 適当なサイズの四角形（正方形）と直角三角形を描く。

2. 直角三角形を選択し、［図形描画］の［配置］をクリックして［回転］→［左右反転］をクリックする。

3. 1で描いた四角形の色を白にしたあとダブルクリックして、［書式］タブの［サイズ］の［図形の高さ］の値を直角三角形の［図形の高さ］と［図形の幅］にコピー&ペーストする。

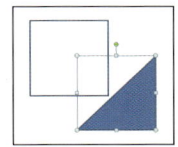

4. 2つの図形を選択し、［図形描画］の［配置］をクリックして［配置］→［左右中央揃え］と［上下中央揃え］をクリックする。

5. 選択状態のまま、今度は右クリックをして［グループ化］→［グループ化］をクリックする。

6. ノートに見立てた四角形と、この図形とを選択して、今度は［右揃え］と［下揃え］をクリックする。

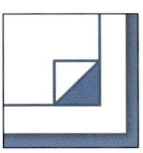

7. 最後に、図形の青色をオレンジ色に変え、「1」から「5」までの数字を、テキストボックスを使って入力する。

PowerPoint 2002,2003　▶▶▶　P178

ケーススタディ編　31

ゲームソフト企画書　　　　　　　　　　　　　　　　　　　2辺にバー型

31 鼻歌を演奏し指揮できる複合的音楽ゲームソフト

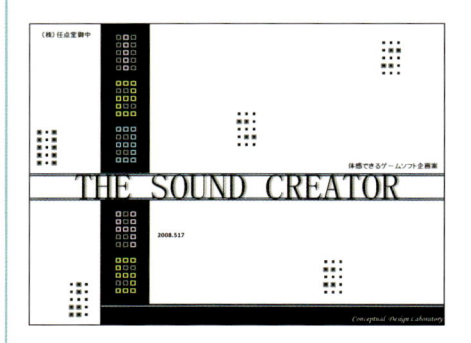

STORY

ゲームソフトのジャンルで希望するものを成人を対象に聞いたところ、12.6％の人が音楽ソフトと答えました。生の声を拾ってみたら、いっしょに演奏したり、オーケストラを指揮してみたいといいます。そこで携帯と据え置き型の両方のゲーム機で音楽ソフトの企画を立ててみました。

なぜそれを企画するのか？　　　　　　　　　　　　　　　　　　PAV

PURPOSE 目的
- 音楽ソフトを希望する人の数では4番目だが、12.6％は割合として多いのでこの分野で製品化をして、ビジネスチャンスを見出す。
- バンド経験者や、楽器を演奏してみたいという人、オーケストラを指揮する醍醐味を味わってみたい人など、潜在的願望に応える。

AIM 目標
- 仮想のバンド仲間を集めて演奏をする、あるいはたくさんの演奏者に指揮をする、というソフトは他社からまだ発売されていないので、いまのタイミングで出して注目を集めたい。
- 携帯型で45,000本、据え置きゲーム機で57,000本を目標とする。

VALUE バリュー
- 音符が書けない人でも鼻歌から音符にできたり、自作の歌をバンドを組んで演奏したり、オーケストラを編成して指揮をしたり、といった音楽の楽しみをぞんぶんに味わってもらえる。
- 音楽を発想したり、指揮で身体を動かすのは脳にも健康にも良い。

どのようにそれを表現するか？　　　　　　　P（プロット）80：20 I（アイデア）

PLOT & IDEA　P&I
アンケートと生の声を拾って得た感触から「5W1H法」を使って、製品の特徴を絞り込み、どのようなものがふさわしいかを提示し、さらに販売促進と予算、商品化のスケジュールまでをカバーした。商品の開発企画としてはもっとも基本的なものでプロット思考である。アイデアとしては、デジタルサウンドを意識してデジタル表示の数字を入れるなど、ソリッドでとんがった印象に仕上げてある。

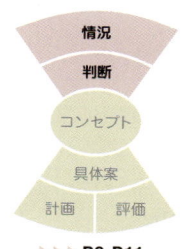

ケーススタディ鑑

Coloring
青色と黄色のダブルバランス

枠取りはシックな黒であるが、音楽の楽しい雰囲気を出すため青色と薄い黄色のダブルバランスで構成し、強調色にはマゼンタ（濃いピンク）を用いた。

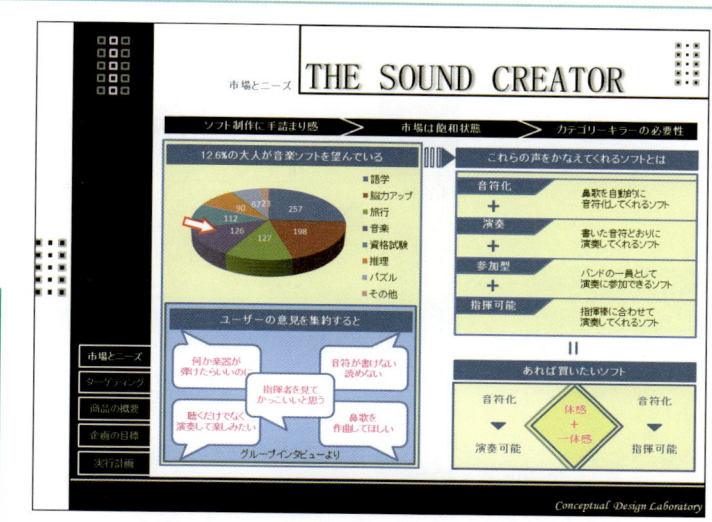

▶▶▶ P9, P11

1 情況＋判断　P（目的）はニッチ市場の開拓

アンケート結果と面接法によって得られた代表的な意見から、ソフトの方向性を掲げ、「体感・一体感」というコンセプトの"前フリ"を行っている。

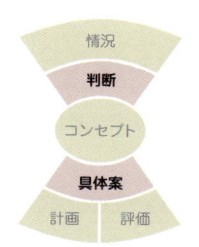

Design
「ホームベース」の図形を加工する

野球で使う「ホームベース」の五角形は、そのまま使うといかにも図形らしい堅さが出てしまうので、この例のように二重線にしたり、影をつけたりするといい。

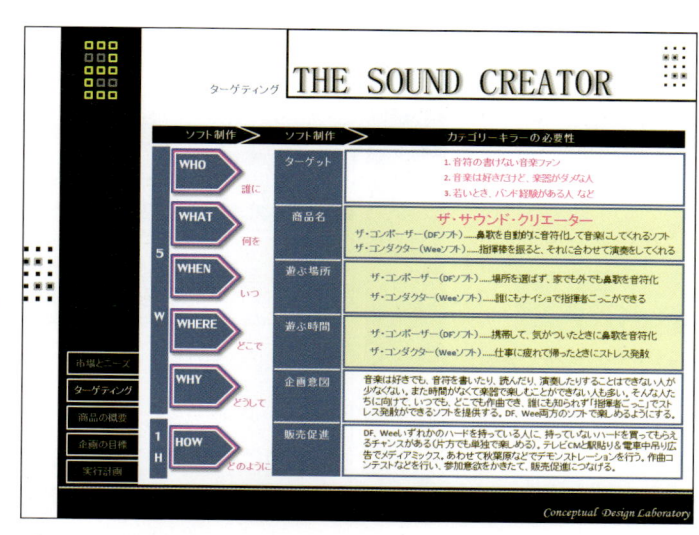

2 判断＋具体案　P（目的）は製品の絞り込み

1枚目で明らかになった消費者の希望をかなえるソフトを「5W1H法」で明らかにしようとしている。この方法はいろんなケースで活用することができる。

ケーススタディ編 31

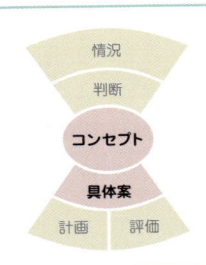

Design
クリップアートを使用する

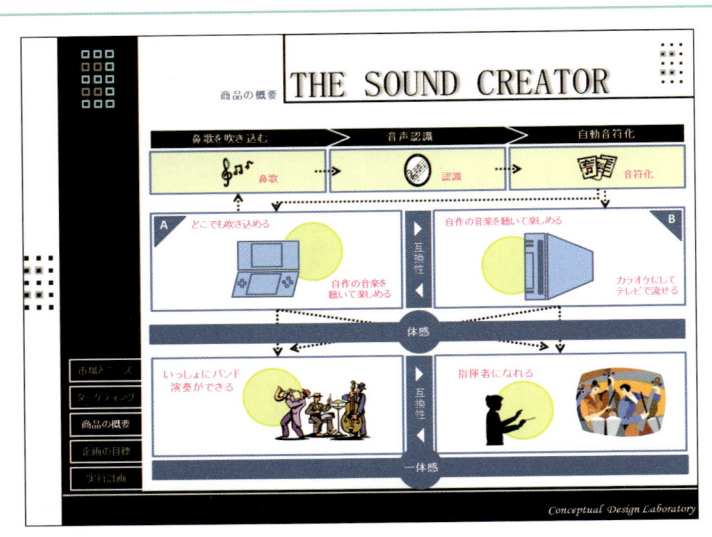

説明しなくても絵を見ればわかる、というのが上手な見せ方である。この例のように流れで見せるものはとくに効果的である。必要なものは図形を使って描く。

3 コンセプト＋具体案 大人でも楽しめることがV（バリュー）

1枚目で前フリをした「体感・一体感」というコンセプトを軸に、2種類のソフトはどのような使い方をし、どう関連づけられるのかをフローで説明した。

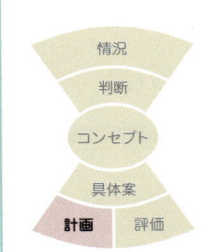

Coloring
色を散らしてバランスをとる

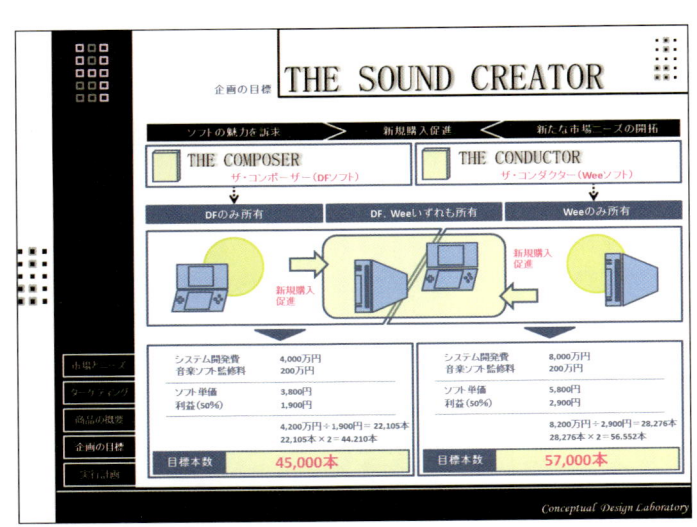

この作例のように、マゼンダを入れて3色を使用すると決めたら、企画書中の1ヵ所に片寄らず、できるだけ離れた位置に散らして入れるようにしたい。

4 計画 A（目標）は購買意欲の促進

2つのソフトは連動していて、2種類のハード機器のいずれかを持っていない人の購買意欲を促進するのがこの企画の狙いであることを表現している。

ケーススタディ編

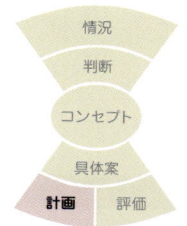

Design ガントチャートが効果的

同時進行で作業が進み、相互に関連性があるときには、月別の進行情況がわかりやすいガントチャートが効果的。表は交互に色づけするときれいに見える。

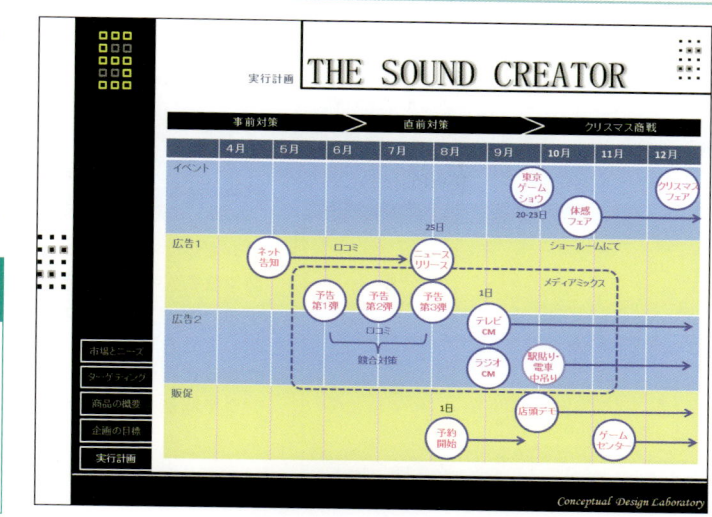

5 計画 A（目標）達成のスケジュール

9月のゲームショウに向けて、メディアミックスによって漸進的に露出させ、効果的にターゲットに訴求すべきである、というのがこのスケジュールである。

作成ポイント 人から聞いた意見を表す吹き出し

グループインタビューなどで聴取した意見から、代表的なものをピックアップするケースで使えるのが、こうした吹き出しによる表現法である。作り方は、最初に吹き出しを適当な形に成形し、そのコピーを作って「左右反転」と「上下反転」を行う。図形内のテキストはテキストボックスを使って、同じくコピーしながら重ねていって、内容を書き換える。

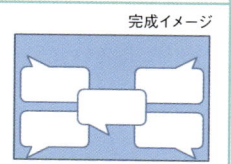

完成イメージ

1 ［角丸四角形吹き出し］を描き、黄色の調整ハンドルをドラッグして突起部分を適当な形に成形したあと、［ホーム］タブの［図形描画］→［図形の塗りつぶし］で白を選択する。

2 ［Shift］＋［Ctrl］キーを押しながら右横にドラッグしてコピーを作る。

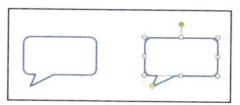

3 ［図形描画］の［配置］をクリックして［回転］→［左右反転］をクリックする。

4 ［Shift］キーを押しながら2つの図形をクリックして選択し、［Shift］＋［Ctrl］キーを押しながら上にもドラッグして、合計4つの角丸四角形吹き出しを作る。

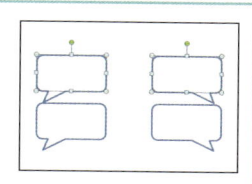

5 上の2つの図形をクリックして選択し、［図形描画］の［配置］をクリックして［回転］→［上下反転］をクリックする。

6 右下の図形を選択して［Ctrl］キーを押しながら中央にドラッグして、5つ目の角丸四角形吹き出しを作成する。

PowerPoint 2002, 2003 ▶ ▶ ▶ **P179**

ケーススタディ編 32

32 カリスマモデルを使ったテレビCM撮影案

テレビCM企画書　　　　　　　　　　　　　　　　　　四辺を囲む型

STORY

これまでマーケティングリサーチといえば、年齢や性別、年収別などの変数で市場を細分化するマーケット・セグメンテーションの考えを採用してきましたが、ここではカリスマモデルを先導役に、個人主導のパーソナル・マーケティングで商品づくりを考えようとしています。

なぜそれを企画するのか？　　　　　　　　　　　　PAV

PURPOSE　P　目的
- 従来のマーケティング手法では平均的な顧客像をマスでとらえていたが、ライフスタイルの多様化に加え、変化の著しい消費者ニーズはますます把握しづらくなっているので、考え方を抜本的に見直す必要がある。
- 雑誌でカリスマモデルが着ている洋服が売れる傾向をうまく利用する。

AIM　A　目標
- 来店してもらうお客様に望まれる商品を提示し、"取りこぼし"のないようにしたい。
- カリスマモデルを使ったCM展開で、同世代に対してイメージアップを図り、共感できる店舗と商品構成で費用対効果のある打ち出しをする。

VALUE　V　バリュー
- カリスマモデルの意見で作られた洋服と、海外でセレクトしたアクセサリー類を実際に身に着ける喜びを味わうことができ、外出や街歩きが楽しいものになる。
- 当社のイメージアップをさりげなく印象づけることができる。

どのようにそれを表現するか？　　P（プロット）40：60 I（アイデア）

PLOT & IDEA　P&I

カリスマモデルを使った海外ロケによるテレビCMが企画の中心なので、薄いグレーの「フィルム」の形を背景に敷いた。デザインはポップでキュートなイメージで、原色を大胆に使ってある。各ページの項目タイトルの部分にも女の子の企画らしくトランプのハートなどのマークをあしらってある。見た目の印象ではアイデア思考寄りだが、プロットに忠実な企画書となっている。

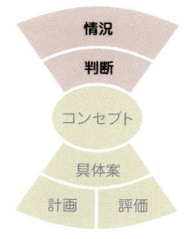

情況
判断
コンセプト
具体案
計画　評価

▶▶▶ P9, P11

Coloring
カラフルな紙面を予告するページ

「星印＋トランプの絵柄」で採用した5色による非常にカラフルな企画書である。このページではそのすべてを見せて以下の企画内容の「予告編」となっている。

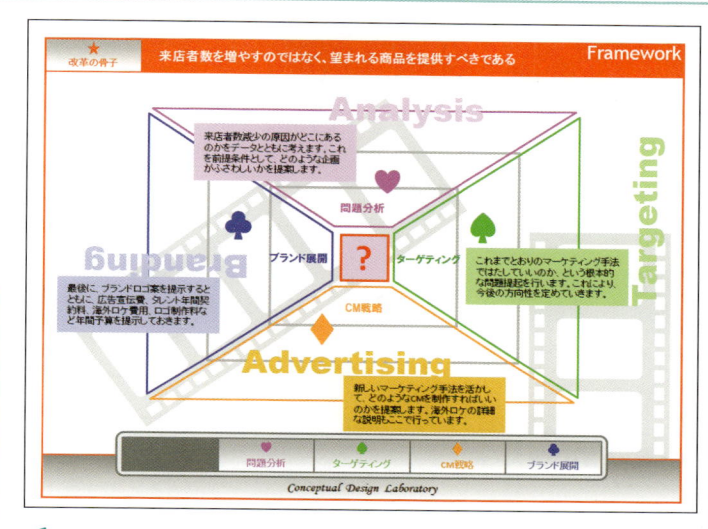

1 情況＋判断　企画の内容予告がP（目的）

これは企画の前提条件をまとめたもので、位置づけとしては続く企画内容のOverview（展望）となっている。色分けにしたがって4つのパートが展開する。

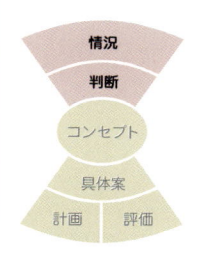

情況
判断
コンセプト
具体案
計画　評価

Design
さみしい背景にシルエットを描く

ハートに割り当てたピンクが最初の色である。単色だと単調な印象を与えるので、背景に「フィルム」のイラストを2点入れて、紙面全体を引き締めている。

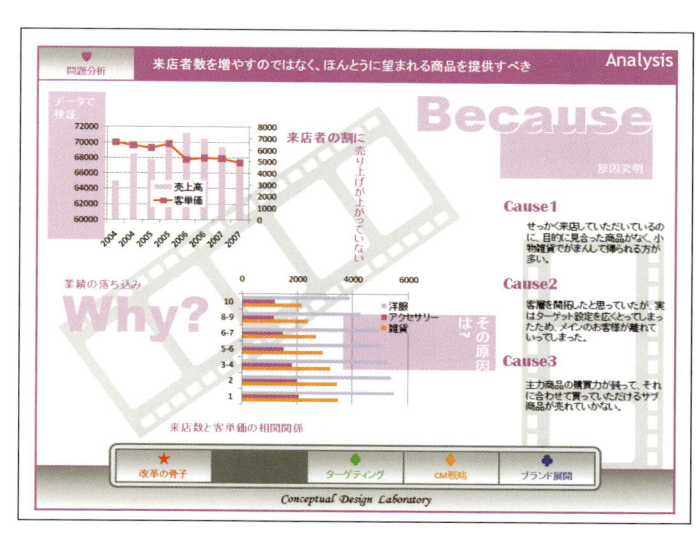

2 情況＋判断　P（目的）は原因究明と課題提起

来店者のデータを調べると、思うように客単価が上がっていないとわかった。ターゲット層を広く設定してしまった点に問題があると結論づけている。

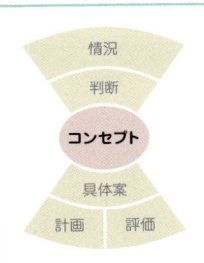

Design
**マークと項目タイトル
が上に掲げられる**

ここでは緑色が割り当てられたスペードであるが、下のスペードマークと項目タイトルが左上に掲げられ、取り出した部分がブランク（空白）になっている。

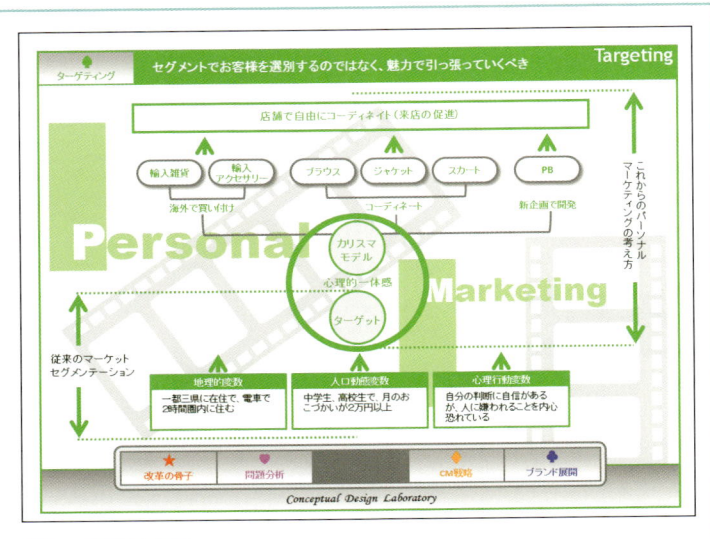

3 コンセプト　発想の大胆な転換がV（バリュー）

従来の伝統的なマーケット・セグメンテーションによる商品開発から、カリスマモデルが主導するパーソナル・マーケティングへの転換を提起している。

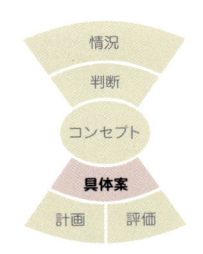

Design
**大きな数字で
流れを見せる**

左から右への流れを見せるとき、テキスト入りの図形を矢印で結びたくなるが、このように数字を大きく入れると、どのように読めばいいかを明確に示せる。

4 具体案　V（バリュー）は親近感による共感

カリスマモデルが商品の買い付けに海外の雑貨店に行くなど、テレビ CM をどう展開していくかを列挙したもの。全4回はストーリー仕立てになっている。

ケーススタディ 32

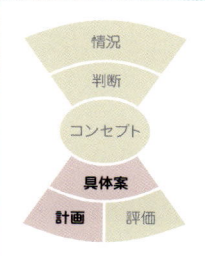

スライド例

ブランド展開 / カリスマモデルを使った強力なブランド展開のために必要な予算 / Branding

契約料 / ブランド名 / Contract / 予算

I ♡ ME / Self fish / Brand Name

	CM制作費	契約料	広告宣伝費
	CM撮影料（4回）ビデオ撮影料 ヘアメイク スタイリスト スタジオ使用料 謝礼金（5名）1000万円	贅沢由利さん 年間契約料 1億2000万円	ブランドロゴ制作料 200万円
	ロケ費用（4回）旅費 宿泊費 コーディネーター料 800万円	海外諸費用 500万円	広告料 テレビCM 雑誌広告 中吊り広告 8500万円
	1800万円	1億2500万円	1億0500万円

全体予算　2億4800万円

改革の骨子 / 問題分析 / ターゲティング / CM戦略

Conceptual Design Laboratory

Design
ロゴを自作する

左上に掲げた「I love ME」「Self fish」というネーミングのロゴはもちろんまだない。こういうときにはイメージに近いものを適当なフォントと図形で自作する。

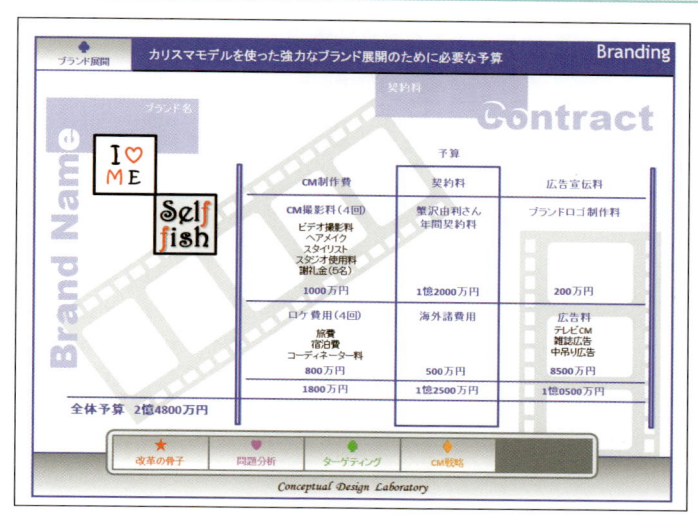

---

5 具体案+計画　A（目標）は費用対効果の検証

ブランドネーミング案とロゴ案を提示し、これらすべての企画を実行に移した場合の広告宣伝費を見積りの形でまとめた。これで費用対効果を検証する。

作成ポイント　フィルムのシルエットの描き方

完成イメージ

映画やCMが企画の題材のときには、薄いグレーのフィルムのイラストをバックに敷くと効果的である。作成は、縦長の四角形の上に角丸四角形を置いていき、均等なアキになるよう並べるだけでそう難しくはない。サイドの穴に使う角丸四角形は5つくらいをグループ化したうえでコピーを作り、それらを均等に配置すると作業は簡単にすむ。

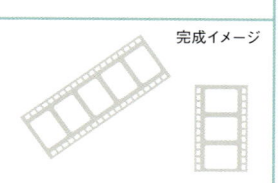

1 四角形を描き、その上に角丸四角形を適当な間隔に5つコピーを作る（前項を参照）。

2 ［Shift］キーを押しながら5つの角丸四角形をクリックして選択し、［図形描画］→［配置］をクリックして［配置］→［上下に整列］をクリックする。

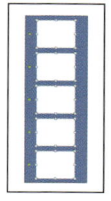

3 同じように5つの角丸四角形を選択し、右クリックをして［グループ化］→［グループ化］をクリックする。

4 グループ化された5つの角丸四角形と下に敷いた四角形を選択して**2**と同様［配置］→［上下中央揃え］と［左右中央揃え］をクリックする。

5 サイドの小さい穴も5つくらいの角丸四角形を上下に並べ、同じ要領で等間隔に並べたあとグループ化する。それを3回コピーして4つのグループを均等に配置する。

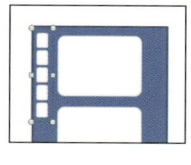

6 傾きをつけたいときには、**3**の作業と同様、すべての図形をグループ化したあと、緑色の回転ハンドルをドラッグして行う。

PowerPoint 2002, 2003　▶▶▶　P179

ケーススタディ編　33

企画を通す会議進行録

33 企画をスムーズに通すための会議進行のシナリオ

上下にバー型

File #2357

Conceptual Design Laboratory

DATE & PLACE
2008.9.12
13:00～14:30
第2会議室

MEMBER
岡田武志 CEO
中村俊助企画室長、松井大介営業部長、
中村憲吾開発部長

PRESENTER
竹島愼一郎

Insight & Vision

STORY

会議中に初めて案件を見て、議論に移るということほど非効率的なことはありません。また根回しをしてすでに決まっている案件について人がわざわざ集まる必要もありません。これは会議の案件を明確にし、「いつまでに何を行うべきか」を的確に遂行するためのツールです。

なぜそれを企画するのか？　　　　　　　　　　　　　　PAV

PURPOSE / P / 目的
- 会議を行ううえで、最低限どのようなことを遂行すべきかをこの会議進行録によって明確にする。
- これを提示された側は、「誰が」「いつまでに」「何を」「どうすべきか」に絞って決定を下し、提示した側はそれにしたがって明確な行動をとる。

AIM / A / 目標
- 長時間にわたる会議、ポイントが明確でない会議、終着点がはっきりしていない会議などを排除して、建設的な意見の交換を短時間で行いたい。
- 議題を明確にして、何と何をどうしてほしいのかを列挙して、短時間で決裁までもっていきたい。

VALUE / V / バリュー
- 貴重な時間を使って行う会議を、生産的なものにすることができる。
- 企画の提案の場合、それでいけるかどうかを事前に手ごたえをつかんでから会議に臨むことができる。
- 会議の方法論が確立することで、人心の統一を図ることができる。

どのようにそれを表現するか？　　　　　　P（プロット）90：10 I（アイデア）

PLOT & IDEA / P&I
効率的な会議をするには、議論したい内容を概要として述べ、時間内に決定したい項目を列挙し、データとそれに関するコメント、企画内容と簡単な説明、そして最後に決定したことについて「誰が」「いつまでに」「どうするか」（プロット）を記載する、という手順をとる。それをツールにしたものだが、デザインを施すことによってポイントがより明確に目に映る。

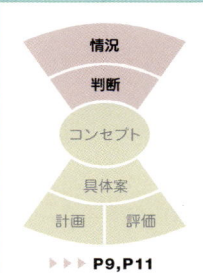

ケーススタディ1 鑑

情況
判断
コンセプト
具体案
計画　評価
▶▶▶ **P9, P11**

Coloring
緑色の濃淡で構成

使用されているのは濃い緑色と、それを淡くした左側の薄緑色、それに上下のラインに使われた黄色がかった緑色という、単一色の濃淡で構成されている。

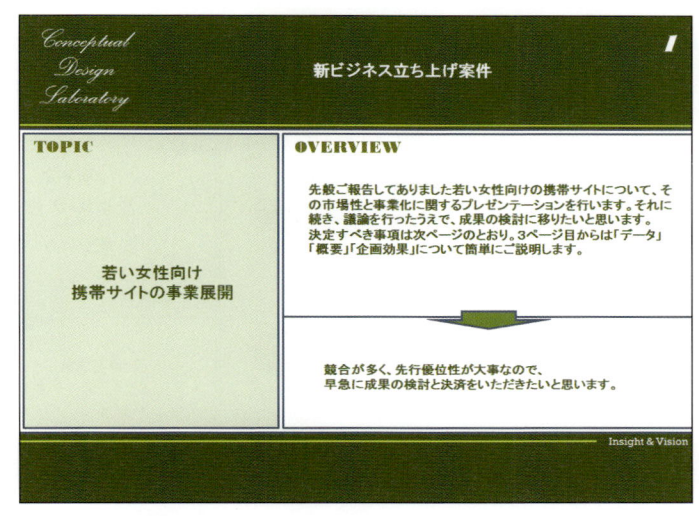

Conceptual Design Laboratory

新ビジネス立ち上げ案件 ***1***

TOPIC

若い女性向け
携帯サイトの事業展開

OVERVIEW

先般ご報告してありました若い女性向けの携帯サイトについて、その市場性と事業化に関するプレゼンテーションを行います。それに続き、議論を行ったうえで、成果の検討に移りたいと思います。
決定すべき事項は次ページのとおり。3ページ目からは「データ」「概要」「企画効果」について簡単にご説明します。

競合が多く、先行優位性が大事なので、
早急に成果の検討と決済をいただきたいと思います。

Insight & Vision

1 　情況＋判断　**議題が何であるかを提示する**

1枚目はトピックスが何で、議題に取り上げていただく企画内容がどのようなものかを見てもらうページで、大枠を Overview（展望）として提示してある。

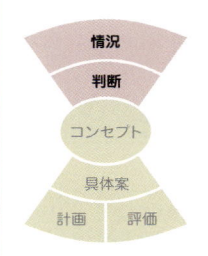

情況
判断
コンセプト
具体案
計画　評価

Design
言葉に集中するためのデザイン

書かれていることは、ふつうの企画書の箇条書きと変わらなくても、紙面構成をデザイン的に切り取ることで、そこに書かれた文字に意識が集中しやすくなる。

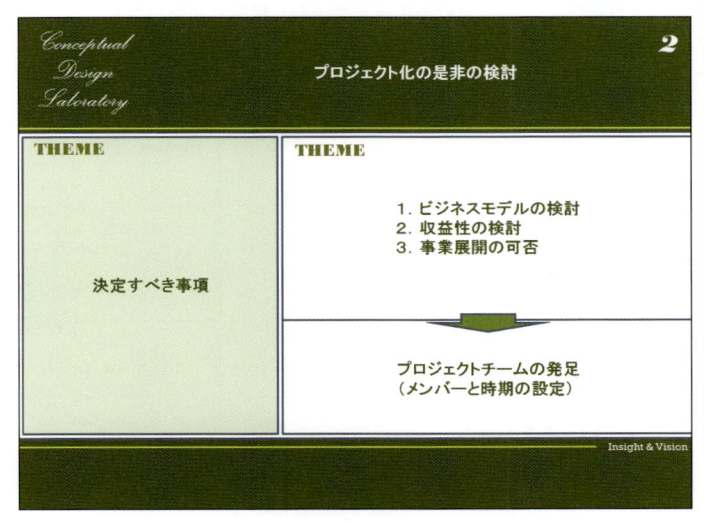

Conceptual Design Laboratory

プロジェクト化の是非の検討 ***2***

THEME

決定すべき事項

THEME

1. ビジネスモデルの検討
2. 収益性の検討
3. 事業展開の可否

プロジェクトチームの発足
（メンバーと時期の設定）

Insight & Vision

2 　情況＋判断　**必要最小限の決定事項を明示する**

1枚目の議題で、必要最小限、どのようなことを決定すべきであるかを3点くらいに絞って列挙する。上記とあわせこれら2枚により会議の前提が整った。

ケーススタディ編　33

情況 / 判断

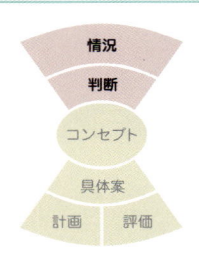

Design
データ→コメント→結論

このページは「データを見せて、そこでもっとも言いたいことをコメントし、結論を述べる」というパターンが確立されているため、会議中の議論も進めやすい。

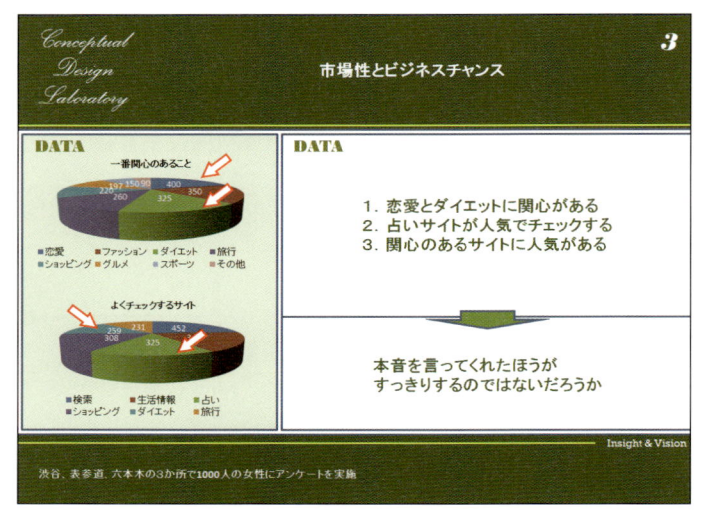

Conceptual Design Laboratory　3

市場性とビジネスチャンス

DATA 一番関心のあること
- 恋愛
- ファッション
- ダイエット
- 旅行
- ショッピング
- グルメ
- スポーツ
- その他

よくチェックするサイト
- 検索
- 生活情報
- 占い
- ショッピング
- ダイエット
- 旅行

DATA
1. 恋愛とダイエットに関心がある
2. 占いサイトが人気でチェックする
3. 関心のあるサイトに人気がある

本音を言ってくれたほうが
すっきりするのではないだろうか

Insight & Vision

渋谷、表参道、六本木の3か所で1000人の女性にアンケートを実施

3　情況＋判断　データを持ち出してコメントする

最小限の枚数で会議の資料とするには、1. 客観的な事実を示すデータを提示し、2. それに関してコメントを簡潔に行う、というのが効率的な方法である。

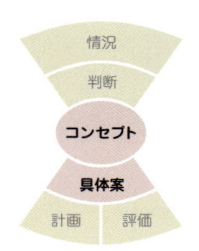

コンセプト / 具体案

Design
イメージ→コメント→結論

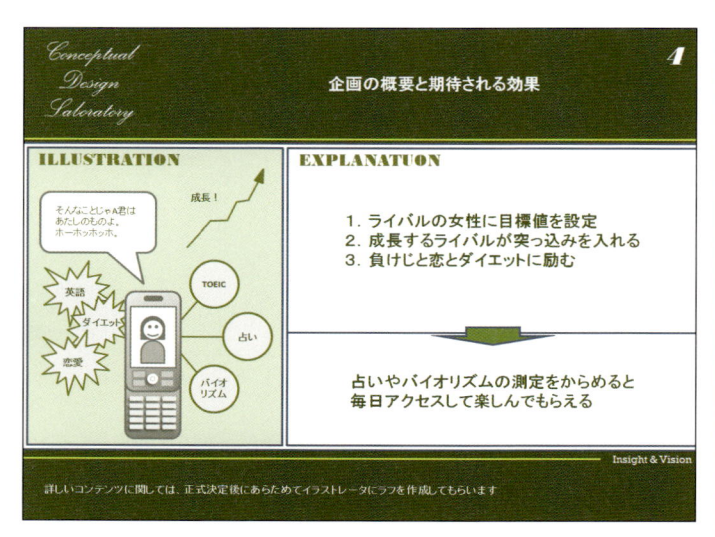

これも商品としてイメージしている絵を見せ、ポイントを3点挙げて説明し、結論を述べている。列挙は3つという数で提示するのがもっともふさわしい。

Conceptual Design Laboratory　4

企画の概要と期待される効果

ILLUSTRATION
そんなにとじゃA君はあたしのものよ、オーホッホッホ。
成長！
英語 / TOEIC / ダイエット / 占い / 恋愛 / バイオリズム

EXPLANATUON
1. ライバルの女性に目標値を設定
2. 成長するライバルが突っ込みを入れる
3. 負けじと恋とダイエットに励む

占いやバイオリズムの測定をからめると
毎日アクセスして楽しんでもらえる

Insight & Vision

詳しいコンテンツに関しては、正式決定後にあらためてイラストレータにラフを作成してもらいます

4　コンセプト＋具体案　イラスト入りで概要を説明する

企画した内容を、できればこのようにイラスト入りで見せて、具体的なイメージを持ってもらい、それがどのような意義があるのかをコメントする。

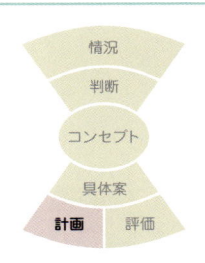

Design
3点進行の
フォーマット

この企画書はどのページも3つのエリアに分けて、「左→右上→右下」と見られるように設計されているので、視線に無駄がなく、目的に集中しやすい。

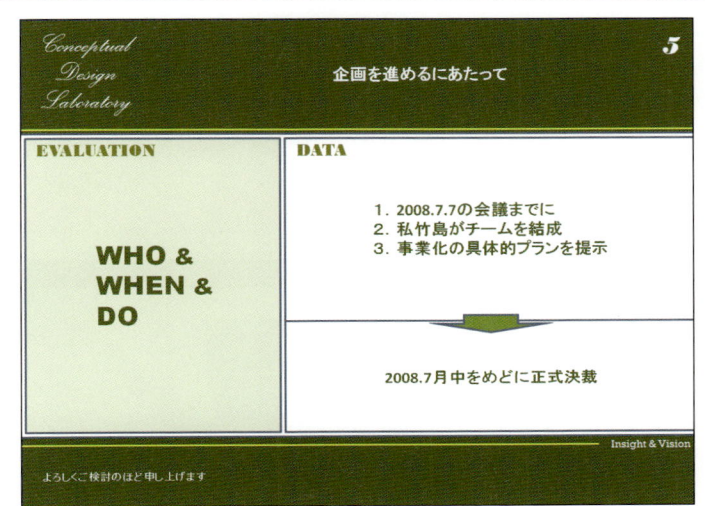

5 　計画　かならず実行することを約束する

「誰が」「いつまでに」「何を」行うのかを明記して、1枚目と2枚目の帰結とする。会議は「つぎにつながる約束をする場」であることを明確にしておく。

作成ポイント　**黄金比に分割してきれいに見せる**

古来、もっとも美しいとされる比率を黄金比といい、その近似値は 1:1.618 である。この企画書フォーマットは黄金比による黄金分割にこだわって作成されている。まず下と上の濃い緑の部分が 1:1.618 の比率になっていて、残る中央のうち、左と右のエリアが 1:1.618、さらに右側のエリアの下と上の四角形も 1:1.618 の比率で構成されている。

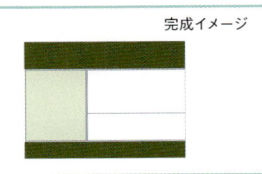

完成イメージ

1. 画面の上に四角形の帯を描き、ダブルクリックをして［書式］タブの［サイズ］の［図形の高さ］を「4.45」とした。

2. x：4.45 ＝ 1：1.618 で x の値を求めると「2.75」となるので、四角形を［Shift］＋［Ctrl］キーを押しながら下にドラッグしてコピーを作ってから、［サイズ］で［図形の高さ］の値に「2.75」と入力する。

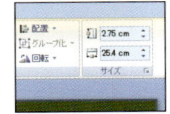

3. 画面のヨコのサイズは 25.4 cm なので x：25.4 ＝ 1：2.618 の値を出すと約 9.7cm で、これを左側のエリアとすると、右側は 15.7 cm となる（枠取りがあるので実際にはその近似値となる）。これを左右に作った四角形に割り当てる。

4. 同様に、右側のエリアの上下は 11.48 cm なので 1:1.618 は約 4.38 cm と 7.1 cm となるので、上下に作った四角形に割り当てる。

PowerPoint 2002, 2003　▶▶▶　P180

ケーススタディ編で自作したイラスト集

作成ポイント編

PowerPoint 2002,2003の操作法

MAKING POINT

作成ポイント編　PowerPoint 2002,2003

01　写真に"フィルター"を掛ける方法

P033

テキストだけだと素っ気ないというときは、バックに写真を敷くといい。ただし写真をそのまま使うとテキストが見づらくなってしまうときには、フィルターをかけたようにする。PowerPoint 2003以前のバージョンだと写真そのものを開いて「明るさ」の調整を行うことはできないので、上に同型の四角形をかぶせて「透過性」の設定を行う。

完成イメージ

1. 写真を選択して右クリックをして [[図] ツールバーの表示] をクリックする。[図] ツールバーの [トリミング] ボタンをクリックして、トリミングハンドルをドラッグして横長にする。

2. 四角形を描いたあと、写真をダブルクリックする。[図の書式設定] ダイアログボックスの [サイズ] タブをクリックして [高さ] と [幅] の値を四角形のほうにコピー&ペーストする。

3. 四角形と写真を選択し、[図形の調整] → [配置／整列] → [左右中央揃え] と [上下中央揃え] をクリックする。

4. 四角形を選択し、[図形描画] ツールバーの [線の色] ボタンをクリックして、オレンジ色を選択する。

5. 四角形をダブルクリックして、[オートシェイプの書式設定] ダイアログボックスの [色と線] タブの [塗りつぶし] の [色] でオレンジ色を選択したあと、[透過性] で「50%」程度に設定する。

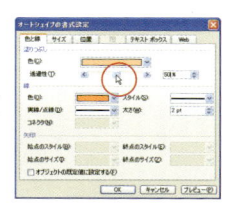

02　人の頭部の描き方

P037

「人と人との意見の交換」などを表したいとき、頭部の図形があればいいが、クリップアートには適当なものはない。そういうときには、基本図形を組み合わせて図のような頭部を自作する。特定の「色」がついていないのでシルエットとして利用すると効果的である。色のついた図形の上に白で"型抜き"すると、また違う効果が出せる（P039を参照）。

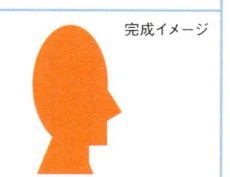

完成イメージ

1. 正円を描いたあと、二等辺三角形を2つ描いて、片方の緑色の回転ハンドルをドラッグして傾きをつける（下図の下の2つの図形）。

2. つぎに直角三角形を描いて、[図形の調整] → [回転／反転] → [左右反転] をクリックし、コピーを作って2つにして片方に傾きをつける。以上5つの図形を組み合わせて頭部を作る。

3. すべての図形を選択し、右クリックをして [グループ化] → [グループ化] をクリックする。

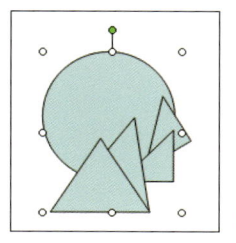

4. グループ化した頭部の上中央のハンドルを上方向にドラッグすると縦長の頭部に変形させることができる。

03 マスコットキャラクターの描き方

P041

完成イメージ

企画を通す段階ではイラストを外部に発注することはなかなかできないが、マスコットキャラクターなどで想定しているマークは、円や四角形などの基本図形を組み合わせると、それらしい形を自作することができる（クリップアートは既成の絵なのでイメージを固定する恐れがある）。このマークも基本的な図形を組み合わせただけのものである。

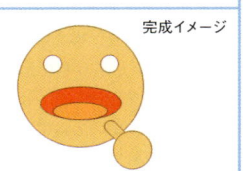

1. 大きい正円の上に小さい正円を描き、小さい正円を［Shift］＋［Ctrl］キーを押しながら横にドラッグして両目を作る。

2. ［Shift］キーを押しながら2つの小さい円をクリックして選択し、右クリックをして［グループ化］→［グループ化］をクリックする。

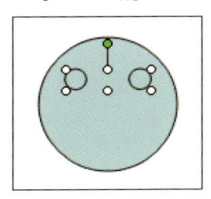

3. 口と舌にあたる楕円を2つ重ねて描いて選択し、［図形の調整］→［配置／整列］→［下揃え］をクリックし、つぎにすべての図形を選択して［左右中央揃え］をクリックする。

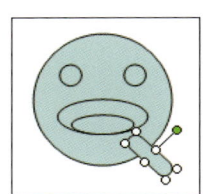

4. 指は［フローチャート］の［フローチャート：端子］で描き、緑色の回転ハンドルをドラッグして傾きをつける。

5. 最後に、右下の手の形を円で描く。

04 磁力の出ている磁石の描き方

P045

完成イメージ

「地場産業」をもじった「磁場産業」という造語を印象づけるため、「N」と「S」から磁力が出ている磁石をイメージ的に用いた。ポイントは磁力を表す5つの角丸四角形にきれいに大小をつけて（上下左右の比率は同じではない）整列させる点にある。薄い色をつけて背景に敷くことによって、見てすぐに「そこに磁力が働いている」と理解してもらえる。

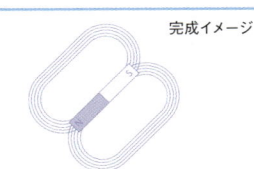

1. 角丸四角形を描き、黄色の調整ハンドルをドラッグして円みを調整する。

2. ［Ctrl］キーを押しながら右下にドラッグしてコピーを作ったあと、右下のハンドルを左上にドラッグして縮小した角丸四角形を描く。これをあと3回繰り返す。

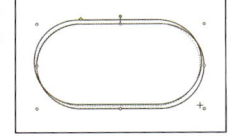

3. すべての角丸四角形を選択し、［図形の調整］→［配置／整列］→［左右中央揃え］と［上下中央揃え］をクリックする。

4. 同じく選択状態で、右クリックをして［グループ化］→［グループ化］をクリックしたあと、［Shift］＋［Ctrl］キーを押しながら下にドラッグして反対側にコピーを作る。

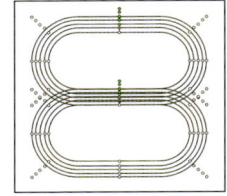

5. 四角形を2つ組み合わせ、「N」と「S」のテキストを書き加えたあと、2つの図形グループの中間に配置する。

6. 最後にすべての図形をグループ化したあと、緑色の回転ハンドルをドラッグして適当な傾きをつける。

05 細長い帯を上下に整列させる　P049

こうした細長い帯を重なることなく並べるのは手作業ではほとんど不可能なので、5本の帯なら高さが5倍の四角形を横にダミーで作り、この上下の範囲を利用して「上下に整列」という操作を行う。グラデーションのつけ方については 06 を参照。この例のように、帯の左右の幅を上にいくほど短くし、交互に色合いを変えるときれいに見える。

完成イメージ

1. 四角形を横に長く描いてダブルクリックし、[オートシェイプの書式設定]ダイアログボックスの[サイズ]タブをクリックして[高さ]の値を 0.24cm に設定する。

2. 横長の四角形を [Shift] + [Ctrl] キーを押しながら上にドラッグを繰り返し、だいたいの位置に5本の帯を作り、上にいくほど横幅を短いものにする。

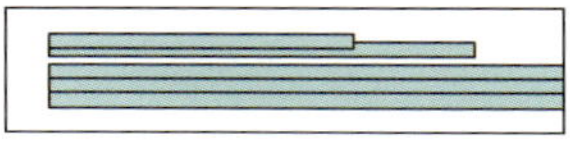

3. 一番上の四角形を [Shift] + [Ctrl] キーを押しながら左横にドラッグしてコピーを作って横幅を縮め、[高さ]の値を 0.24cm × 5 = 1.2cm に設定する（図形は下に長くなる）。

4. 3 の四角形と右側の一番上の四角形は上のラインが揃っているので、2つの四角形をクリックして選択し、右クリックをして[グループ化]→[グループ化]をクリックする。

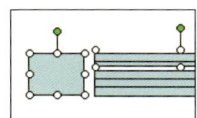

5. グループ化した図形と右側の一番下の図形を選択して[図形の調整]→[配置／整列]→[下揃え]をクリックする。

6. グループ化された図形を選択し、今度は[グループ解除]にしたあと、細長い5本の帯を選択して今度は[図形の調整]→[配置／整列]→[上下に整列]をクリックする。

06 ジャムの小瓶の描き方　P053

ジャムの瓶の部分は、台形と角丸四角形を組み合わせて作るが、図形の境目をうまく利用すれば実際にジャムが入っているように見せることができる。加えて、キャップの部分にはグラデーションをつけておくと立体的に見える（PowerPoint 2002、2003 では「バリエーション」から選択）。瓶に貼られた商品ラベルは「ブローチ」という図形を利用する。

完成イメージ

1. [角丸四角形]を描き、黄色の調整ハンドルをドラッグして丸みを微調整して色を施す。

2. 同じく台形を描き、[図形の調整]→[回転／反転]→[上下反転]をクリックし、角丸四角形とサイズが合うよう成形する。

3. 四角形を描いてダブルクリックし、図のように[塗りつぶし効果]をクリックする。

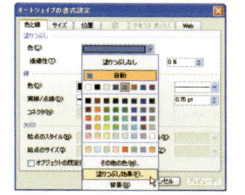

4. [塗りつぶし効果]ダイアログボックスの[グラデーション]タブの[色]で[2色]を選択して[色1]の▼をクリックして適当な色を選択する。[グラデーションの種類]の[縦]をクリックして、[バリエーション]で左下を選択する。

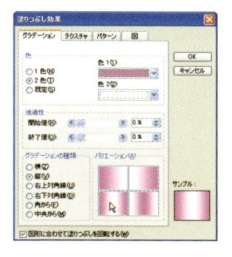

5. [基本図形]の[ブローチ]を描き、角丸四角形の上に重ね合わせる。

07 屋根が丸くなった四角形の描き方

P057

角丸四角形だと、下の左右2つの角も丸いため、この部分にテキストや図形を入れるのが難しく、使いづらい。そこで角丸四角形の前面に四角形を描いて、すこしだけ上の部分を出しておくと、上部にタイトルなど書き入れることができて都合がいい。両方の図形を同じ配色にすると、1つの"かまぼこ型"図形として利用することもできる。

完成イメージ

1. 角丸四角形を描き、黄色の調整ハンドルをドラッグして適当な丸みをつけたあと、右下のハンドルをドラッグして適当な大きさに整える。

2. 同じく四角形を描いたあと、角丸四角形をダブルクリックし、[オートシェイプの書式設定]ダイアログボックスの[サイズ]タブをクリックして[幅]の値を四角形のほうにコピー&ペーストしたあと、上下を適当な高さにする。

3. 角丸四角形と四角形を[Shift]キーを押しながらクリックして選択し、[図形の調整]→[配置/整列]→[左右中央揃え]をクリックする。

4. 四角形を選択し、[図形描画]ツールバーの[塗りつぶしの色]の▼をクリックして白を選択する。

08 飛んでいく矢の描き方

P061

弓矢の矢が右上に向かって飛んでいくさまを自作する。ポイントになるのは羽根の部分で、こうした図形はないので平行四辺形を2つ向かい合うように組み合わせて作る。矢の部分は、ここでは柔らかな印象を与えるようにとハート形を使った。適当な傾きをつけるには、直線などすべての図形をグループ化して、1つの図形として扱えるようにする。

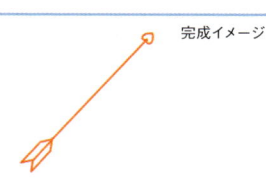

完成イメージ

1. 完成図にあるような形状の平行四辺形を描き、[Shift]+[Ctrl]キーを押しながら上にドラッグしてコピーを作る。

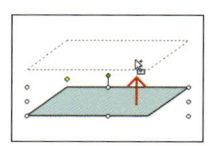

2. コピーしたほうの平行四辺形を選択し、[図形の調整]→[回転/反転]→[左右反転]をクリックしたあと、2つの図形の端と端の辺をぴったりくっつける。

3. 2つの図形を選択し、右クリックをして[グループ化]→[グループ化]をクリックする。

4. [図形描画]ツールバーの[直線]ボタンをクリックし、[Shift]キーを押しながらドラッグして弓矢の羽根から水平方向に直線を描く。

5. [基本図形]から[ハート]を描き、[図形の調整]→[回転/反転]→[左90度回転]をクリックする。

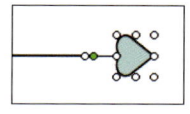

6. すべての図形を選択し、[図形の調整]→[配置/整列]→[上下中央揃え]をクリックする。

7. すべての図形を選択し、3と同様の操作でグループ化したあと、緑色の回転ハンドルをドラッグして適当な傾きをつける。

167

作成ポイント編　PowerPoint 2002,2003

09　矢に射抜かれたハート形の描き方　P065

ハート形に矢が突き刺さったイラストも、基本図形の組み合わせで自作することができる。ポイントは、「2つの平行四辺形と直線」と「2つの直角三角形と直線」の組み合わせを作り、グループ化したあと傾きをつけ、あとから作ったハート形の前面に「2つの直角三角形と直線」を送り出す点にある。こうすると背後から突き刺さったように見える。

完成イメージ

1 08と同様、直線と平行四辺形を図のような配置にし、直角三角形も同じ操作法で直線を挟んで向き合う形にする（それぞれ色づけを行い、中央で揃える）。

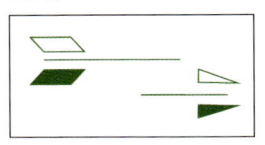

2 直線と2つの平行四辺形を［Shift］キーを押しながら選択し、右クリックをして［グループ化］→［グループ化］をクリックする。直線と2つの直角三角形でも同じ操作でグループ化する。

3 ［基本図形］から［ハート］を描いたあと、**1**の右側の図形グループを右クリックして［順序］→［最前面へ移動］をクリックする。

4 2組の図形グループに同時に傾きをつけて、すべての図形を組み合わせる。

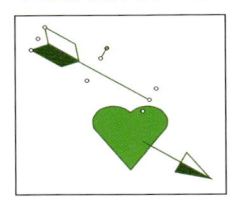

10　ハンドバッグの描き方　P069

ポジショニングマップでは、この例のようにバッグのブランド調査ならバッグのイラストを描き入れると見栄えが良くなる（P063のカメラの企画書も同様）。ハンドバッグの取っ手の部分をリアルに描くには、中央の図形を背景の色に合わせる（11も参照）。作成した図形は最後にグループ化しておくと、1つの図形のように扱えるようになる。

完成イメージ

1 台形を描いて上下反転させ、右中央のハンドルを右方向にドラッグし、つぎに黄色の調整ハンドルをドラッグして適当な形に成形する。

2 ［フローチャート］の［フローチャート：論理積ゲート］を描き、［図形の調整］→［回転／反転］→［左90度回転］をクリックしてドーム型になるようにする。

3 ［Ctrl］キーを押しながらドラッグしてコピーを作り、右下のハンドルをドラッグして、ひと回り小さなドーム型を作る。

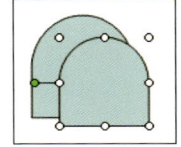

4 ［Shift］キーを押しながら2つの図形をクリックして選択し、［図形の調整］→［配置／整列］→［左右中央揃え］と［下揃え］をクリックする。

5 外側の図形と台形は、［図形描画］ツールバーの［塗りつぶしの色］→［その他の色］で茶色、内側の図形は背景の色と同じ色を選択する。

6 最後に四角形を描いて上に乗せ、すべての図形を選択したあと、右クリックをして［グループ化］→［グループ化］をクリックする。

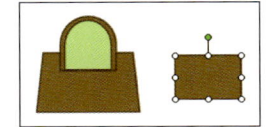

11 リング（輪）の描き方

P073

このようなリングを自作するとき2つの点に注意する。それは、外側と内側のリングの線は上下左右の比率が同じではないので、外側をコピーして縮小図形を作るときには［Shift］キーを押さないで作業を行うこと。もうひとつは、リングの中央が空いているように見せるには、内側の角丸四角形の色を背景の色と合わせるということである（10 を参照）。

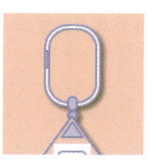

完成イメージ

1. 角丸四角形を描き、黄色の調整ハンドルをドラッグして、角に適当な丸みをつける。

2. 角丸四角形を選択し、［Ctrl］キーを押しながらほんのわずか右下にドラッグしてコピーを作る。

3. コピーをしたほうの図形の右下のハンドルをほんの少し左上にドラッグして、もとの図形よりひと回り小さな図形にする。

4. 外側の大きなリングは［図形描画］ツールバーの［塗りつぶしの色］ボタンをクリックして白を選択する。内側の小さなリングは同じ操作で、背景の色と同じ色を選択する（ここでは下に敷いた図形のピンク）。04 の 3 を参考に、2つの図形の中心を揃える。

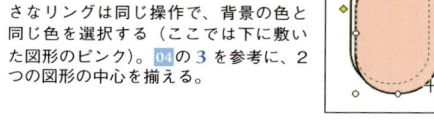

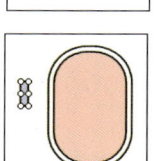

5. 四角形を描き、リングの留め金としてちょうど合うサイズに成形する。

12 「波及効果」を表す"波紋"の描き方

P077

「これは周囲に波及効果を及ぼす」という意味を表したいときには"水面に広がる波紋"の絵を描いて背景に敷いておくといい。波が広がるように見せるには、正円の下に左右の横幅が広くなっていく楕円を5つ描き、大小による3つの楕円のペアを作る。それぞれ内側を白にして外側に色をつけると、"ツメの先"のような図形を左右に描いたようになる。

完成イメージ

1. 楕円を描き、［Shift］＋［Ctrl］キーを押しながら右側にドラッグしてコピーを作る。

2. コピーした楕円の右側中央のハンドルを左方向にドラッグして、やや幅の狭い楕円にする。これをあと4回繰り返し、合計6つの楕円を作成する。

3. 一番中央の楕円をダブルクリックして［オートシェイプの書式設定］ダイアログボックスの［サイズ］タブをクリックし、［高さ］の値を［幅］にコピーして正円にする。

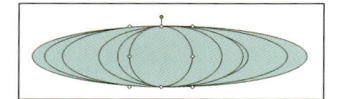

4. ［Shift］キーを押しながら外側の楕円ほかを1つおきにクリックして選択し、［図形描画］ツールバーの［塗りつぶしの色］の［その他の色］で薄いベージュを選択し、［線の色］で［線なし］をクリックする。

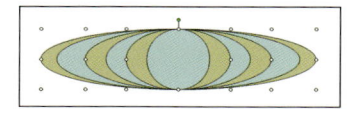

5. 同様に中央の正円ほか残った楕円を選択して、こちらは［塗りつぶしの色］［線の色］ともに白を選択する。［線のスタイル］で［3pt］以上の太い線を選択すると、より"波紋"の形がリアルに再現できる。

作成ポイント編　PowerPoint 2002,2003

13　テキスト入りの円をジグザグに配置する

P081

完成イメージ

このように上下左右に整然と並べられた図形は、上と下、左と右の円をグループ化して「左右中央揃え」と「上下中央揃え」という操作を行う。なお、テキストをあとで入れるとフォントサイズの変更など煩雑になるので、最初に円の中にテキストを入れ、「テキスト入りの円」をコピーしたあと、最後にテキストだけを書き換えるという方法をとる。

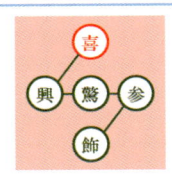

1　正円を描いて「喜」というテキストを入力し、フォントとフォントサイズを決定する。

2　テキスト入りの正円を［Shift］＋［Ctrl］キーを押しながら上下左右にドラッグして上下左右に4つのコピーを作る。

3　上と下の正円を［Shift］キーを押しながらクリックして選択し、右クリックをして［グループ化］→［グループ化］をクリックする。左右でも同様の操作でグループ化する（中央の円はそのまま）。

4　すべての図形を選択し、［図形の調整］→［配置／整列］→［左右中央揃え］と［上下中央揃え］をクリックする。

5　テキストを適当なものに書き換える。

6　テキスト入りの円と円の間に直線を描き入れ、背面に送る（ 19 の6を参照）。

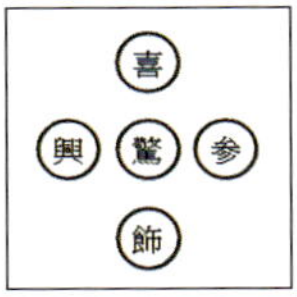

14　的（ターゲット）の描き方

P085

完成イメージ

弓矢の"的"（P087にも登場）やロックオン（狙いを定める）したときの"射程"（P099を参照）の図形は、ターゲットを定めるターゲティングほかさまざまな用途で用いられる。使う図形は円と直線だけで、すべてのパーツを揃えたあとで「左右中央揃え」と「上下中央揃え」という操作を行えば、きれいに中心が揃っている"的"の図形となる。

1　正円を描き、［Ctrl］キーを押しながらドラッグしてコピーを作り、［Shift］キーを押しながら右下のハンドルを左上にドラッグして、縮小した図形を作成する。

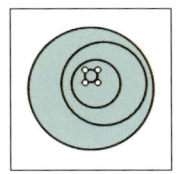

2　1の作業をもう一度行い、最後に極小の円を中心に描き入れる（上図）。

3　［図形描画］ツールバーの［直線］ボタンをクリックして、［Shift］キーを押しながら縦にドラッグして垂直方向に直線を描く。

4　直線を選択し、［Shift］＋［Ctrl］キーを押しながら横にドラッグしてコピーを作り、［図形の調整］→［回転／反転］→［右90度回転］をクリックする。

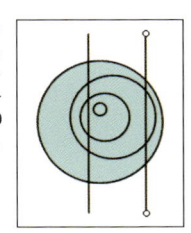

5　すべての図形を選択し、［図形の調整］→［配置／整列］→［左右中央揃え］と［上下中央揃え］をクリックする。

170

15 「サイ」のイラストを使ったアイコン

P089

これは影をつけた四角形の上にクリップアートのイラストを貼り付け、それに「テキストボックスを使ったテキスト」を組み合わせて作られたものである。P088では「サイ」と「イカ」のイラストを使ったが、当然、使用するものは同じテイストのものでなくてはいけないし、アイコンのイラストとしてふさわしいものを選択しなければならない。

完成イメージ

1. [図形描画]ツールバーの[クリップアートの挿入]ボタンをクリックし、[クリップアート]作業ウィンドウの[検索]ボックスに「サイ」と入力し、出てきた検索結果から適当なクリップアートをクリックする(要インターネットに接続)。

2. 「サイ」のイラストを選択し、右クリックをして[グループ化]→[グループ解除]をクリックすると、アラートダイアログボックスが現われるので[はい]ボタンをクリックする。再度同じ操作で[グループ解除]をクリックする。

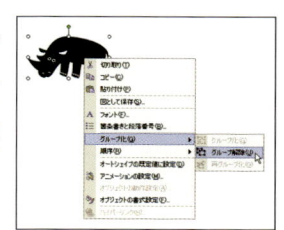

3. 「サイ」のイラストがパーツに分解されたので、[図形描画]ツールバーの[塗りつぶしの色]で適当な色を施す。

4. イラストのパーツをすべて選択し、右クリックをして[グループ化]→[グループ化]をクリックすると、ふたたび1つの図形として扱えるようになる。最後に、大きさを調整して四角形の上に乗せる。

16 紙をとめるピンの描き方

P093

コルクボード上の紙をとめるピンは自作できる。リアルに見せる最大のポイントは、斜め上から光が差し込んで、下にピンの影ができているように見せるという点にある。使用する図形はすべて円(楕円)で、光のあたった白い部分をいかにうまく配置するかでリアルに見えるかどうかが決まってくる。針の部分が見えたピンの作成法は 18 を参照。

完成イメージ

1. 大きい円を描き、[Ctrl]キーを押しながらドラッグしてコピーを2つ作り、右下のハンドルを[Shift]キーを押しながら左上にドラッグして、最初の円を小さく、あとの円をそれよりやや大きめにする。

2. 大きい円を選択し、[図形描画]ツールバーの[影付きスタイル]→[影スタイル6]をクリックして右下に影をつける。

3. 一番上になる中くらいの円(図の右側)を同色の青色、真ん中の小さい円を白にして、大小3つの円を重ね合わせる。

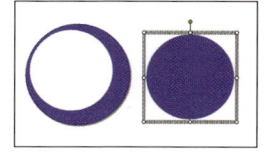

4. 円と楕円を描き、楕円は緑色の回転ハンドルをドラッグして傾きをつけたあと白にして、図のような配置にする。

5. 3と4の図形を組み合わせて、すべての図形を選択し、右クリックをして[グループ化]→[グループ化]をクリックする。

作成ポイント編　PowerPoint 2002,2003

17　碁盤目状の"方眼紙"の作成法

P097

設計図のイメージを出す"方眼紙"は、四角形の上に直線を等間隔に描く。ただ等間隔に描くだけだと横縞の場合、上下のいずれかに寄ってしまうので、ダミーの直線を上下いずれの辺の上にも描いて、これらを含めて「上下に整列」という操作を行う。これを左右の縦縞の線でも行うと、きれいな碁盤目状の"方眼紙"を作成することができる。

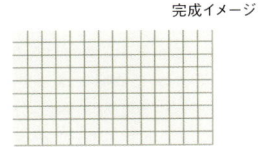

完成イメージ

1　四角形を描いて、ダブルクリックをして［オートシェイプの書式設定］ダイアログボックスの［サイズ］タブの［高さ］を9cm、［幅］を15cmに設定する（影をつける方法は 16 を参照）。

2　色をグレーに変えたあと、［図形描画］ツールバーの［直線］ボタンをクリックして、［Shift］キーを押しながら四角形上の左中央のハンドル上でクリックし、そのままドラッグして、右側のハンドル上でドロップする。

3　直線を選択して、［Shift］＋［Ctrl］キーを押しながら上と下に計9回ドラッグし、コピーを9本作って計10本にする。

4　10本のうち2本を四角形の上下の辺に合わせたあと、すべての直線を選択して［図形の調整］→［配置／整列］→［上下に整列］をクリックする。

5　最後に上下の辺上の線を選択し、［BackSpace］キーか［Delete］キーを押して削除しておく。一連の作業を縦の線でも行う。

18　斜めに突き刺さったピンの描き方

P101

16 で紙留めのピンを描いたが、もう少し浅く刺して、斜めに立たせたように描くこともできる（P095にも登場）。これは紙面を立体的に見えるようにするとともに、左右に突き刺すことで（片方を作ったあとグループ化して、左右反転させる）センターラインをきれいに見せるという効果もある。ピンに影をつけるといっそうリアルさが増す。

完成イメージ

1　大きめの楕円を描き、［Shift］＋［Ctrl］キーを押しながら上にドラッグしてコピーを作る。

2　コピーした円の右下のハンドルを左上にドラッグして縮小図形を作る（下図を参照）。

3　台形を上下に描き、上に描いた台形は［図形の調整］→［回転／反転］→［上下反転］をクリックする。下の台形は 19 の 6 を参考に最背面に送る。

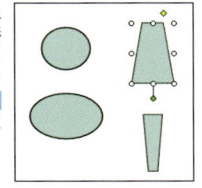

4　それぞれの図形に色を施したあと、すべての図形を選択して、［図形の調整］→［配置／整列］→［左右中央揃え］をクリックする。

5　右クリックをして［グループ化］→［グループ化］をクリックする。1つになった図形の緑色の回転ハンドルをドラッグして適当な傾きをつける。

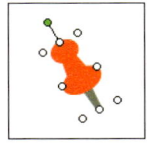

※グループ化した図形の影を下に伸ばす方法はPowerPoint 2007からの機能である。

19　ビールが注がれたグラスの描き方

P 105

グラスにビールが注がれたイラストは、3つの楕円と2つの直線、それに台形を使って描く。ポイントは、上下左右の比率が同じで縮小した楕円を3つ作って垂直の位置に並べる点と（上と下の楕円の端に直線を引いたあとで中央の楕円を揃える）、ビールが注がれた部分に台形をきれいに重ね合わせる点である。氷の描き方については 20 を参照。

完成イメージ

1. 大きめの楕円を描き、［Shift］＋［Ctrl］キーを押しながら下にドラッグしてコピーを2つ作る。

2. コピーして作った中央の楕円の右下のハンドルを［Shift］キーを押しながら内側（左上）にドラッグして中くらいの楕円を作る、一番下の楕円も同様の操作を行い、それより小さい楕円にする。

3. 3つの楕円を選択し、［図形の調整］→［配置／整列］→［左右中央揃え］をクリックする。

4. 上の楕円は透明に、下の2つの楕円には茶色を施したあと、［図形描画］ツールバーの［直線］ボタンをクリックして、3つの楕円の端を結ぶ。反対側でも同じ作業を行う。

5. 台形を描き、黄色の調整ハンドルをドラッグして、ちょうど「ビールの注がれた部分」に合うよう成形する。

6. 台形を選択し、右クリックをして［順序］→［最背面へ移動］をクリックしたあと、色を茶色にする。

20　透き通った氷の描き方

P 109

19 に引き続き、今度はビールに入れる氷を描く。氷は立方体の形をしているが、直方体の図形をそのまま使うと、立体感や透明感が出ない。そこで2つの直方体を逆さの状態で組み合わせて、氷のリアルなイメージを出す。作った氷はグループ化することで1つの図形として扱えるので、適当な傾きをつけて、いましもグラスに入れられる状態に見せる。

完成イメージ

1. ［基本図形］の［直方体］を描き、［Shift］キーを押しながら緑色の回転ハンドルをドラッグして左に45度の傾きをつける。

2. ［図形描画］ツールバーの［塗りつぶしの色］→［塗りつぶしなし］をクリックして透明にする。

3. ［Shift］＋［Ctrl］キーを押しながら横にドラッグして、水平方向にコピーを作り、コピーしたほうを選択して［図形の調整］→［回転／反転］→［上下反転］をクリックする。

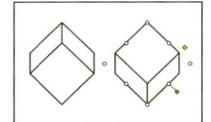

4. ［Shift］キーを押しながら2つの直方体をクリックして選択し、［図形の調整］→［配置／整列］→［左右中央揃え］をクリックする。

5. 2つの直方体をクリックして選択して［グループ化］→［グループ化］をクリックする。

6. 緑色の回転ハンドルをドラッグして適当な傾きをつける。

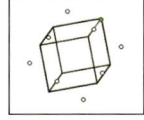

21　四つ葉のクローバーの描き方

P113

4つのハート形を上下左右にきれいに配置すると"四つ葉のクローバー"のような図形ができ上がる。作成の手順は、上下対照の位置にハート形を描いてグループ化し、コピーを作って90度回転させたあとに「左右中央揃え」と「上下中央揃え」という操作を行う。この方法はいろんな場面で活用できるのでぜひマスターしておきたい（22 を参照）。

完成イメージ

1　[基本図形] の [ハート] を描き、[Shift] ＋ [Ctrl] キーを押しながら下にドラッグしてコピーを作る。

2　[図形の調整] → [回転／反転] → [上下反転] をクリックして、上下対称のハート形にする。

3　2つのハート形を [Shift] キーを押しながらクリックして選択し、右クリックをして [グループ化] → [グループ化] をクリックする。

4　[Shift] ＋ [Ctrl] キーを押しながら横にドラッグしてコピーを作る。

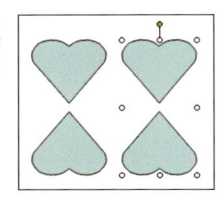

5　2 と同様、[回転／反転] → [右90度回転] をクリックする。

6　すべての図形を選択し、[配置／整列] → [左右中央揃え] をクリックする。

22　"合格"を表す花びらの描き方

P117

8つの花びらからなる花のイラストも、作成の方法は 21 の"四つ葉のクローバー"と変わらない。すなわち、2つの花びらを対称の位置に配置してグループ化し、それをコピーして4つにしたあと、十文字を真横にもう1つ作って45度の傾きをつけて「左右中央揃え」の操作を行う。グループ化すれば、1つの図形として扱える。

完成イメージ

1　正円を描き、縦長の楕円をその上に描く。

2　上の楕円を選択し [Shift] ＋ [Ctrl] キーを押しながら下にドラッグしてコピーを作る。

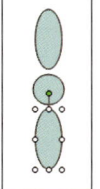

3　上と下2つの楕円を [Shift] キーを押しながらクリックして選択し、右クリックをして [グループ化] → [グループ化] をクリックする。

4　グループ化した楕円を [Shift] ＋ [Ctrl] キーを押しながら横にドラッグしてコピーを作る。

5　[図形の調整] → [回転／反転] → [右90度回転] をクリックしたあと、両方の図形グループを選択して [左右中央揃え] をクリックする。

6　十字の形になった4つの楕円をさらにグループ化とコピーをして、20 を参考に45度の傾きをつける。

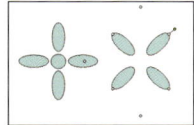

7　最後に正円を含めたすべての図形を選択し、[配置／整列] → [左右中央揃え] をクリックする。

23　寝かせた「平たい箱」の描き方

P121

基本図形の中に直方体という図形はあるが、"菓子折り"を寝かせたような見せ方はできないので、2つの平行四辺形と四角形を組み合わせて自作する。右横の平行四辺形をうまく入れ込むには角度の調節が必要になる。どの程度の傾きにするのかは、完成する平行四辺形の形に関連してくるため作成はやや難しく、多少の慣れが必要となる。

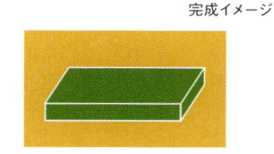

完成イメージ

1. 平行四辺形を描いて、左中央と黄色の調整ハンドルをドラッグして完成図のような形に成形する。

2. もうひとつ平行四辺形を描いて適当な大きさに成形にしたあと、[図形描画] ツールバーの [直線] ボタンをクリックして [Shift] キーを押しながら垂直方向に直線を描く。

3. その線と平行四辺形の辺が合うよう緑色の回転ハンドルをドラッグする（時計回りに約120度回転）。

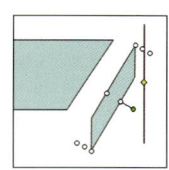

4. 先ほどの平行四辺形の辺とぴったり一致するようハンドルをドラッグして微調整する。

5. 四角形を最初の平行四辺形の下の辺に合わせて描き、それぞれの図形に色を施す。

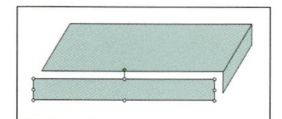

24　カードを挿入口に挿入するイラスト

P125

プリペイドカードのイメージイラストは、2つの平行四辺形を成形して自作する。「カード挿入口」は「90度回転」と「左右反転」の2つの操作のあと加工するだけだが、カードのほうは適度の傾きが必要になるので、こちらは直線を使って補助線を描いてから、平行四辺形の傾きを調整する。できた図形はグループ化してから拡大や縮小を行う。

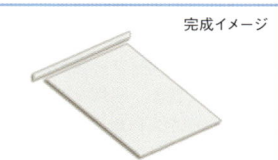

完成イメージ

1. 平行四辺形を描き、[図形の調整] → [回転／反転] → [右90度回転] と [左右反転] をクリックする。

2. 左中央のハンドルを左側にドラッグしたあと、黄色の調整ハンドルを下にドラッグして、「カード挿入口」を作る。

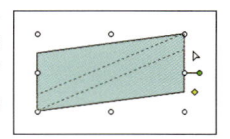

3. 「カード挿入口」にカードがまっすぐに挿入されるよう直線で補助線を描き入れる（23 を参照）。

4. ふたたび平行四辺形を描き、補助線に沿うよう緑色の回転ハンドルをドラッグする。

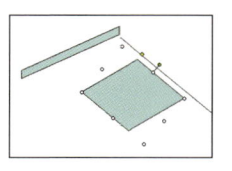

5. 左側の角のハンドルをやや左上、黄色の調整ハンドルをやや右下にドラッグしたあと、右下のハンドルをちょうど「カードを抜き取る方向」へドラッグする。

6. 2つの平行四辺形を選択し、右クリックをして [グループ化] → [グループ化] をクリックして1つの図形として扱えるようにする。

作成ポイント編　PowerPoint 2002,2003

25　円を半分に分けて色を施す

P129

完成イメージ

半円形は基本図形にはないので「アーチ」という「空にかかる虹のような図形」を加工して半円を作る。作成の秘訣は、ちょうど半分のサイズになるよう、黄色の調整ハンドルを真横にドラッグする点にある。円もこの「アーチ」もデフォルト（標準設定）のサイズは「高さ」、「幅」ともに 2.54cm なので、重ね合わせるとぴったりサイズが揃う。

1 ［基本図形］から［楕円］（実際には正円）と［アーチ］（虹のような図形）を描く（画面上でクリックすると同一サイズとなる）。

2 「アーチ」の黄色の調整ハンドルを右横にドラッグし、半円の形にする。

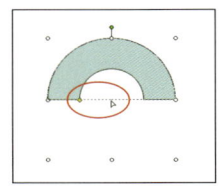

3 円は、［図形描画］ツールバーの［塗りつぶしの色］で紫系の青色を施し、半円は白を選択する。

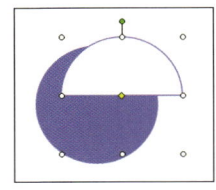

4 円と半円を選択し、［図形の調整］→［配置／整列］→［左右中央揃え］と［上揃え］をクリックする。

5 2つの図形を選択し、右クリックをして［グループ化］→［グループ化］をクリックする。

26　ハイビジョン放送のイメージ

P133

完成イメージ

パソコンの画面より上下の比率が小さいハイビジョン放送（アスペクト比は 16:9）のイメージを出すには、写真を入れたあと、上下を黒塗りの四角形で隠す。写真の上下にスペースを空けておけば、上と下に黒塗りの四角形を入れたあとで、写真を移動することで使いたいエリアを微調整することができる。印刷は「配布資料」でスライドの数を2枚にする。

1 写真のファイルを PowerPoint 上にドラッグ＆ドロップする。

2 左右のサイズが合うよう、右下のハンドルをドラッグして調整する。

3 写真の上部に細長い四角形を描いて、［図形描画］ツールバーの［塗りつぶしの色］で黒を選択する。［線の色］でも黒を選択する。

4 黒い四角形を［Shift］＋［Ctrl］キーを押しながら下にドラッグしてコピーを作る。

5 ［ファイル］メニューの［印刷］をクリックする。

6 ［印刷］ダイアログボックスの［印刷対象］で［配布資料］、［配布資料］の［1ページあたりのスライド数］で［2］を選択して［OK］ボタンをクリックする。

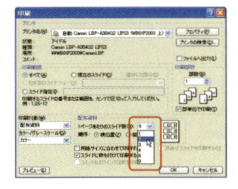

176

27 「開いた箱」の描き方

P137

「箱」は直方体という図形で描け、「開いた箱」の開いた部分は四角形を補足するだけであるが、これだと箱が空いた状態には見えない。そこで平行四辺形を直方体の上にかぶせて、そこに直線を1本描き入れると「開いた箱」がリアルに表現できる。箱の中は暗い色、外側は明るい色合いにすると、さらにリアルさが増す。

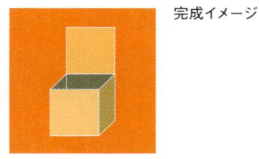

完成イメージ

1. ［基本図形］の［直方体］を描いたあと、四角形を上辺に描く。クリックして描かれた図形だと、両者の辺は同じ長さになる。

2. 同じく平行四辺形を描き、右中央のハンドルを右側に、上中央のハンドルを下方向にドラッグして、箱の上面のサイズに合うよう調整する。

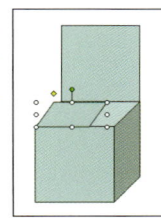

3. ［図形描画］ツールバーの［直線］ボタンをクリックして、いま描いた平行四辺形の図形の左上の頂点でクリックし、［Shift］キーを押しながら下にドラッグして垂直方向に直線を描く。

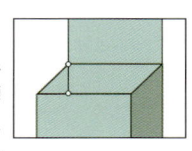

4. ［図形描画］ツールバーの［塗りつぶしの色］でそれぞれの図形に適当な色を施したあと、すべての図形を左上から右下にかけてドラッグして選択し、右クリックをして［グループ化］→［グループ化］をクリックすると、1つの図形として扱えるようになる。

28 ファイリングカードの作成法

P141

ファイリングに使うファイリングカードのイメージも2つの図形を使えば簡単に自作することができる。ポイントは、上に出ている爪の部分（「フローチャート：手操作入力」という図形を使用）の形をきれいに整えることと、下の本体である四角形とうまくなじませる点にある。最後に「塗りつぶしの色」と「線の色」を同色に揃える。

完成イメージ

1. 四角形を描いたあと、［フローチャート］から［フローチャート：手操作入力］を描く。

2. 1の後者の図形を選択し、［図形の調整］→［回転／反転］→［左90度回転］と［上下反転］をクリックしたあと、ハンドルをドラッグしてファイリングカードの爪の部分になるよう成形する。

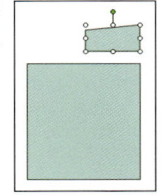

3. これを四角形の上の部分に配置し、［Shift］キーを押しながら両方の図形をドラッグして選択し、2と同様、今度は［図形の調整］→［配置／整列］→［右揃え］をクリックする。

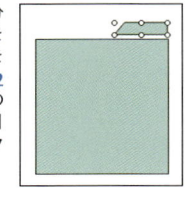

4. 2つの図形を選択し、［図形描画］ツールバーの［塗りつぶしの色］→［その他の色］でピンクを、［線の色］→［ユーザー設定］で同じくピンクを選択する。

29 「開いた本」の描き方　P145

「書籍化する」「これは本に書かれている」など書籍／本に関することは企画書ではたびたび出てくるので、イラストをひとつストックしておくといい。P138のノートのような薄いものなら四角形と平行四辺形を使って描けるが、よりボリュームのある本を描きたい場合は「フローチャート：記憶データ」という図形を利用する（P033、P034を参照）。

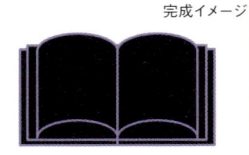

完成イメージ

1 四角形を描き、[Ctrl]キーを押しながら右横上にドラッグしてコピーを作ったあと、右上のハンドルを左下にドラッグして縮小した四角形を描く。

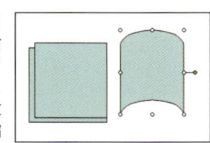

2 [フローチャート]の[フローチャート：記憶データ]を描き、[図形の調整]→[配置／整列]→[右90度回転]をクリックしたあと、上下の幅を四角形に揃える。

3 3つの図形を選択して[図形の調整]→[配置／整列]→[右揃え]をクリックする。

4 選択状態のまま、右クリックをして[グループ化]→[グループ化]をクリックする。

5 [Shift]＋[Ctrl]キーを押しながら右横にドラッグしてコピーを作って、[図形の調整]→[回転／反転]→[左右反転]をクリックする。

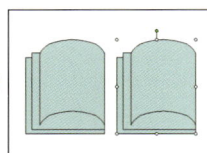

6 2つの図形グループの左右の端を揃えたあと、すべての図形をグループ化する。

30 ページのめくれた部分に数字を入れる　P149

5枚で構成されている企画書の場合、ノンブルはページのめくれた部分を利用して入れておくといい。これは正方形の上に同サイズの直角三角形を組み合わせたもので、各ページに同じものを配置するには、テキストボックスを使って数字を乗せたあと「数字入りの図形」を各ページ上でコピー＆ペーストし、あとから数字だけを書き換えるという方法をとる。

完成イメージ

1 適当なサイズの四角形（正方形）と直角三角形を描き、四角形を白にする。

2 直角三角形を選択し、[図形の調整]→[回転／反転]→[左右反転]をクリックする。

3 **1**で描いた四角形をダブルクリックして、[オートシェイプの書式設定]ダイアログボックスの[サイズ]タブをクリックして[高さ]の値を直角三角形の[高さ]と[幅]にコピー＆ペーストする。

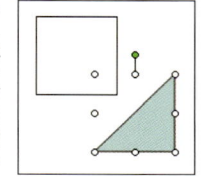

4 2つの図形を選択して、[図形の調整]→[配置／整列]→[左右中央揃え]と[上下中央揃え]をクリックする。

5 選択状態のまま、今度は右クリックをして[グループ化]→[グループ化]をクリックする。

6 ノートに見立てた四角形と、この図形とを選択して、今度は[右揃え]と[下揃え]をクリックする。

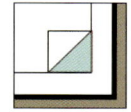

7 最後に図形と線の色をオレンジ色に変え、「1」から「5」までの数字を、テキストボックスを使って入力する。

31　人から聞いた意見を表す吹き出し

P153

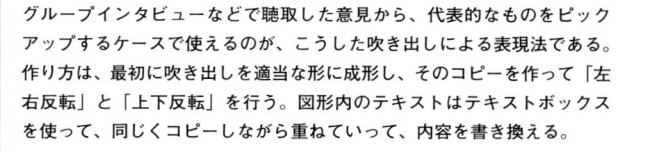

グループインタビューなどで聴取した意見から、代表的なものをピックアップするケースで使えるのが、こうした吹き出しによる表現法である。作り方は、最初に吹き出しを適当な形に成形し、そのコピーを作って「左右反転」と「上下反転」を行う。図形内のテキストはテキストボックスを使って、同じくコピーしながら重ねていって、内容を書き換える。

完成イメージ

1 ［角丸四角形吹き出し］を描き、黄色の調整ハンドルをドラッグして突起部分を適当な形に成形したあと、［図形描画］ツールバーの［塗りつぶしの色］の▼をクリックして、白を選択する。

2 角丸四角形吹き出しを選択して［Shift］＋［Ctrl］キーを押しながら右横にドラッグしてコピーを作る。

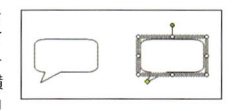

3 ［図形の調整］をクリックして［回転／反転］→［左右反転］をクリックする。

4 ［Shift］キーを押しながら2つの図形をクリックして選択し、［Shift］＋［Ctrl］キーを押しながら上にもドラッグして、合計4つの角丸四角形吹き出しを作る。

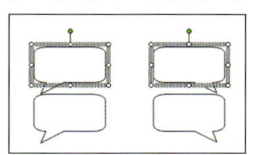

5 上の2つの図形をクリックして選択し、［回転／反転］→［上下反転］をクリックする。

6 右下の図形を選択して［Ctrl］キーを押しながら中央にドラッグして、5つ目の角丸四角形吹き出しを作成する。

32　フィルムのシルエットの描き方

P157

映画やCMが企画の題材のときには、薄いグレーのフィルムのイラストをバックに敷くと効果的である。作成は、縦長の四角形の上に角丸四角形を置いていき、均等なアキになるよう並べるだけでそう難しくはない。サイドの穴に使う角丸四角形は5つくらいをグループ化したうえでコピーを作り、それらを均等に配置すると作業は簡単にすむ。

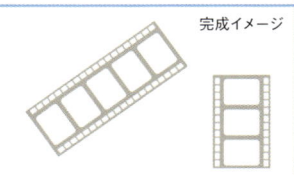

完成イメージ

1 四角形を描き、その上に角丸四角形を適当な間隔に5つコピーを作る（31 を参照）。

2 ［Shift］キーを押しながら5つの角丸四角形をクリックして選択し、［図形の調整］→［配置／整列］→［上下に整列］をクリックする。

3 同じように5つの角丸四角形を選択し、右クリックをして［グループ化］→［グループ化］をクリックする。

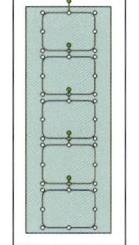

4 グループ化された5つの角丸四角形と下に敷いた四角形を選択して［図形の調整］をクリックし、［配置／整列］→［左右中央揃え］と［上下中央揃え］をクリックする。

5 サイドの小さい穴も5つくらいの角丸四角形を描き、同じ要領で等間隔に並べたあと、5つをグループ化する。それを3回コピーして4つのグループを均等に配置する。

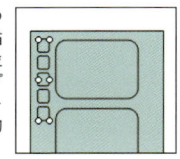

6 傾きをつけたいときには、**3** の作業と同様、すべての図形をグループ化したあと、緑色の回転ハンドルをドラッグして行う。

33 黄金比に分割してきれいに見せる

P161

古来、もっとも美しいとされる比率を黄金比といい、その近似値は 1:1.618 である。この企画書フォーマットは黄金比による黄金分割にこだわって作成されている。まず下と上の濃い緑の部分が 1:1.618 の比率になっていて、残る中央のうち、左と右のエリアが 1:1.618、さらに右側のエリアの下と上の四角形も 1:1.618 の比率で構成されている。

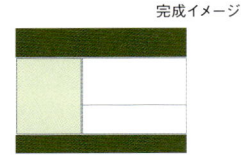

完成イメージ

1 画面の上に四角形の帯を描き、ダブルクリックをして、[オートシェイプの書式設定]ダイアログボックスの[サイズ]タブの[高さ]を 4.45cm とした。

2 x:4.45 = 1:1.618 で x の値を求めると「2.75」となるので、四角形を[Shift]+[Ctrl]キーを押しながら下にドラッグしてコピーを作ってから、[サイズ]で[高さ]の値に 2.75cm と入力する。

3 画面のヨコのサイズは 25.4 cm なので x:25.4 = 1:2.618 の値を出すと約 9.7cm で、これを左側のエリアとすると、右側は 15.7 cm となる(枠取りがあるので実際にはその近似値となる)。これを左右に作った四角形に割り当てる。

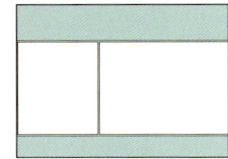

4 同様に、右側のエリアの上下は 11.48 cm なので 1:1.618 は約 4.38 cm と 7.1 cm となるので、上下に作った四角形に割り当てる。

よく使う図形操作 7 Tips

1 図形のコピーを水平の位置に作る

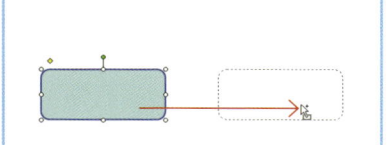

PowerPoint 2003(2002)、2007 共通
図形を選択し、[Shift]+[Ctrl]キーを押しながら横にドラッグする。

[shift] + [ctrl]

■[Ctrl]キーのみを押しながらドラッグすると、自由な位置にコピーを作ることができる。つまり[Shift]キーは水平(垂直)方向に移動が行える操作法である。

2 複数の図形を選択状態にする

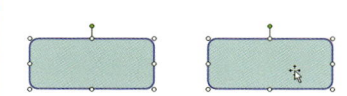

PowerPoint 2003（2002）、2007 共通
［Shift］キーを押しながら複数の図形をクリックする。

shift + Click!

■ 縦横に一列にきれいに揃えたり、グループ化したり、均等に配置するときなど、かならずこの操作が必要となる（該当する範囲を、左上から右下にかけてドラッグして選択することも可能）。

3 複数の図形をグループ化する

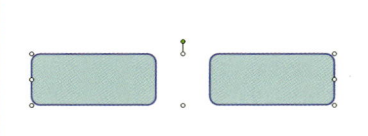

PowerPoint 2003（2002）、2007 共通
右クリックをして、ショートカットメニューの［グループ化］→［グループ化］をクリックする。

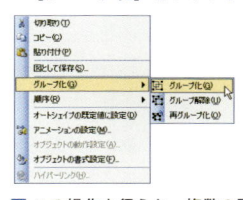

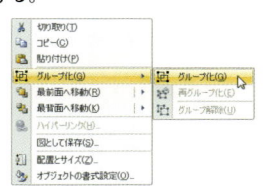

■ この操作を行うと、複数の図形を1つの図形として扱える。

4 複数の図形を縦一列にきれいに揃える

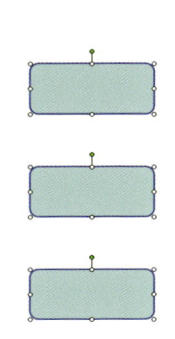

PowerPoint 2003 まで
［図形描画］ツールバー→［図形の調整］→［配置／整列］→［左右中央揃え］をクリックする。

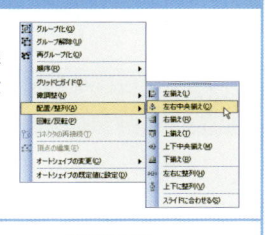

PowerPoint 2007
［ホーム］タブの［図形描画］→［配置］をクリックし、プルダウンメニューの［配置］→［左右中央揃え］をクリックする。

■ 横一列にきれいに揃える場合には［上下中央揃え］をクリックする。

5 横に位置する複数の図形を均等に配置する

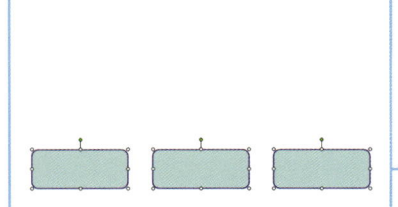

PowerPoint 2003 まで
［図形描画］ツールバー→［図形の調整］→［配置／整列］→［左右に整列］をクリックする。

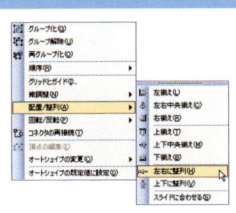

PowerPoint 2007
［ホーム］タブの［図形描画］→［配置］をクリックして［配置］→［左右に整列］をクリックする。

■ 縦方向に位置する複数の図形の場合は［上下に整列］をクリックする。

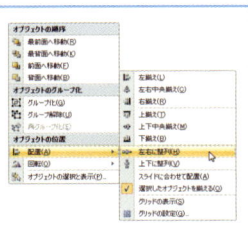

6 複数の図形をセンターに揃える

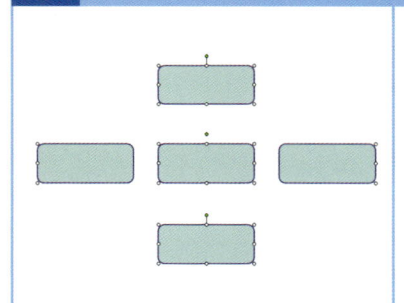

PowerPoint 2003（2002）、2007 共通
左右の対称の位置にある図形はグループ化しておく。ここでは右と左の角丸四角形を［Shift］キーを押しながらクリックして選択し、3と同じ操作を行ってグループ化する。つぎに［Ctrl］＋［A］キーを押してすべての図形を選択状態にして、4と同じ操作で［左右中央揃え］を実行する。

■ 画面の一番上などに横長の四角形を描いて［左右中央揃え］を実行すると、一番上に描いた四角形は左右にズレることはないので、すべての図形は画面（スライド）のセンターに揃うことになる。

7 直前の操作を無効にする

PowerPoint 2003（2002）、2007 共通
［Ctrl］＋［Z］キーを押す。

[ctrl] + [Z]

■ 作図の最中、頻繁に用いる。

付録

「5枚プレゼン」108フォーマット

APPENDIX

付録 A

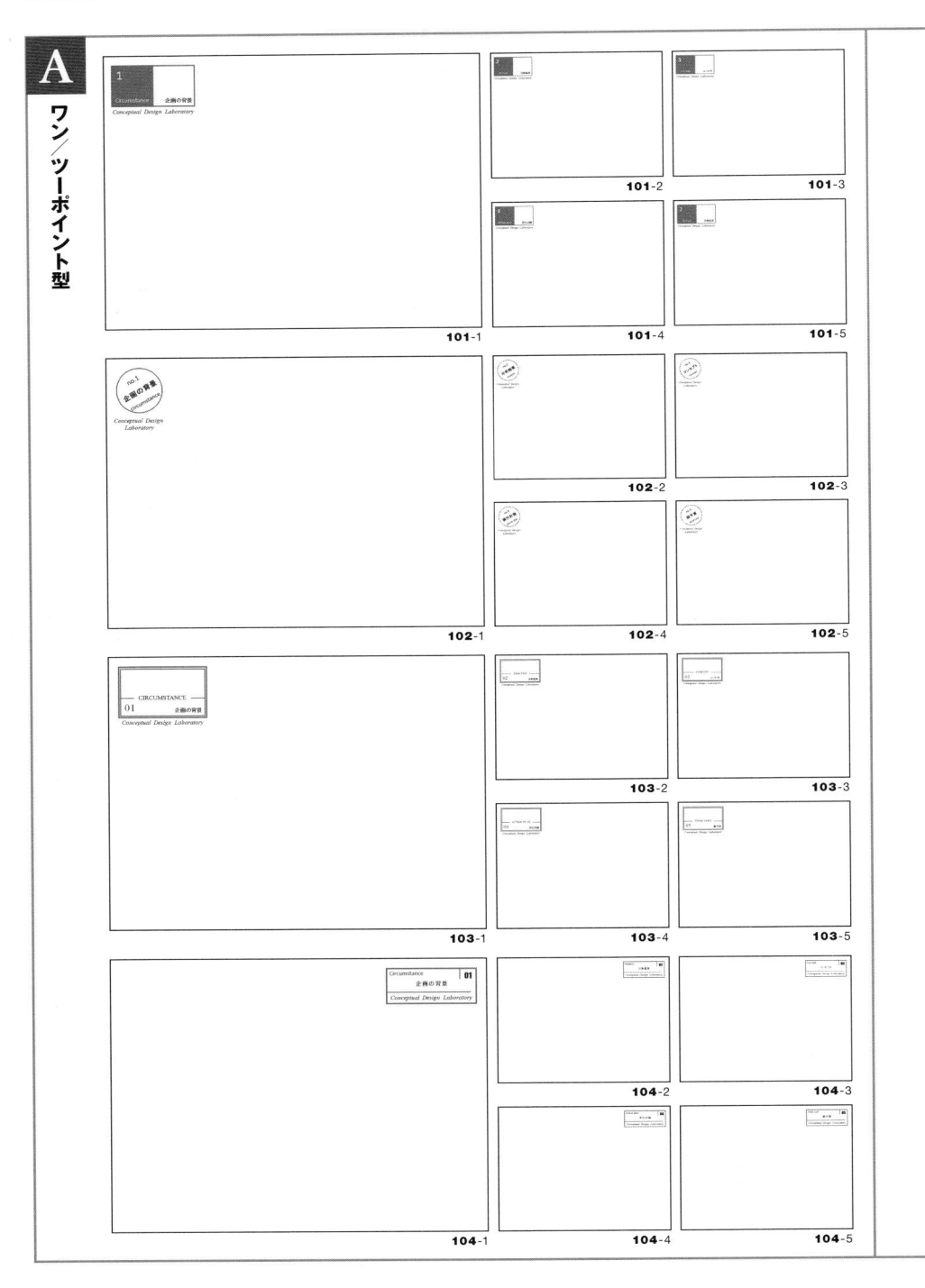

A ワン/ツーポイント型

101-1	101-2	101-3
	101-4	101-5
102-1	102-2	102-3
	102-4	102-5
103-1	103-2	103-3
	103-4	103-5
104-1	104-2	104-3
	104-4	104-5

185

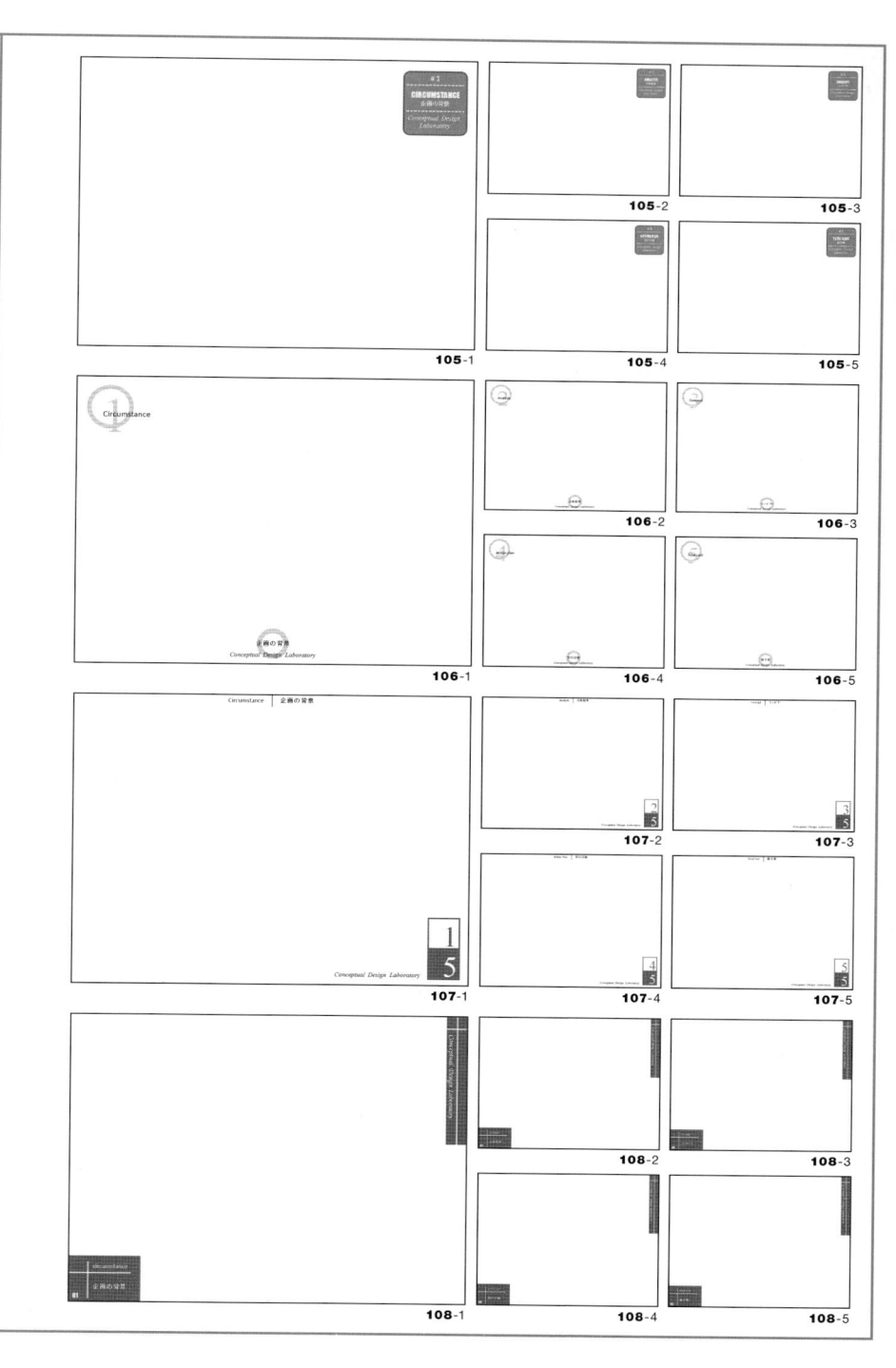

付録 B

B ワンポイント＋バー型

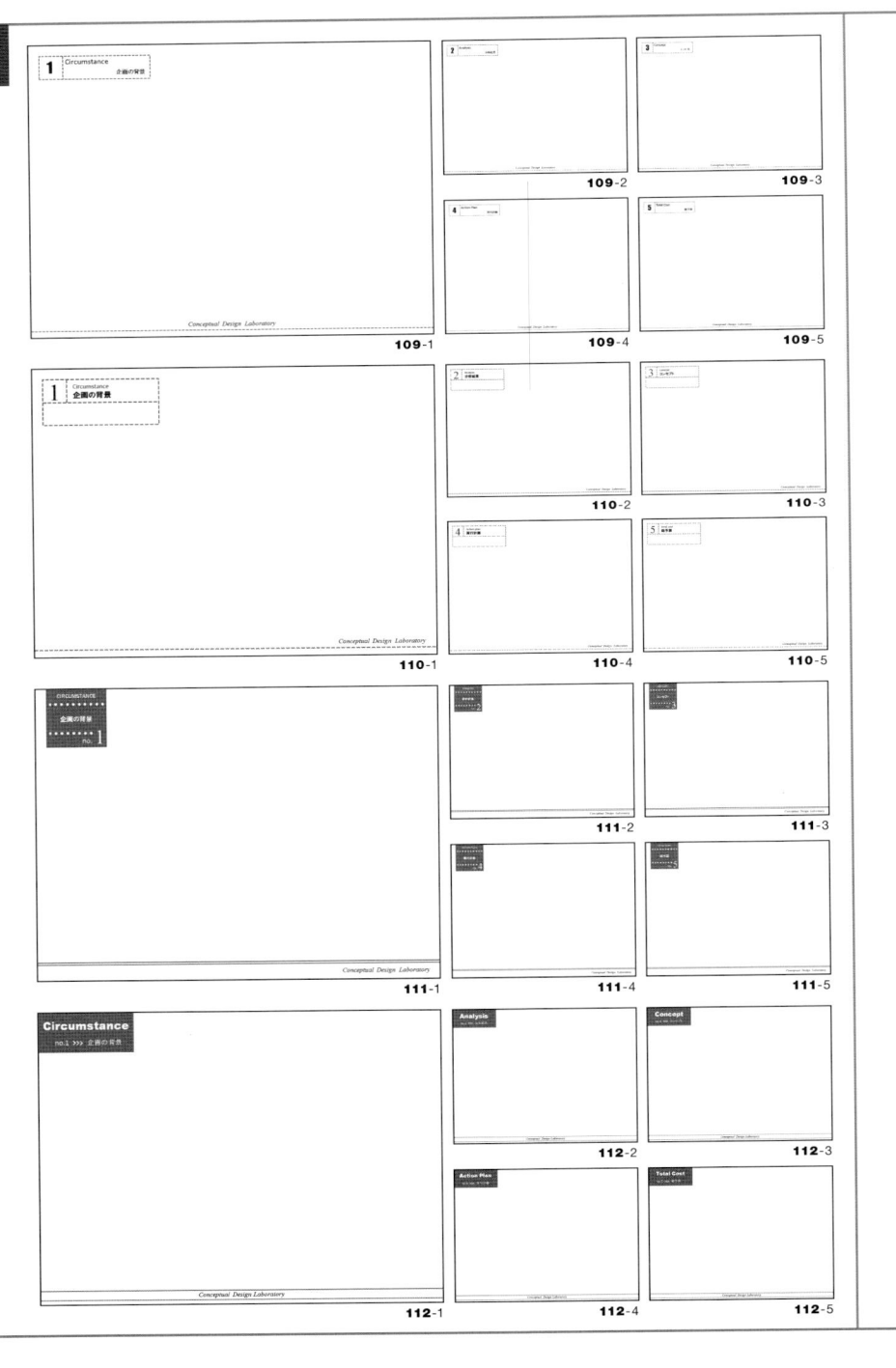

付録 B

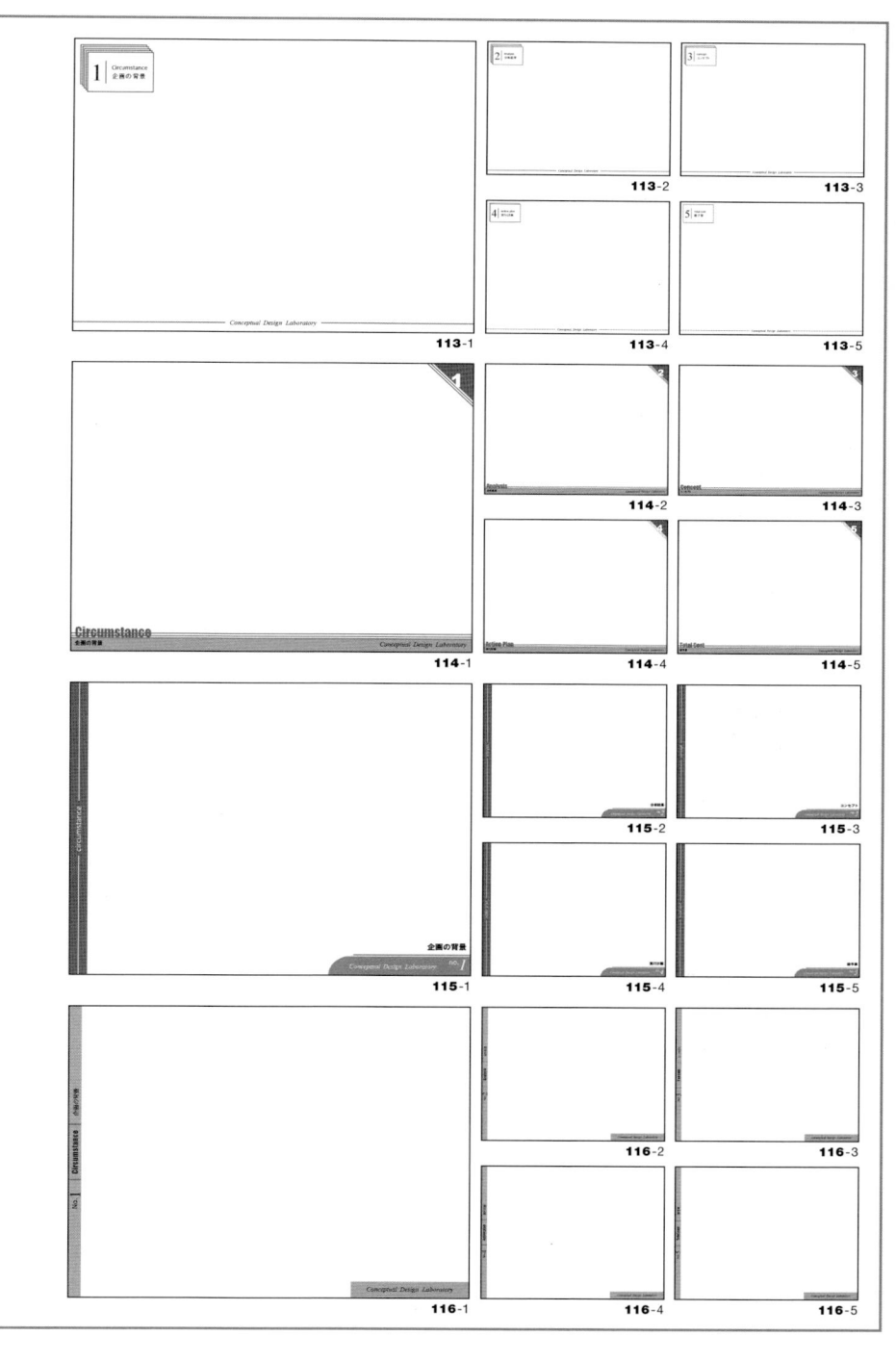

187

付録　C

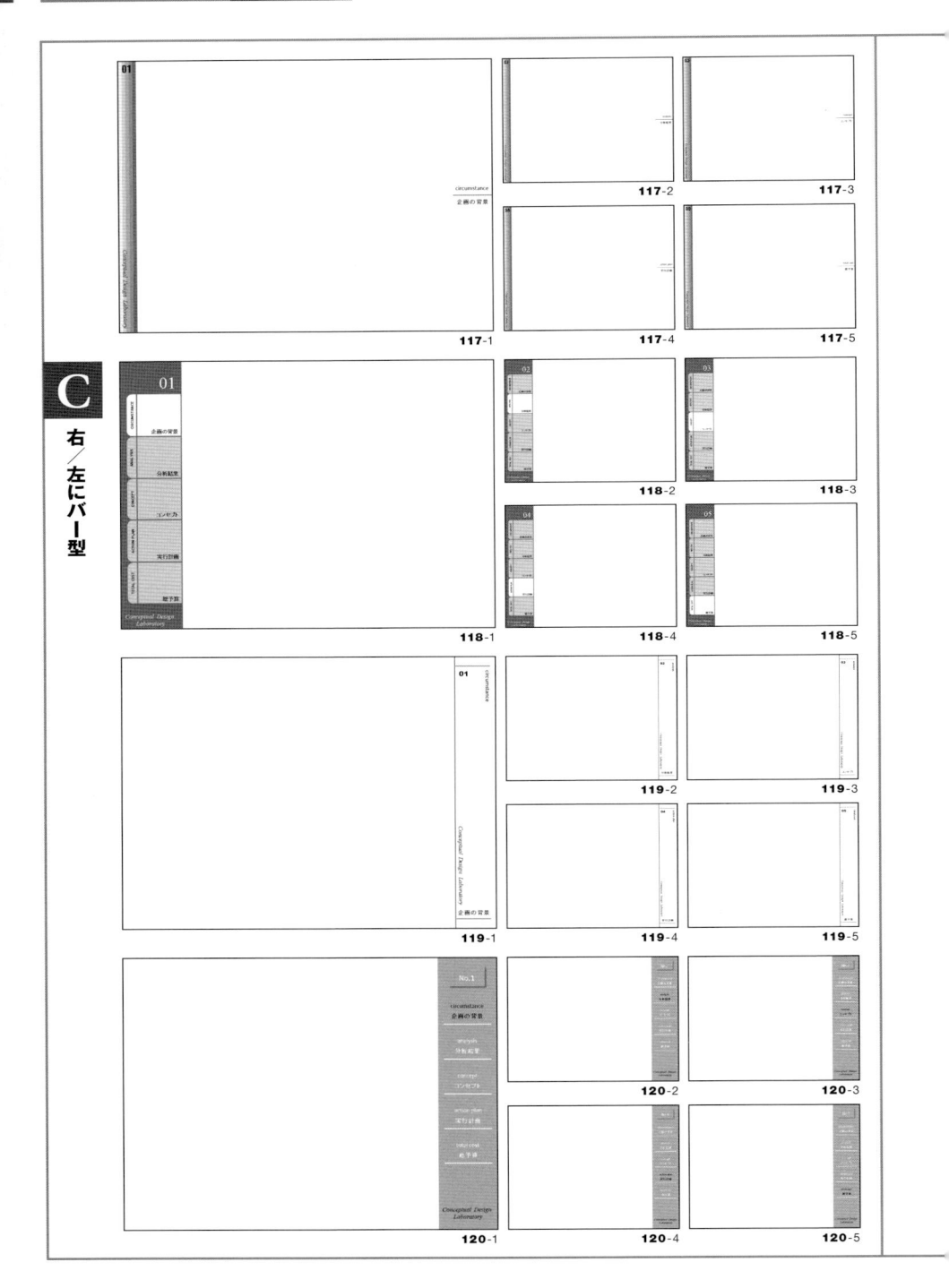

C
右／左にバー型

117-1　117-2　117-3　117-4　117-5

118-1　118-2　118-3　118-4　118-5

119-1　119-2　119-3　119-4　119-5

120-1　120-2　120-3　120-4　120-5

D 上／下にバー型

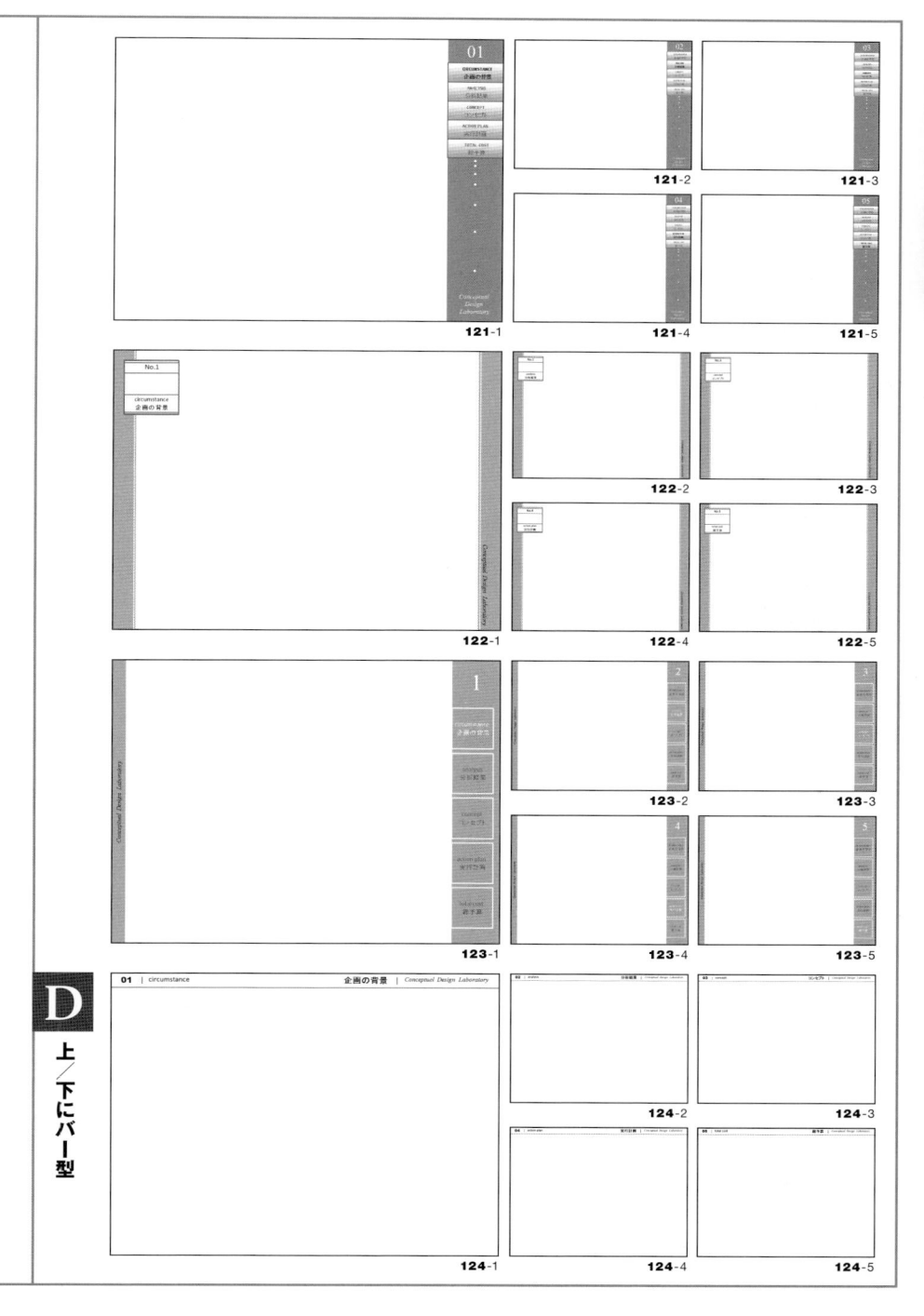

121-1 121-2 121-3 121-4 121-5
122-1 122-2 122-3 122-4 122-5
123-1 123-2 123-3 123-4 123-5
124-1 124-2 124-3 124-4 124-5

189

付録 D

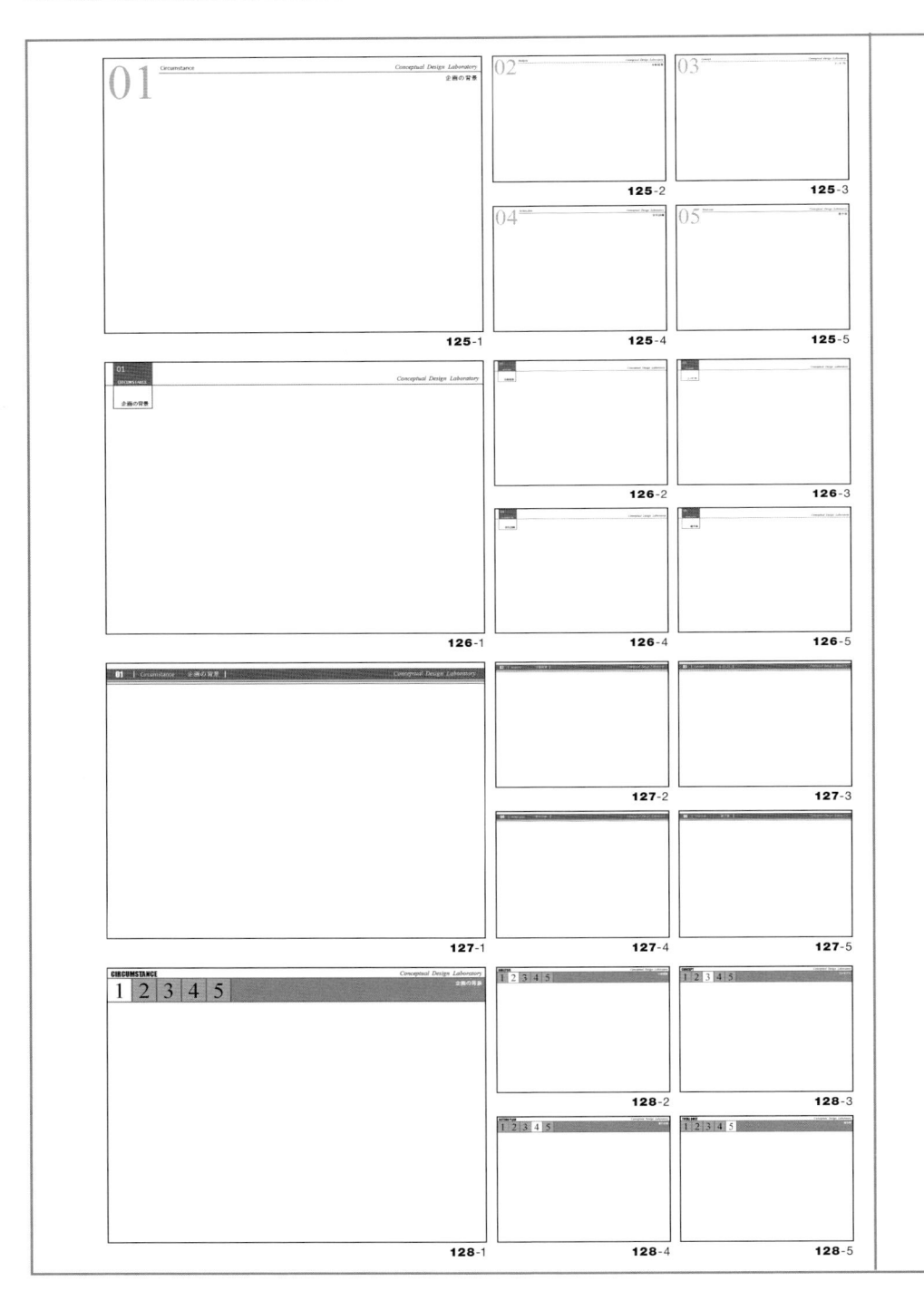

125-1 **125**-2 **125**-3 **125**-4 **125**-5
126-1 **126**-2 **126**-3 **126**-4 **126**-5
127-1 **127**-2 **127**-3 **127**-4 **127**-5
128-1 **128**-2 **128**-3 **128**-4 **128**-5

E 上下にバー型

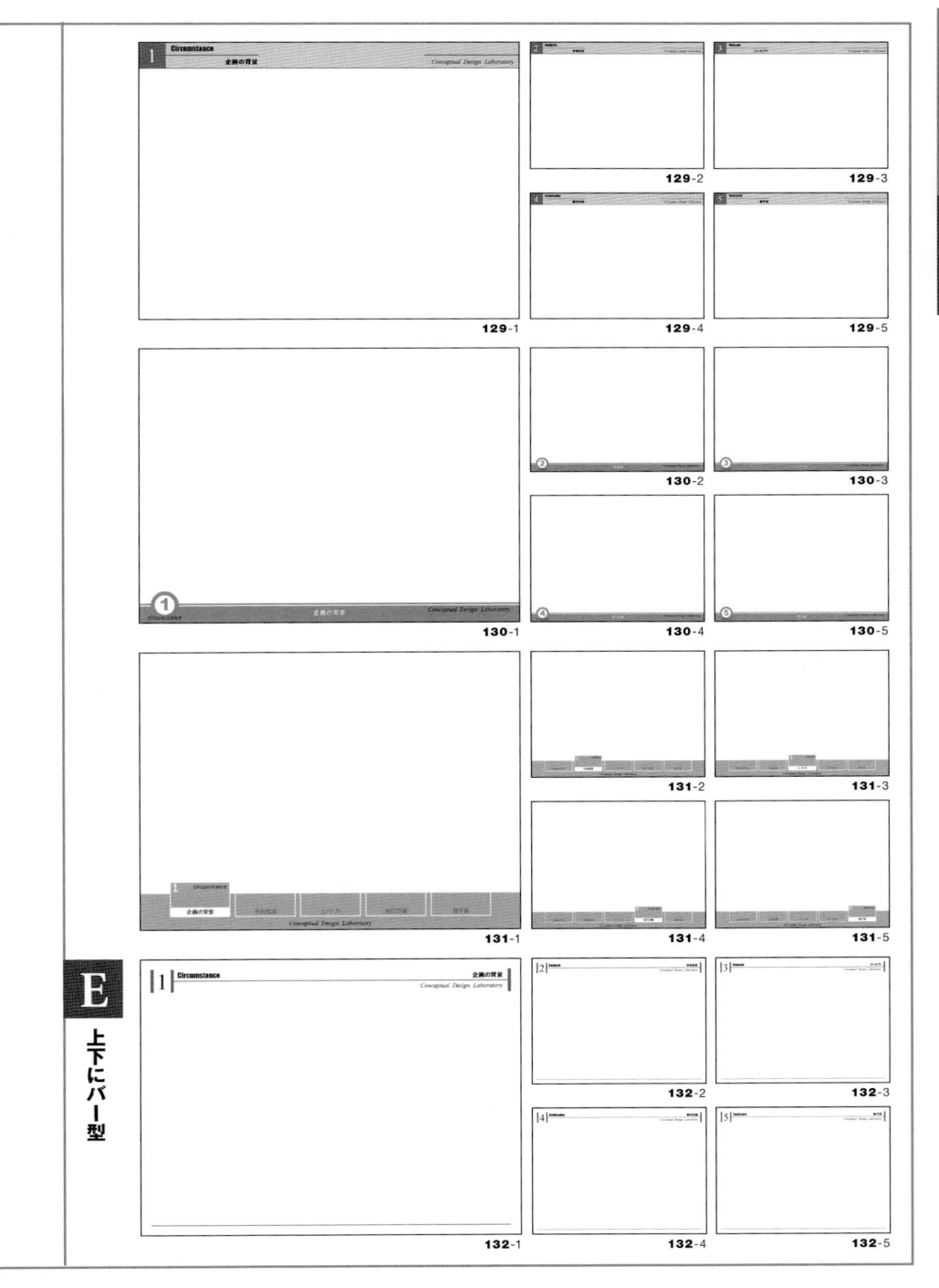

133-1

133-2

133-3

133-4

133-5

134-1

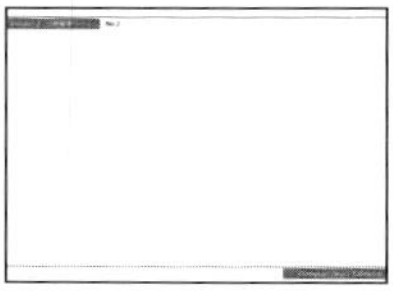

134-2

134-3

134-4

134-5

135-1

135-2

135-3

135-4

135-5

136-1

136-2

136-3

136-4

136-5

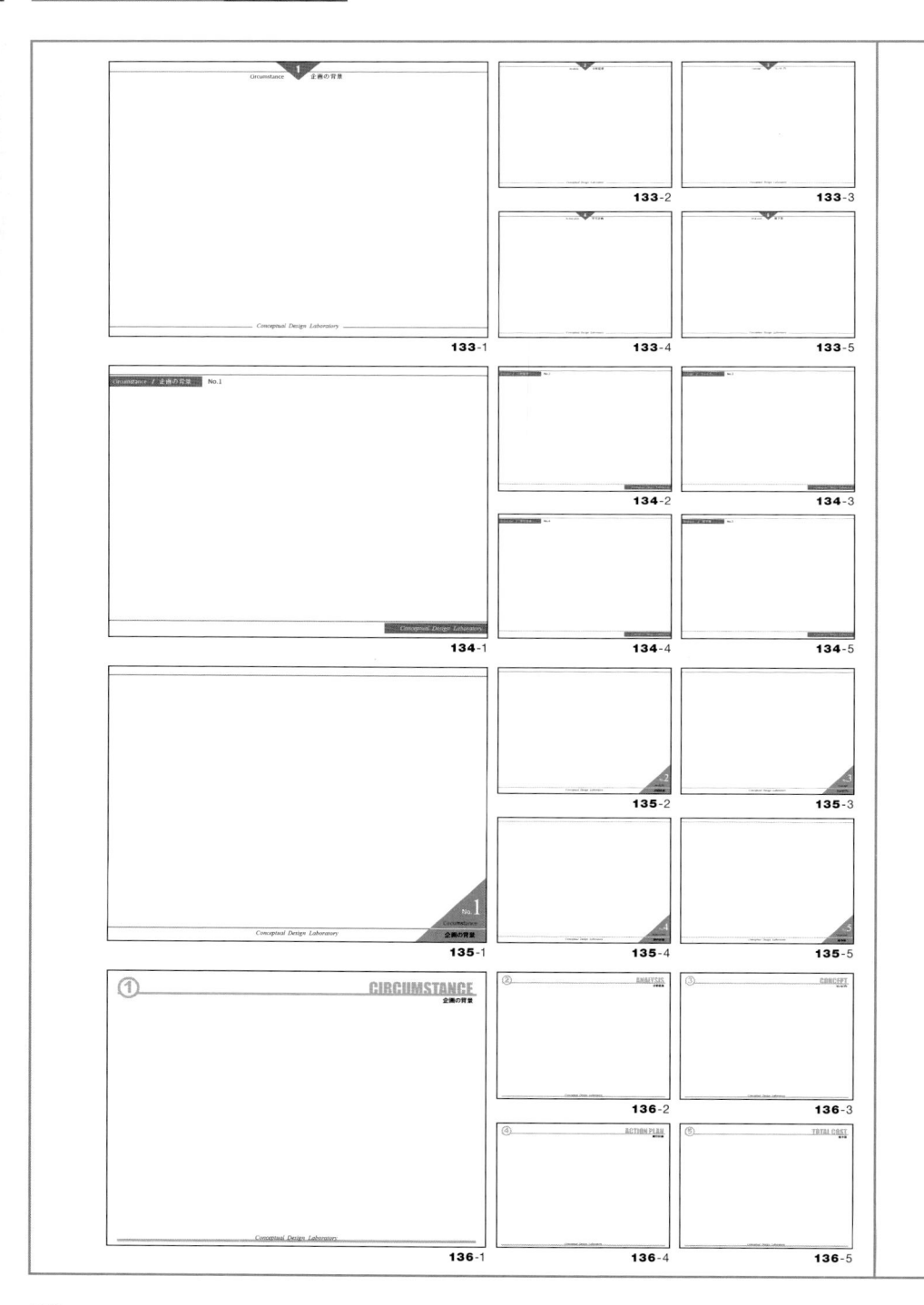

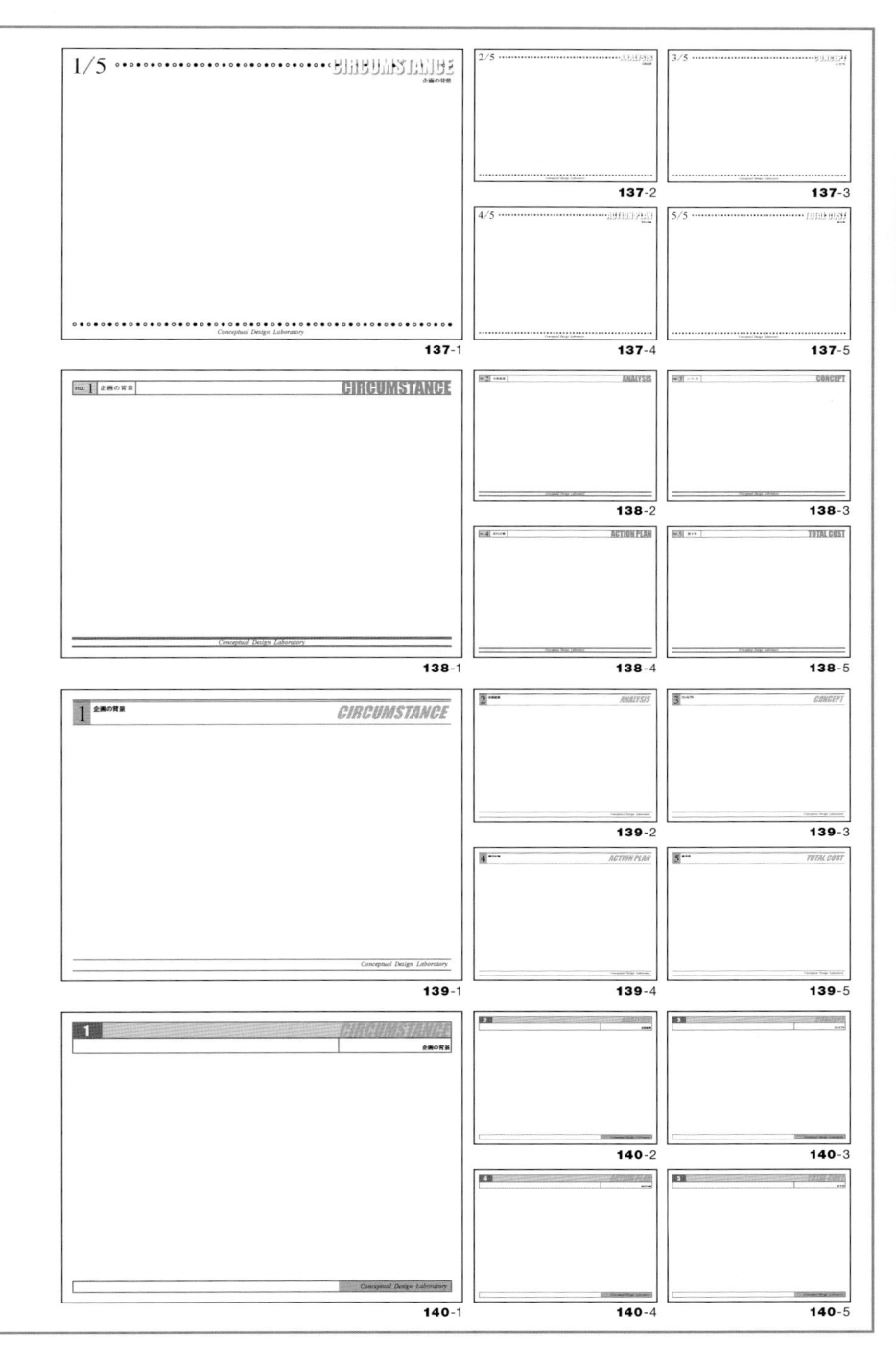

1/5 CIRCUMSTANCE 企画の背景	2/5 ANALYSIS	3/5 CONCEPT
	137-2	137-3
	4/5 ACTION PLAN	5/5 TOTAL COST
137-1	137-4	137-5

no.1 企画の背景 CIRCUMSTANCE	ANALYSIS	CONCEPT
	138-2	138-3
	ACTION PLAN	TOTAL COST
138-1	138-4	138-5

1 企画の背景 CIRCUMSTANCE	ANALYSIS	CONCEPT
	139-2	139-3
	ACTION PLAN	TOTAL COST
139-1	139-4	139-5

1 CIRCUMSTANCE 企画の背景	ANALYSIS	CONCEPT
	140-2	140-3
	ACTION PLAN	TOTAL COST
140-1	140-4	140-5

193

付録 E

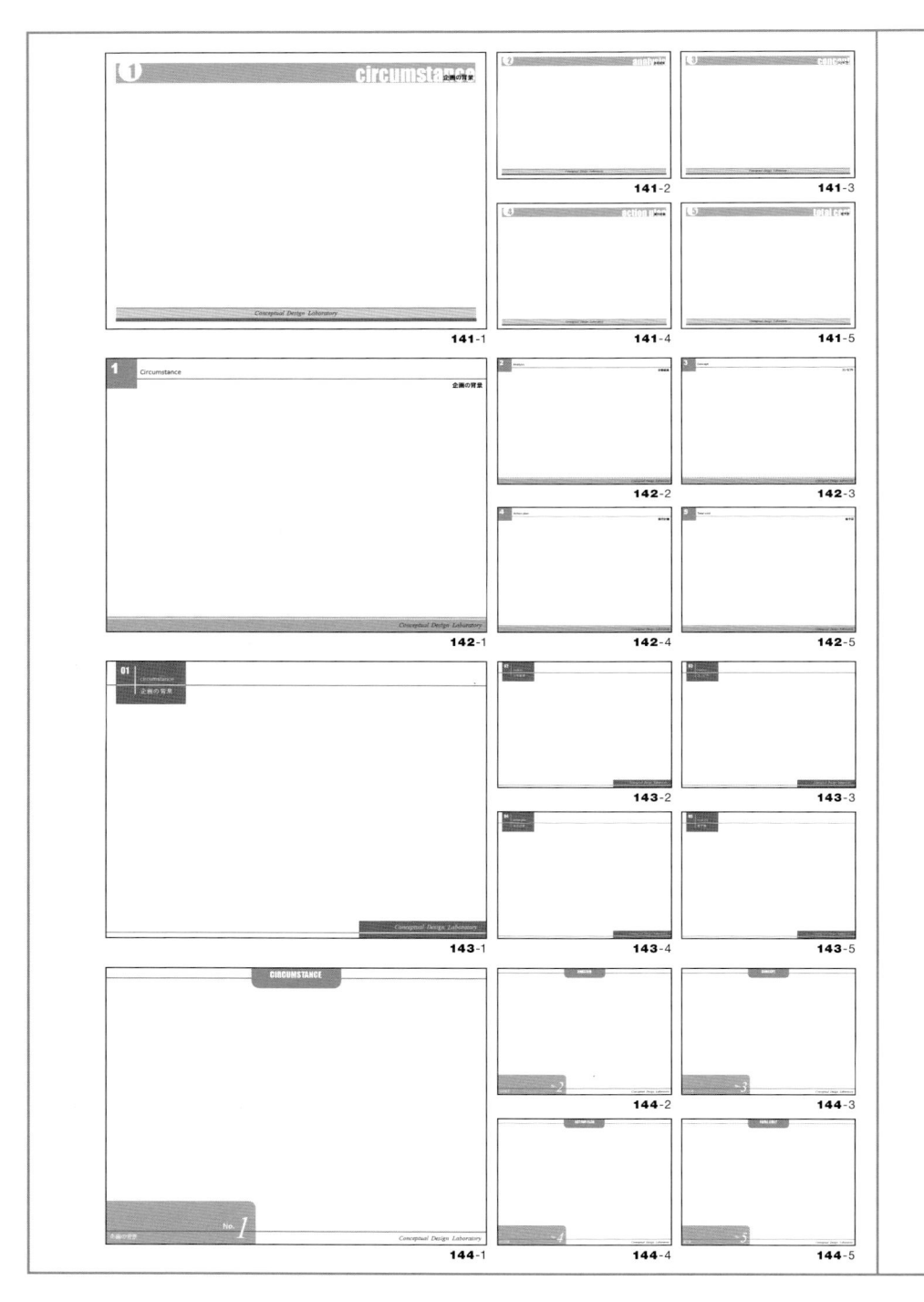

141-1　141-2　141-3　141-4　141-5

142-1　142-2　142-3　142-4　142-5

143-1　143-2　143-3　143-4　143-5

144-1　144-2　144-3　144-4　144-5

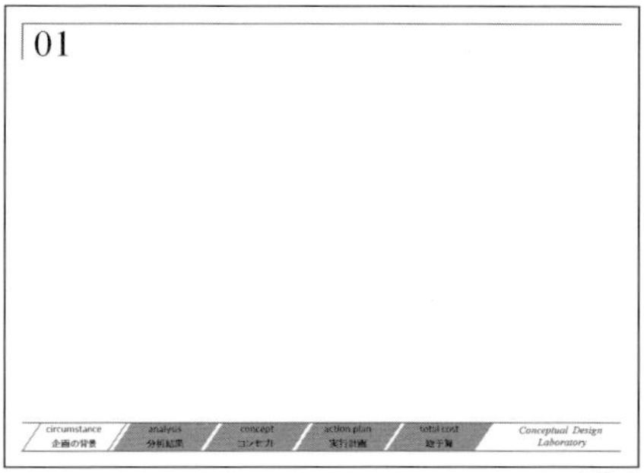

145-1

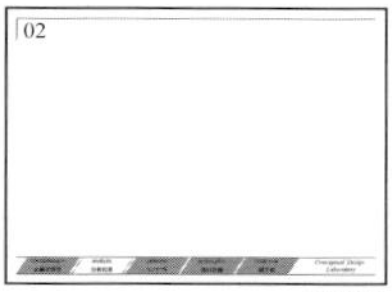

145-2

145-3

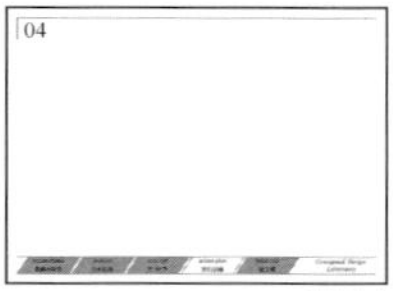

145-4

145-5

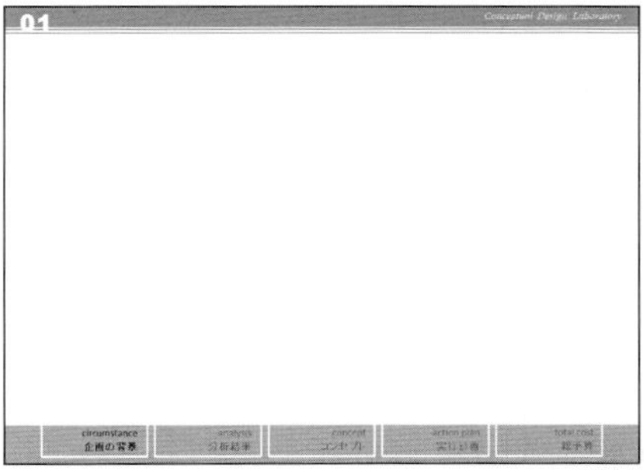

146-1

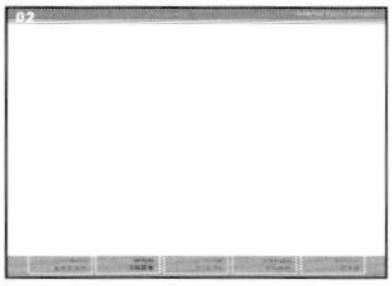
146-2

146-3

146-4

146-5

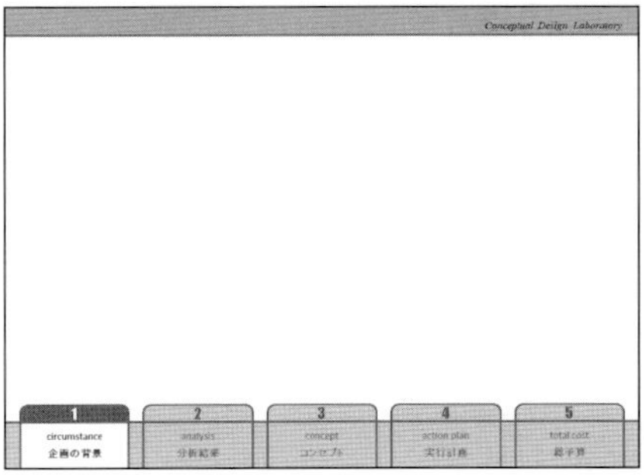

147-1

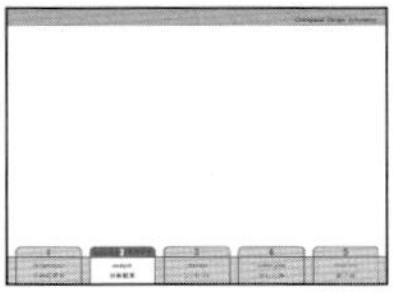
147-2

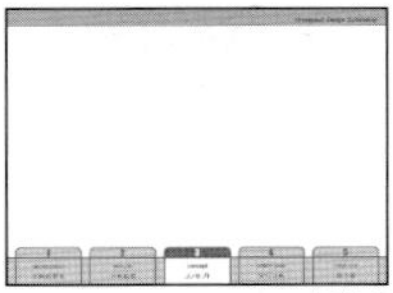
147-3

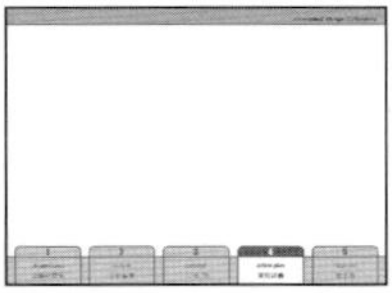
147-4

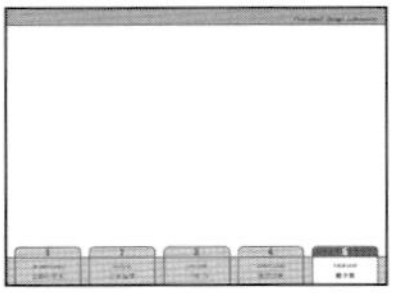
147-5

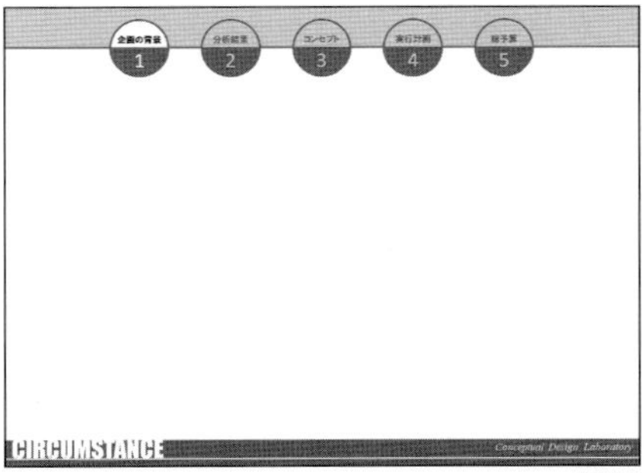

148-1

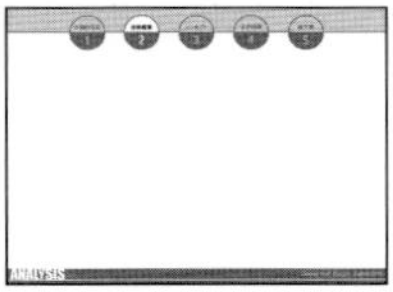

148-2

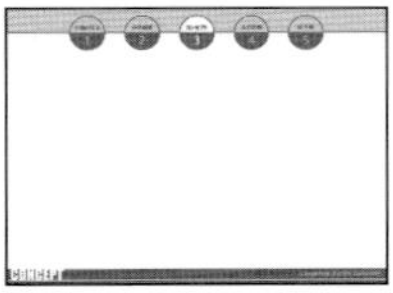

148-3

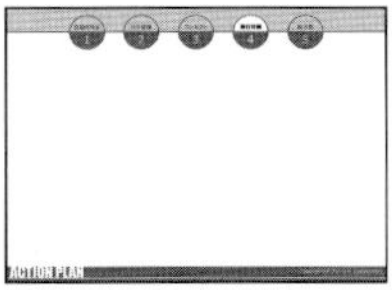

148-4

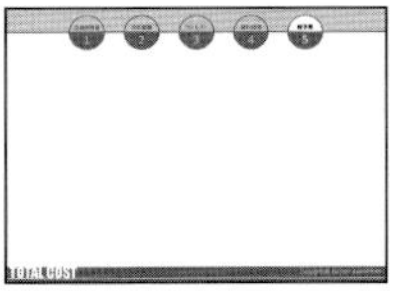

148-5

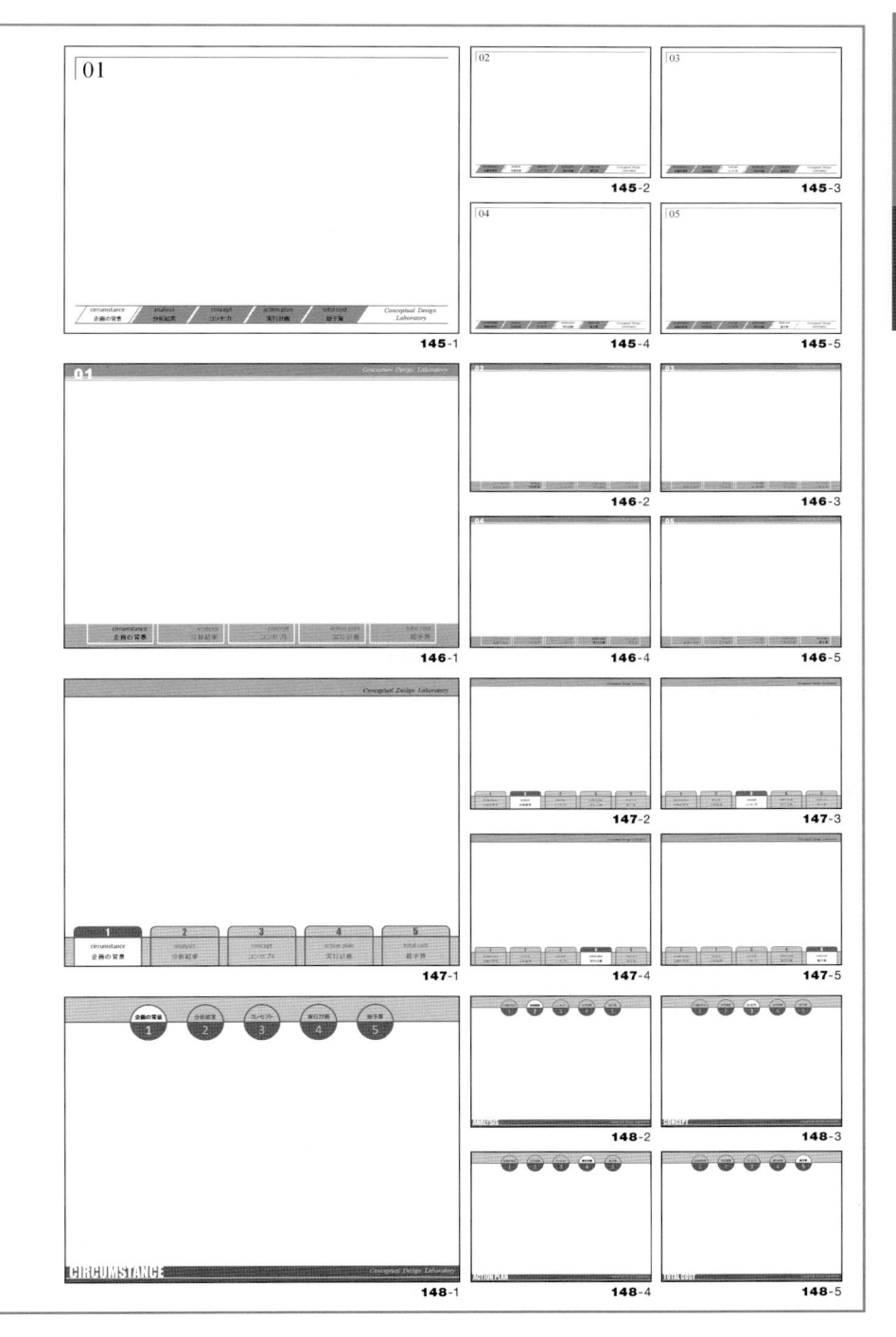

F 二辺にバー型

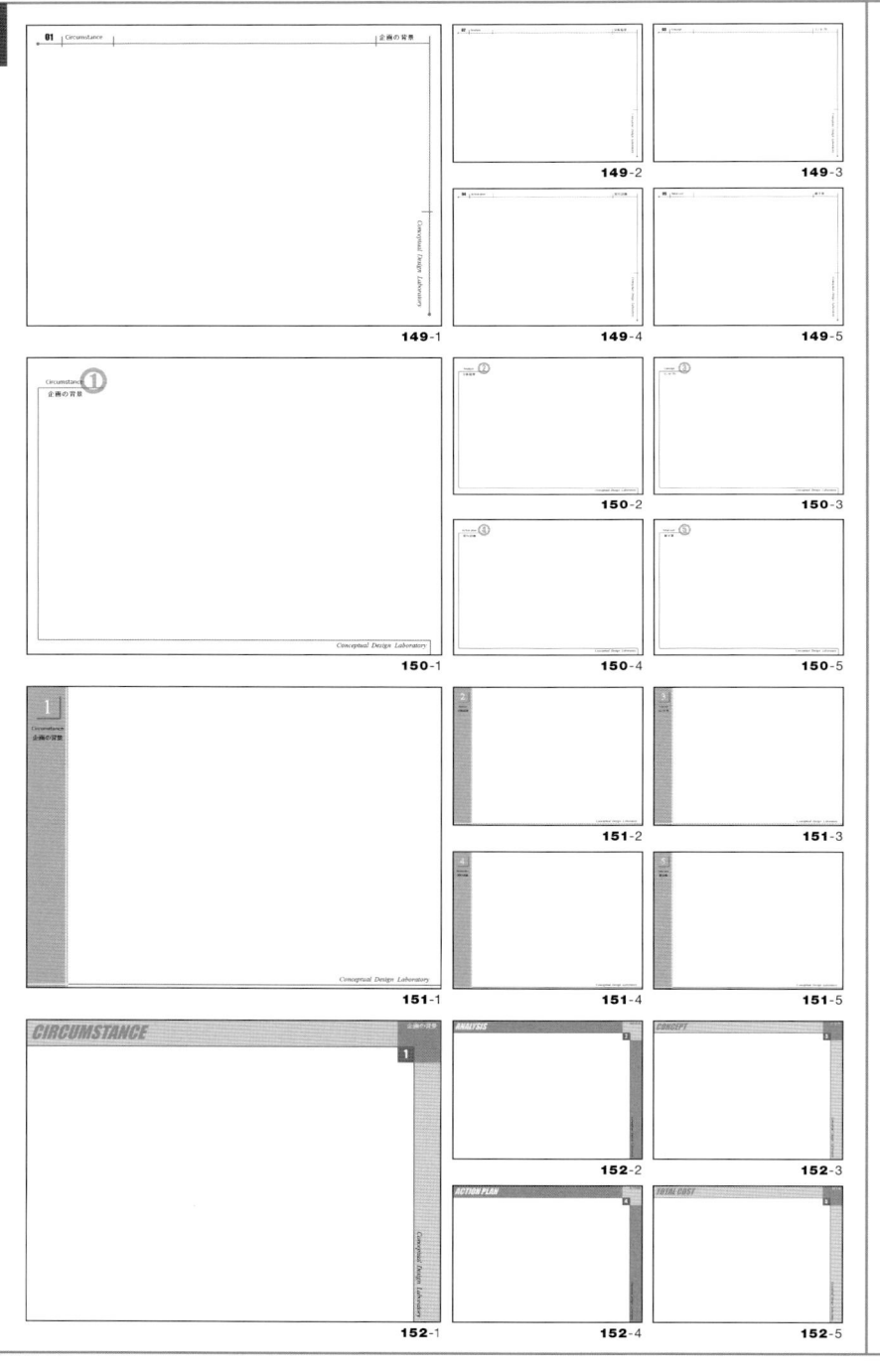

付録

G 三辺にバー型

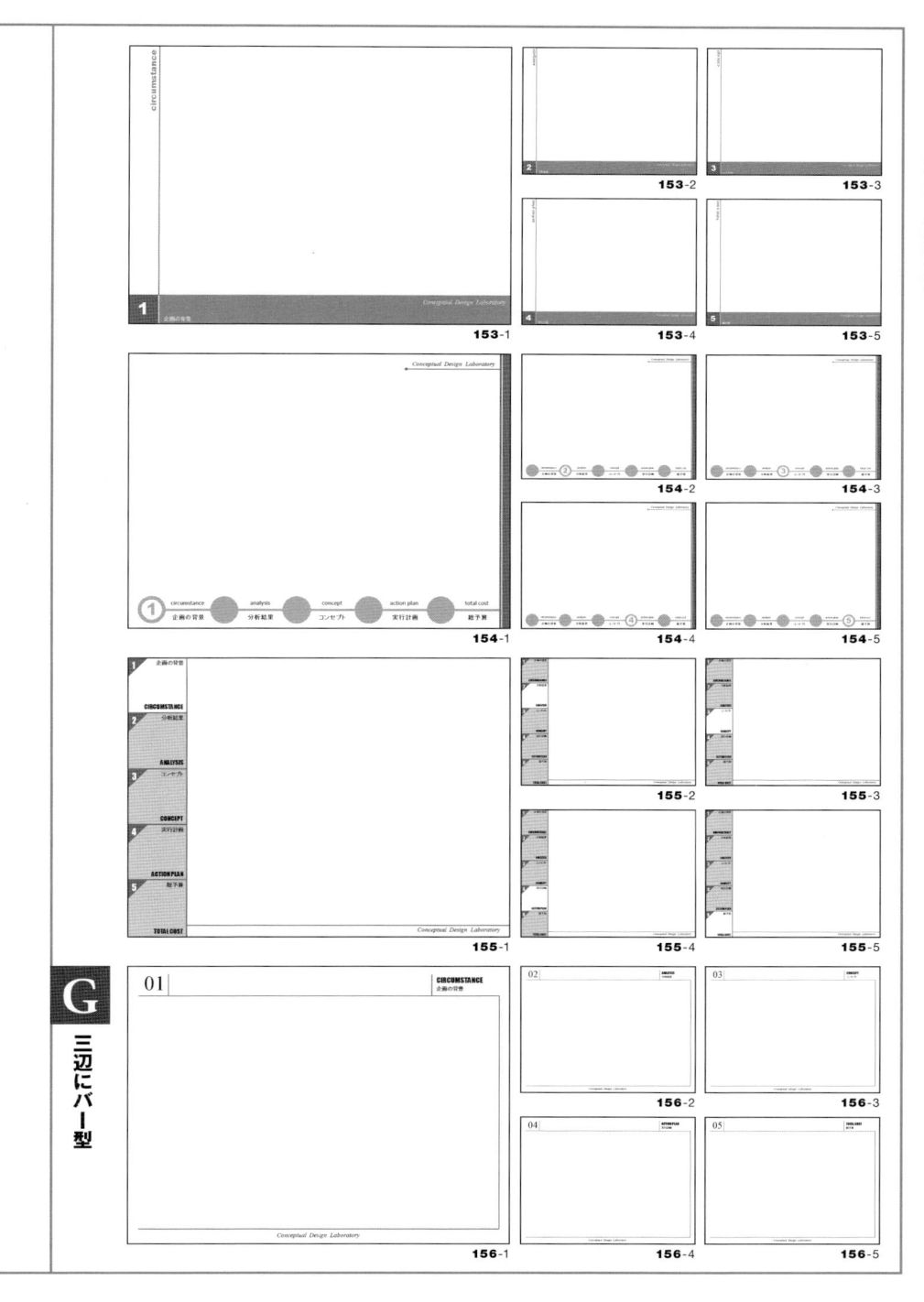

付録 G

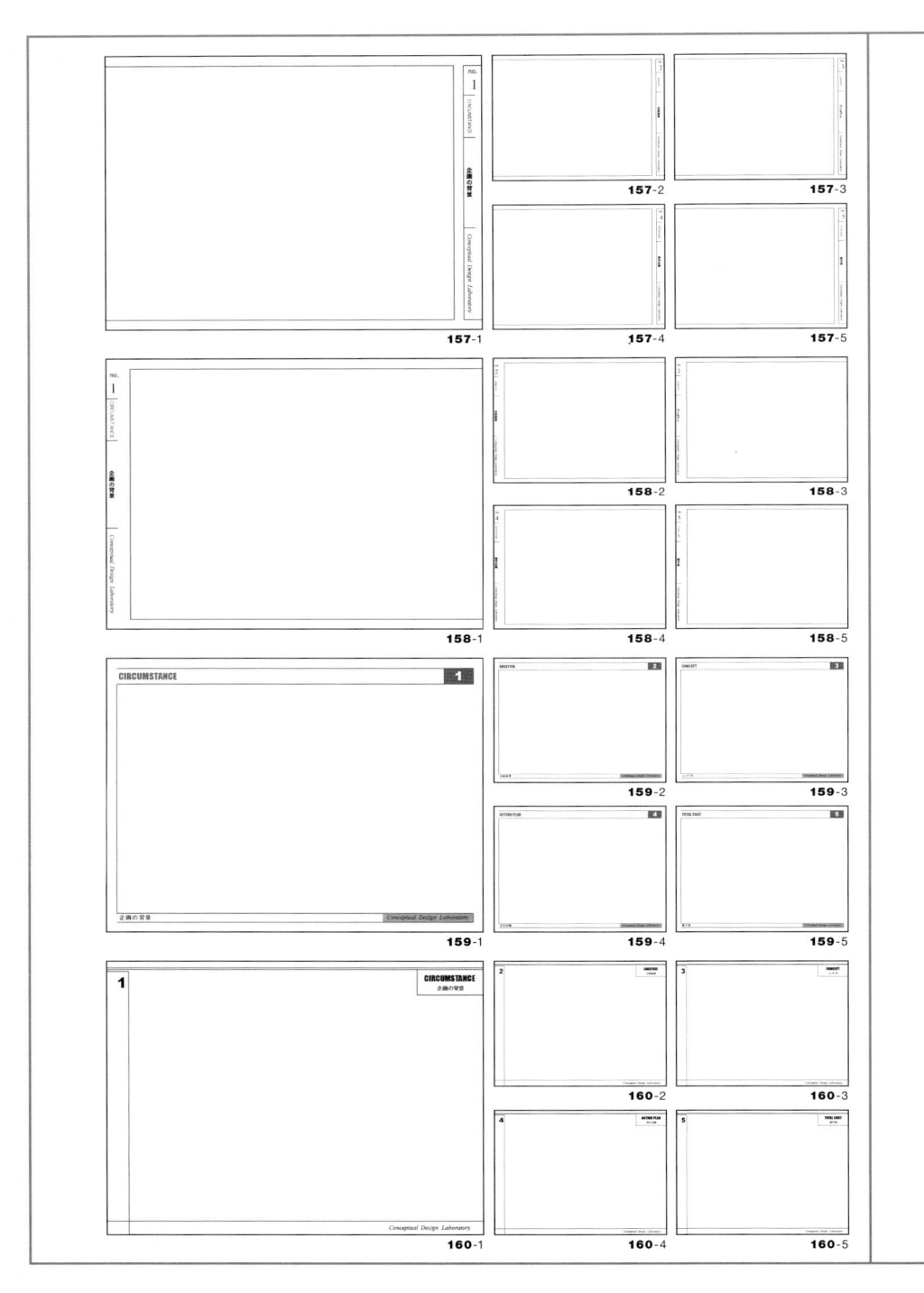

157-1, **157**-2, **157**-3, **157**-4, **157**-5

158-1, **158**-2, **158**-3, **158**-4, **158**-5

159-1 CIRCUMSTANCE 企画の背景, **159**-2, **159**-3, **159**-4, **159**-5

160-1 CIRCUMSTANCE 企画の背景, **160**-2, **160**-3, **160**-4, **160**-5

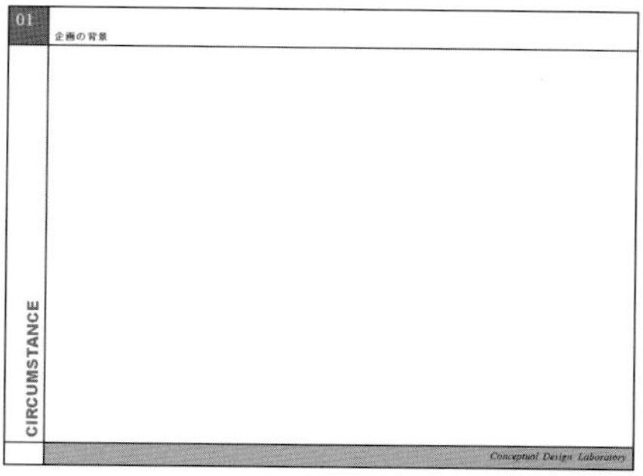

161-1

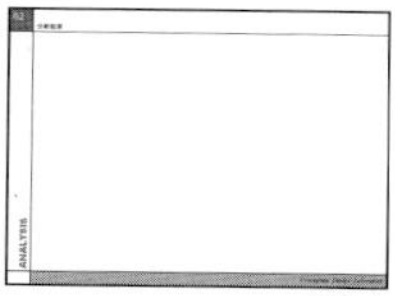

161-2

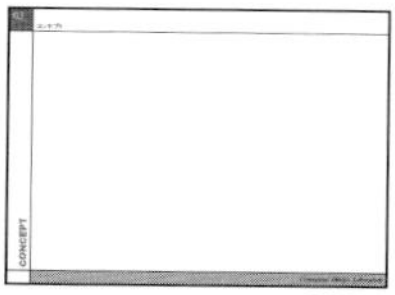

161-3

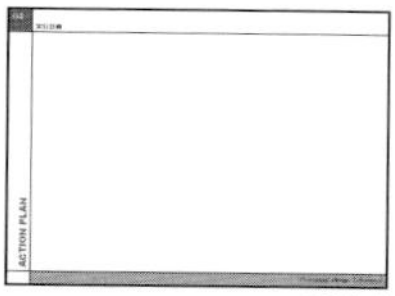

161-4

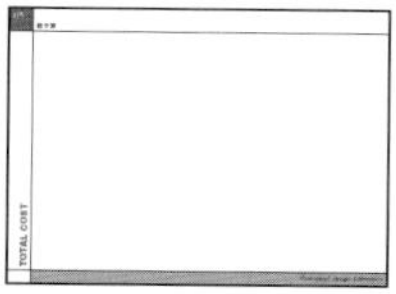

161-5

162-1

162-2

162-3

162-4

162-5

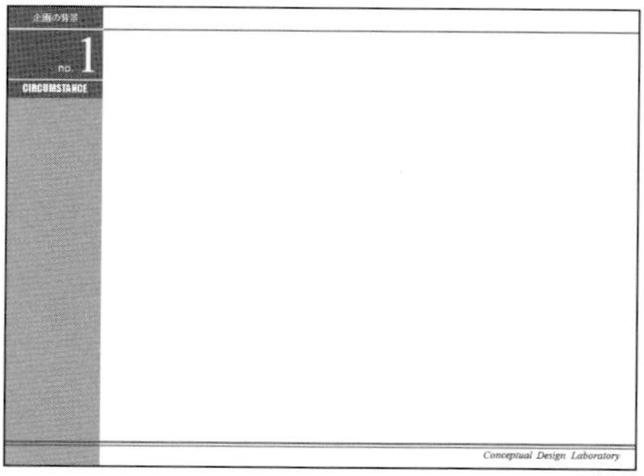

163-1

163-2

163-3

163-4

163-5

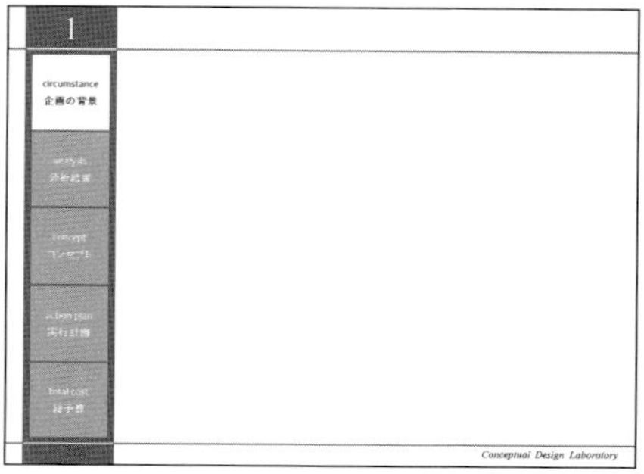

164-1

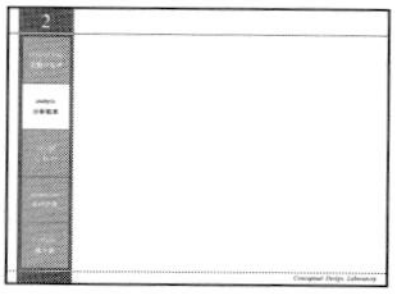

164-2

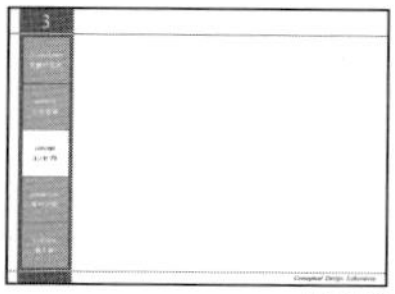

164-3

164-4

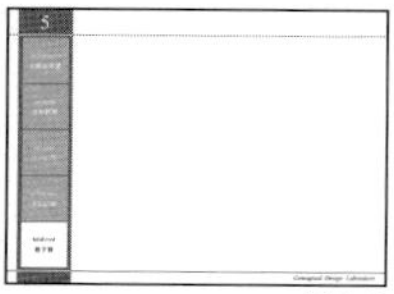

164-5

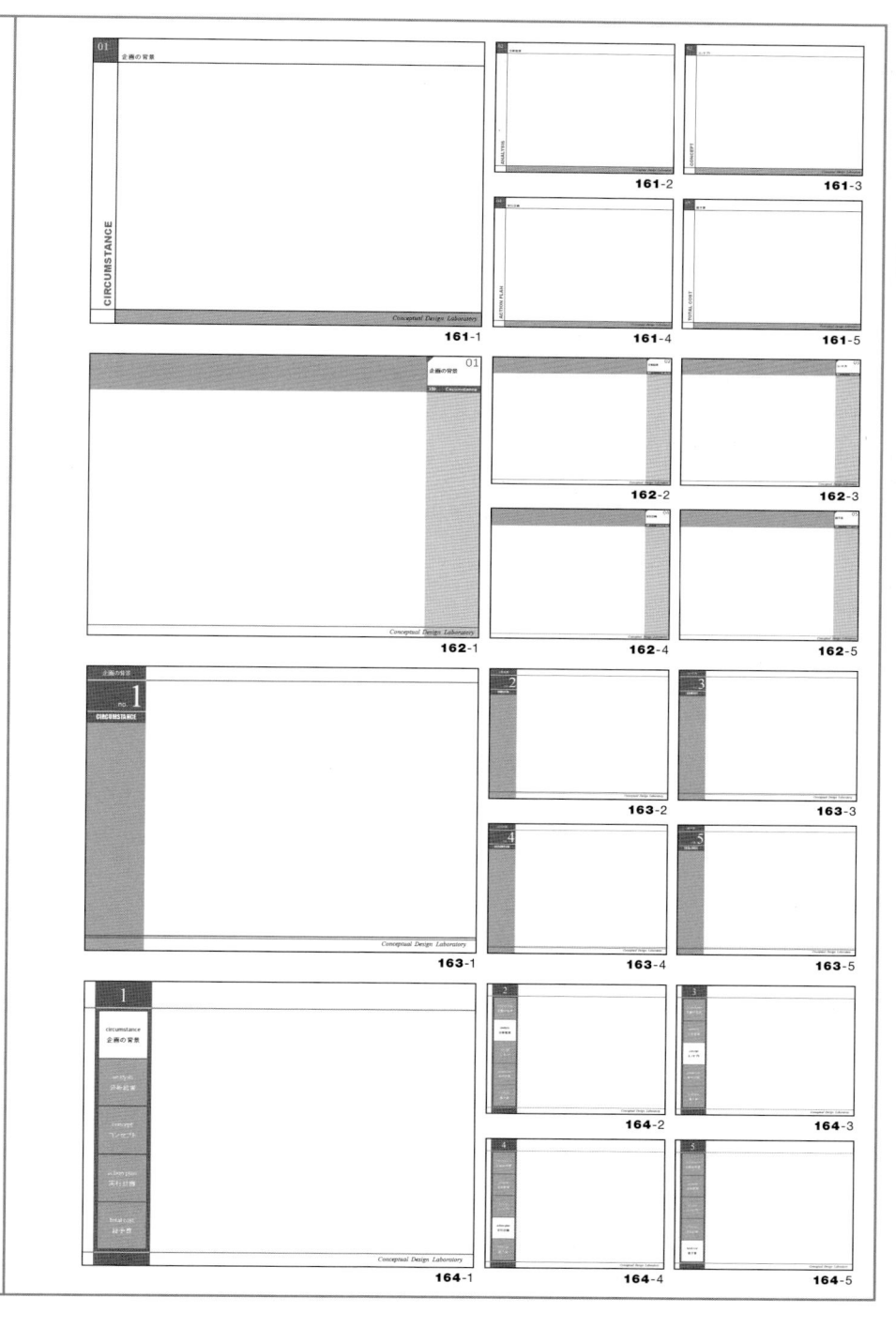

付録　H

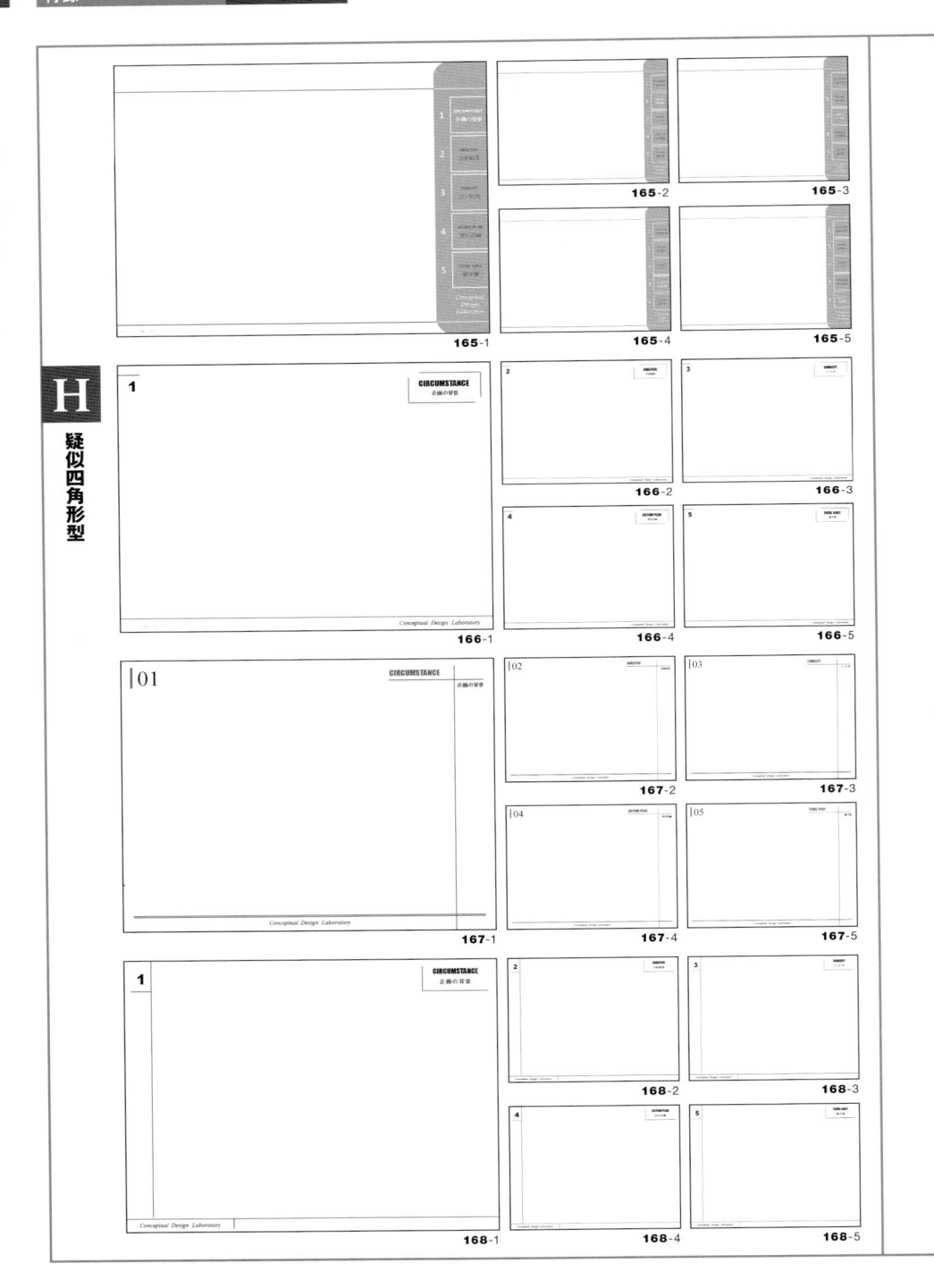

H 疑似四角形型

I 四辺を囲む＋上に項目型

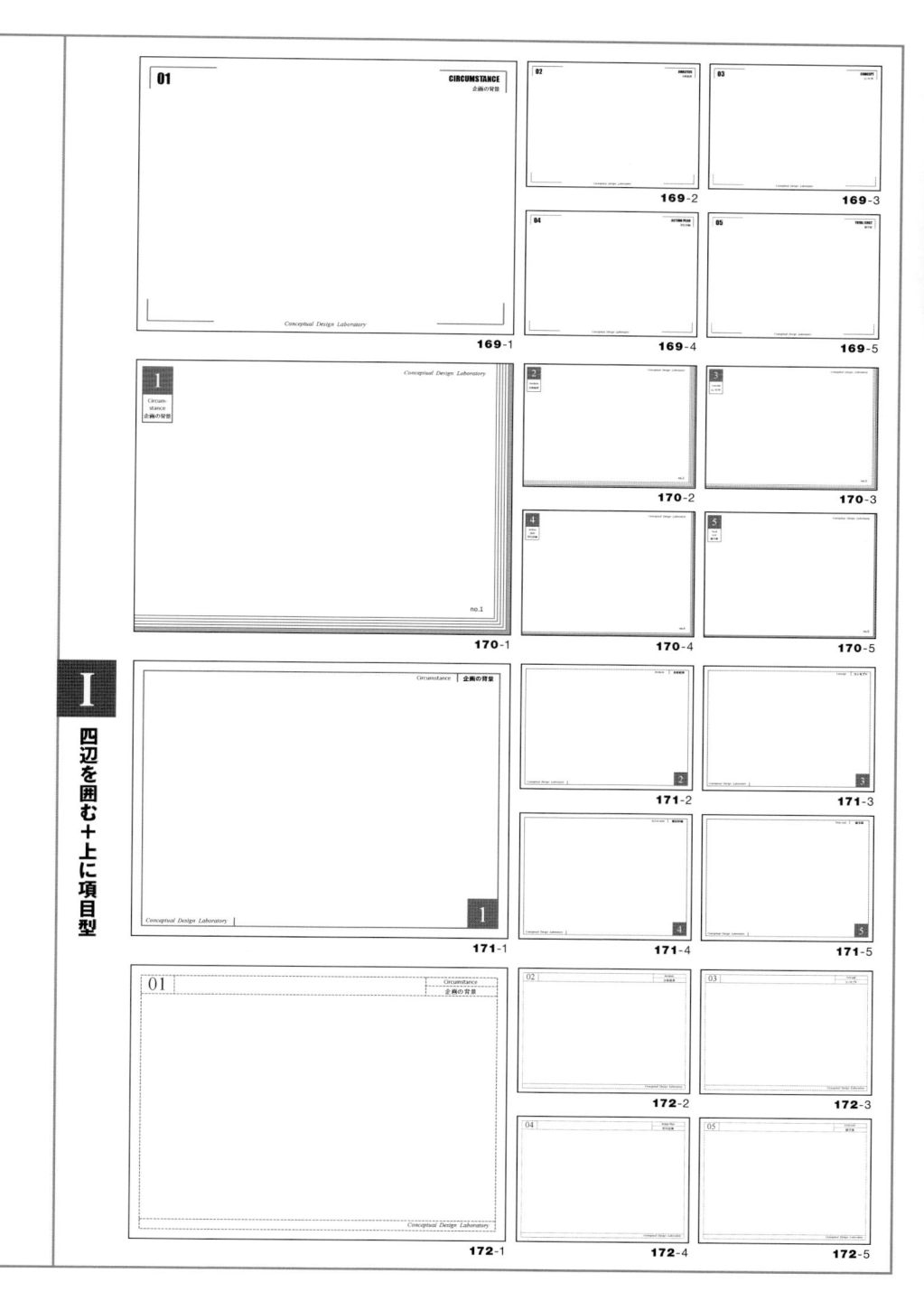

付録 I

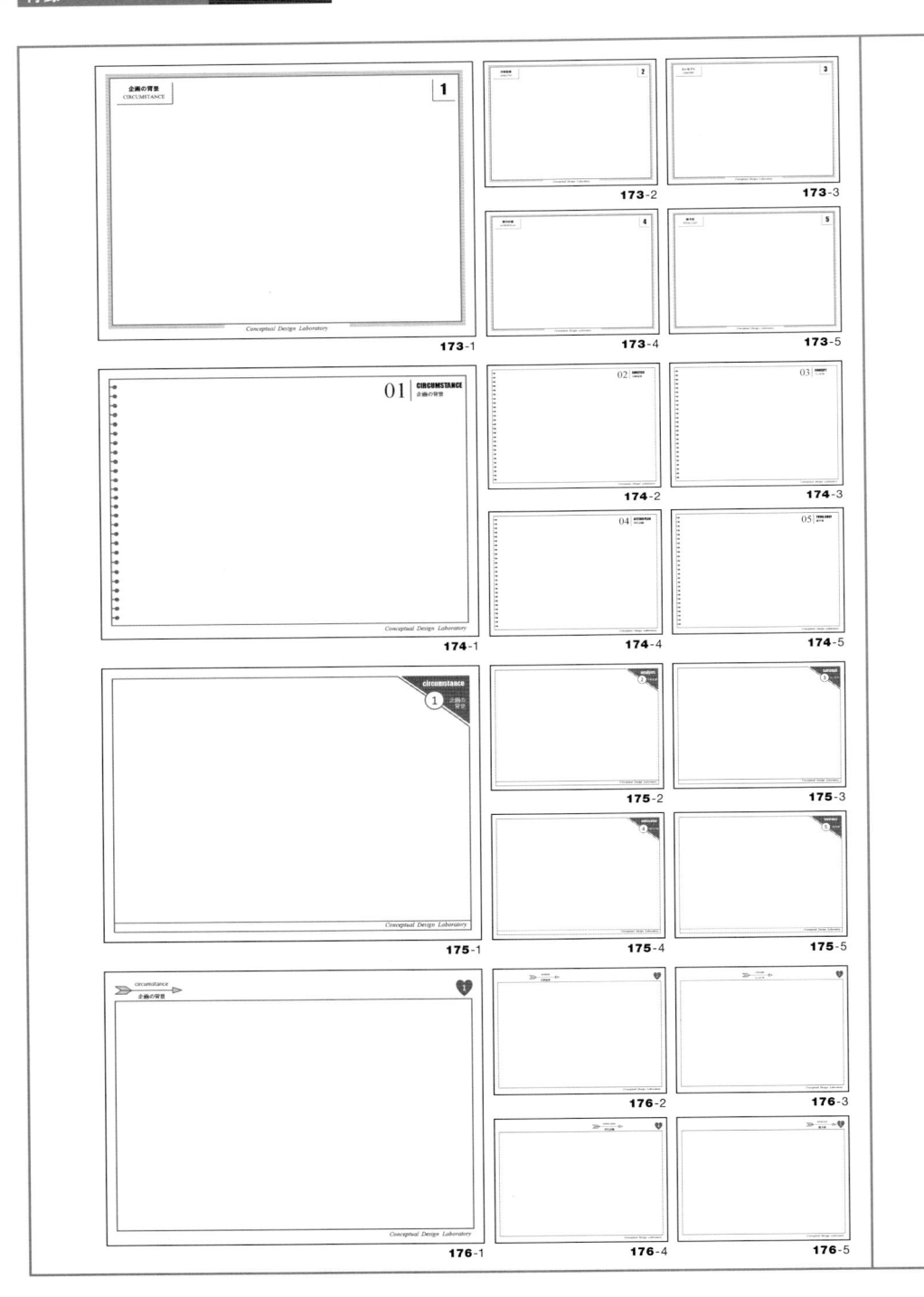

203

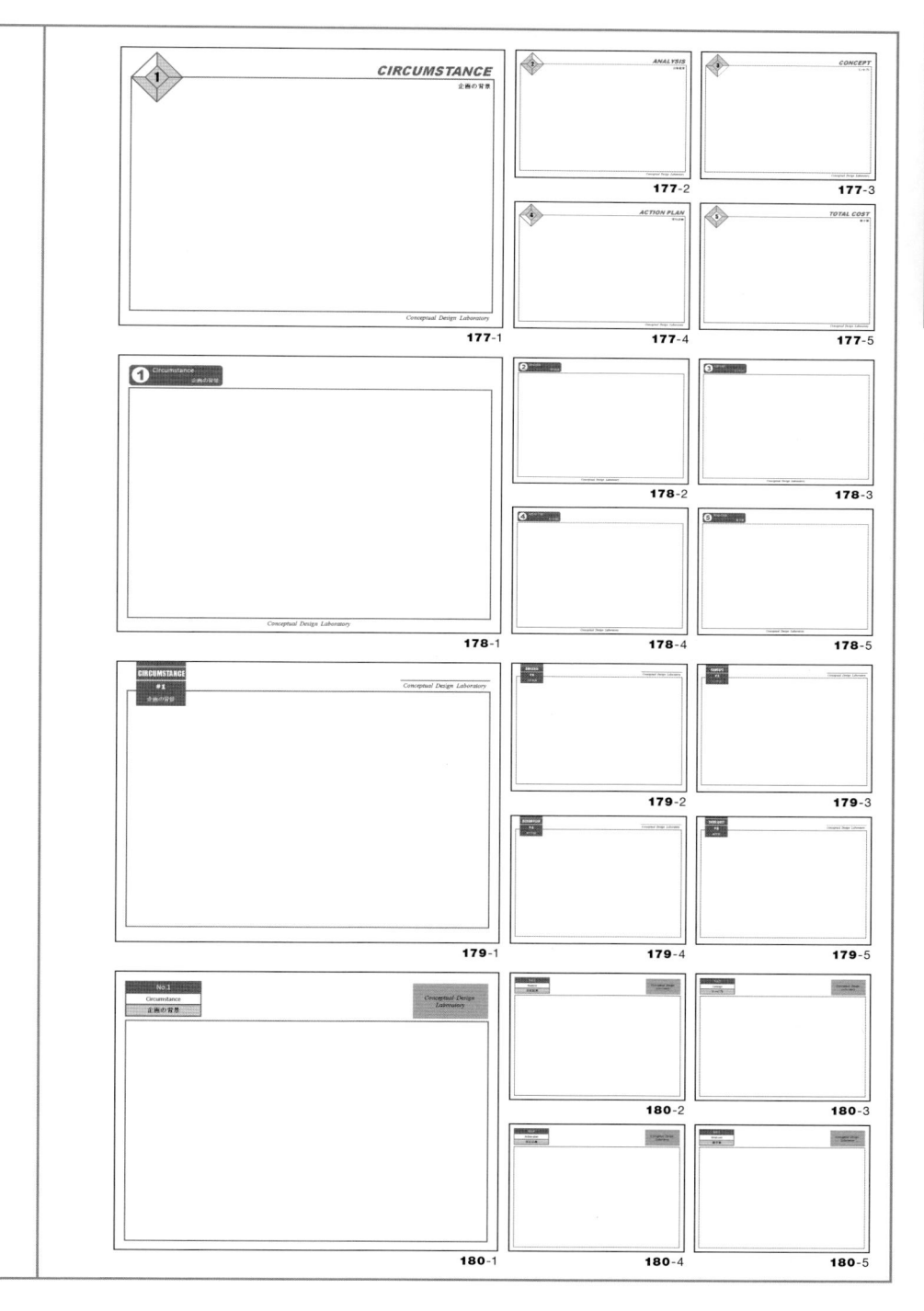

付録 I

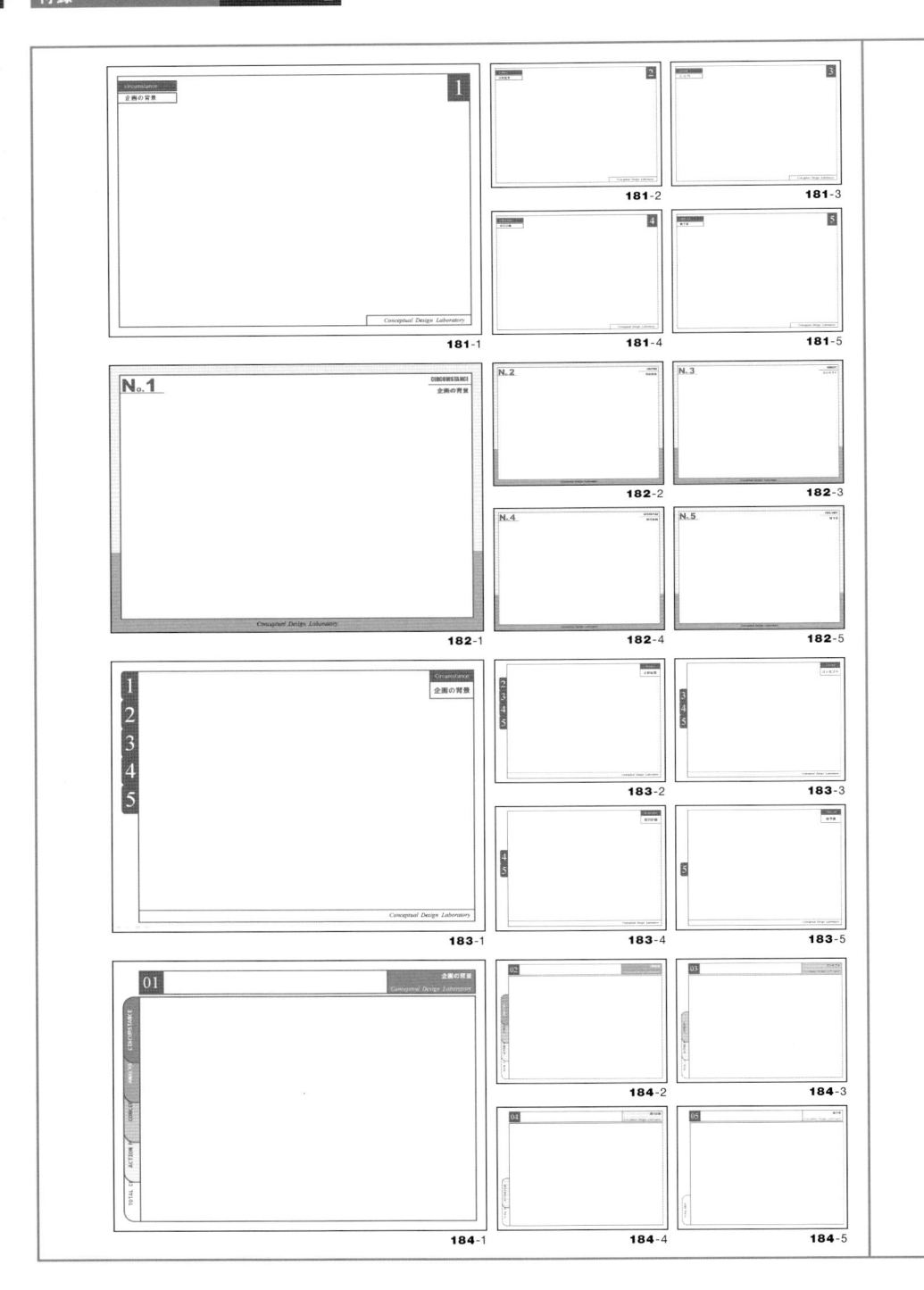

181-1　181-2　181-3　181-4　181-5

182-1　182-2　182-3　182-4　182-5

183-1　183-2　183-3　183-4　183-5

184-1　184-2　184-3　184-4　184-5

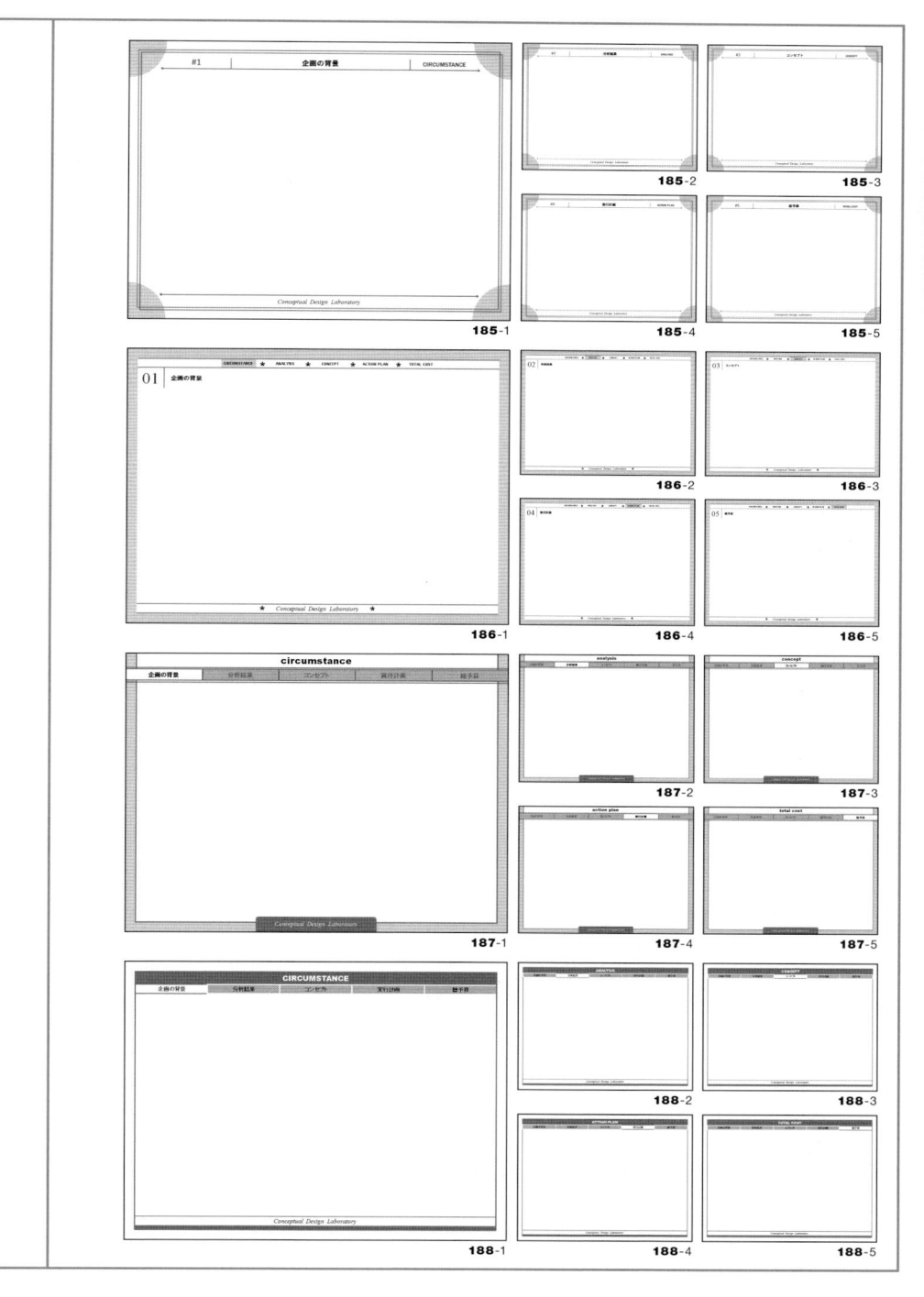

185-1　185-2　185-3
185-4　185-5
186-1　186-2　186-3
186-4　186-5
187-1　187-2　187-3
187-4　187-5
188-1　188-2　188-3
188-4　188-5

付録 J

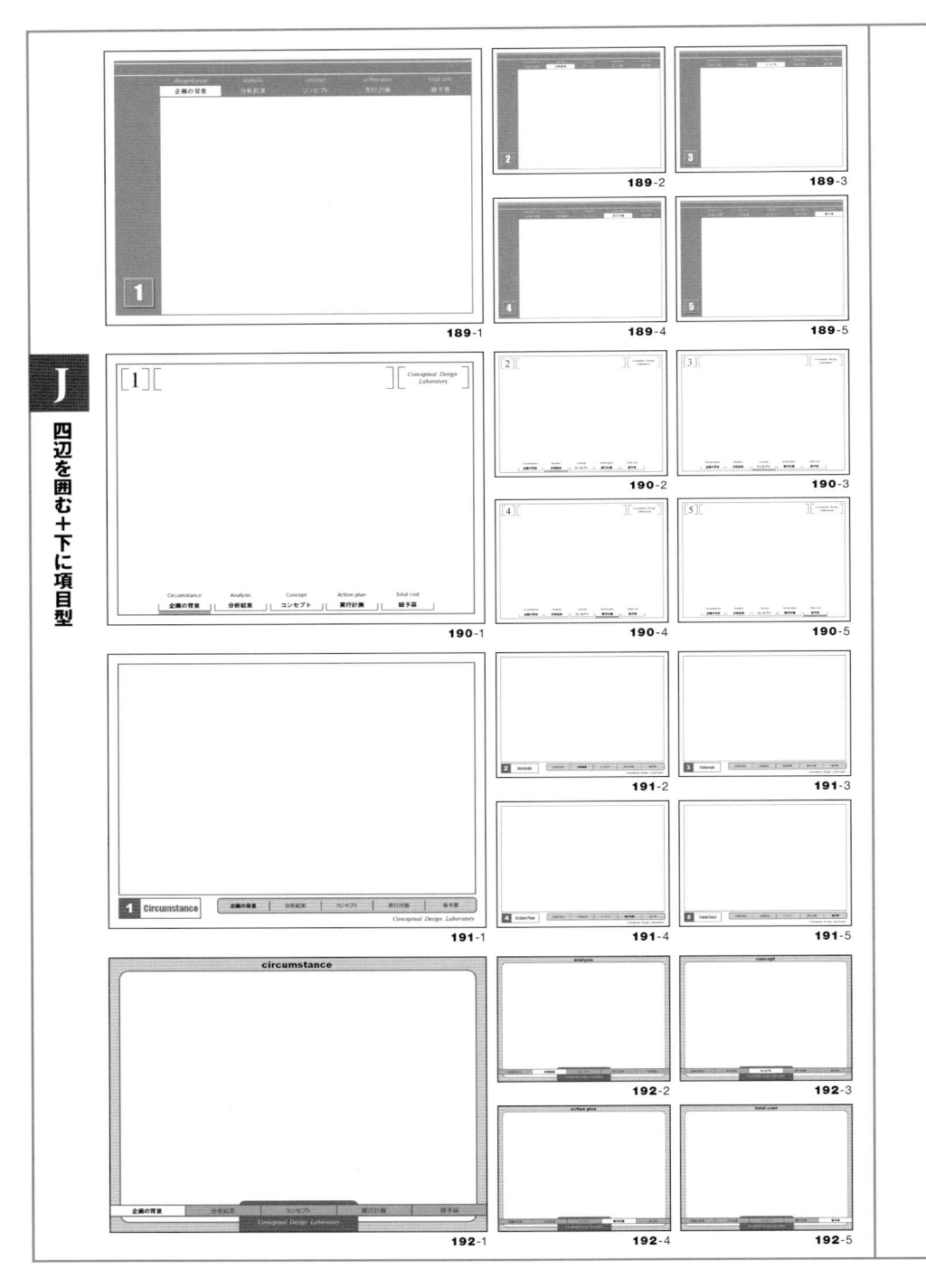

四辺を囲む＋下に項目型

189-1
189-2
189-3
189-4
189-5

190-1
190-2
190-3
190-4
190-5

191-1
191-2
191-3
191-4
191-5

192-1
192-2
192-3
192-4
192-5

206

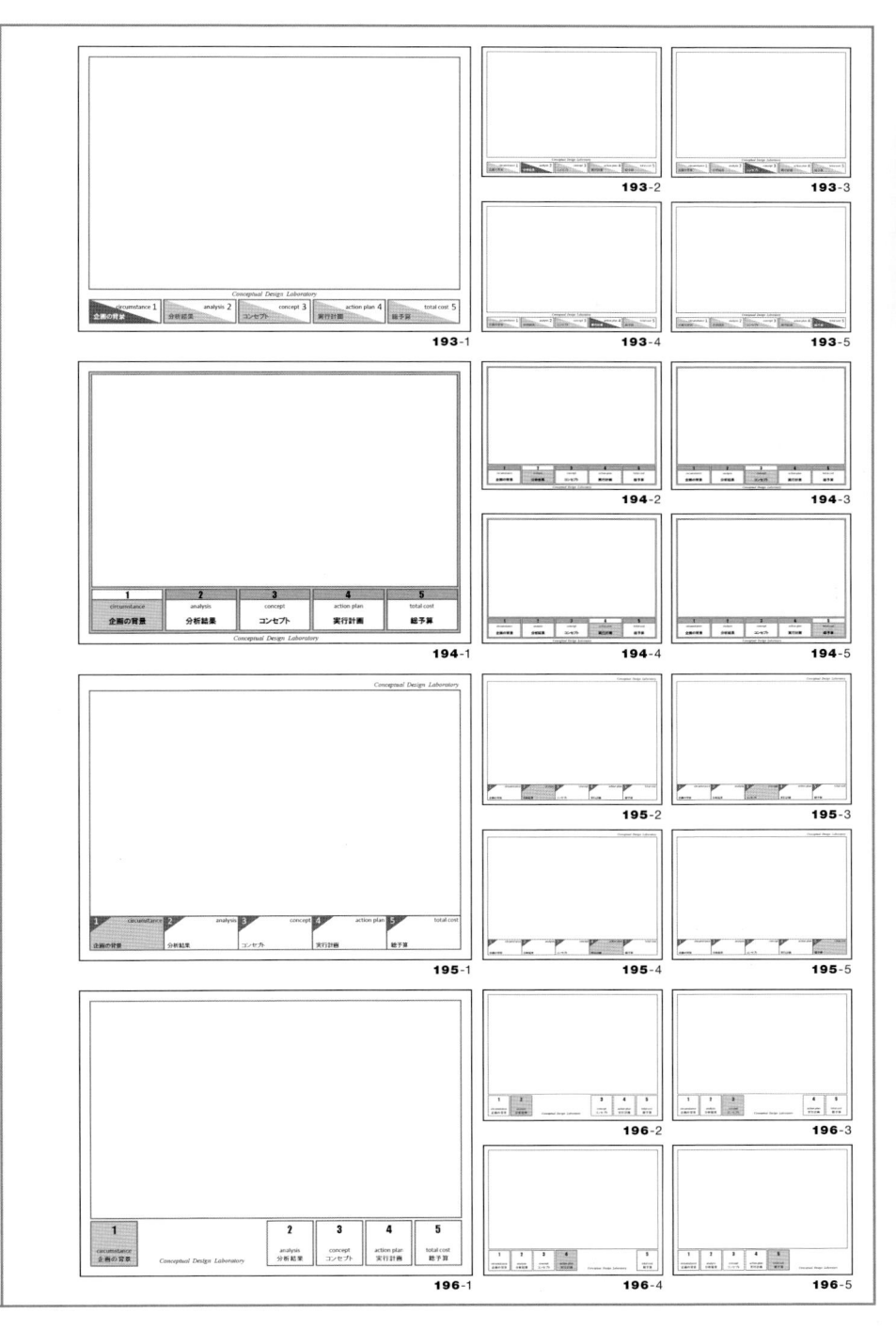

付録

193-1
193-2
193-3
193-4
193-5

194-1
194-2
194-3
194-4
194-5

195-1
195-2
195-3
195-4
195-5

196-1
196-2
196-3
196-4
196-5

207

付録 K

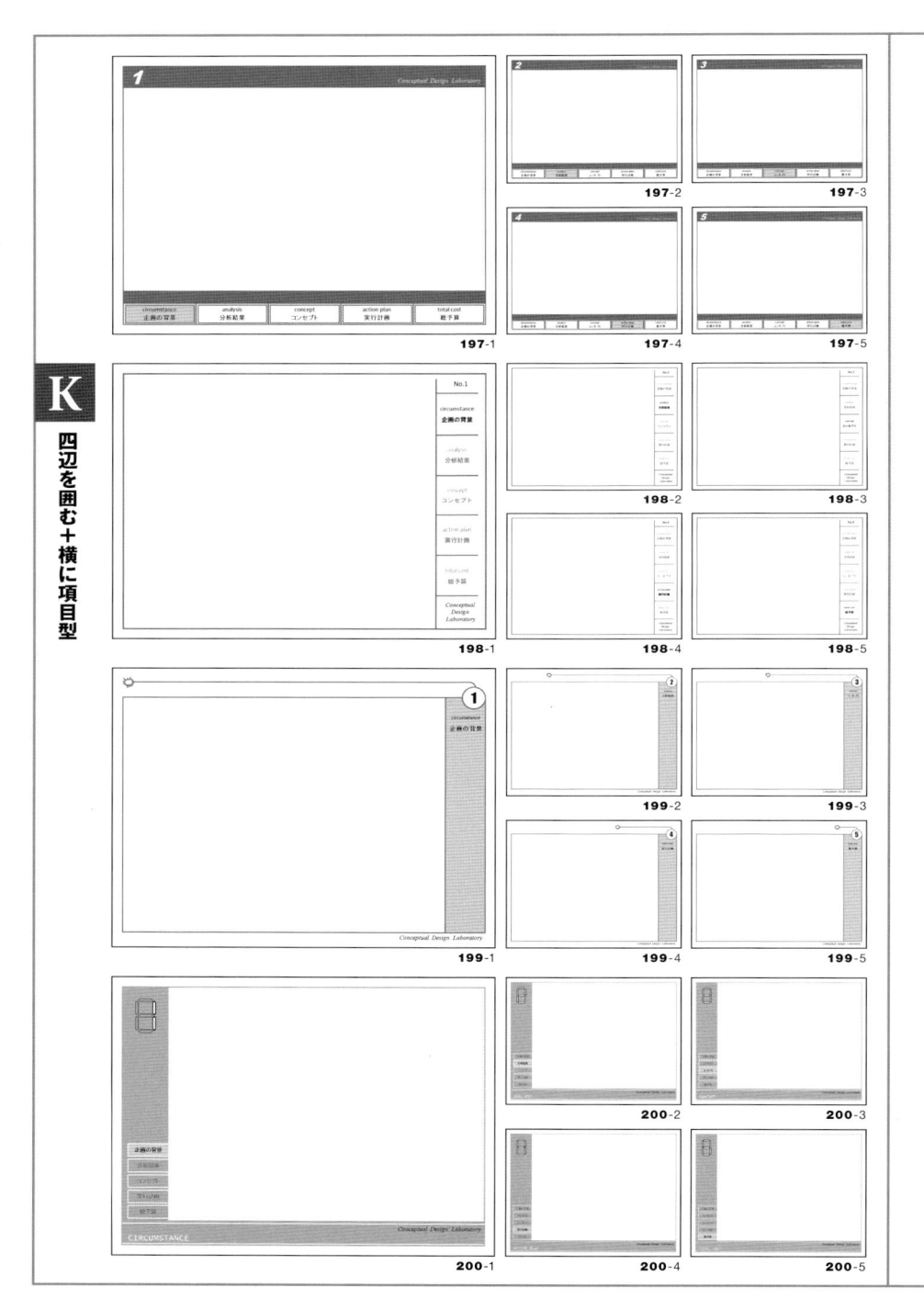

四辺を囲む＋横に項目型

L 四辺を囲む＋二画面型

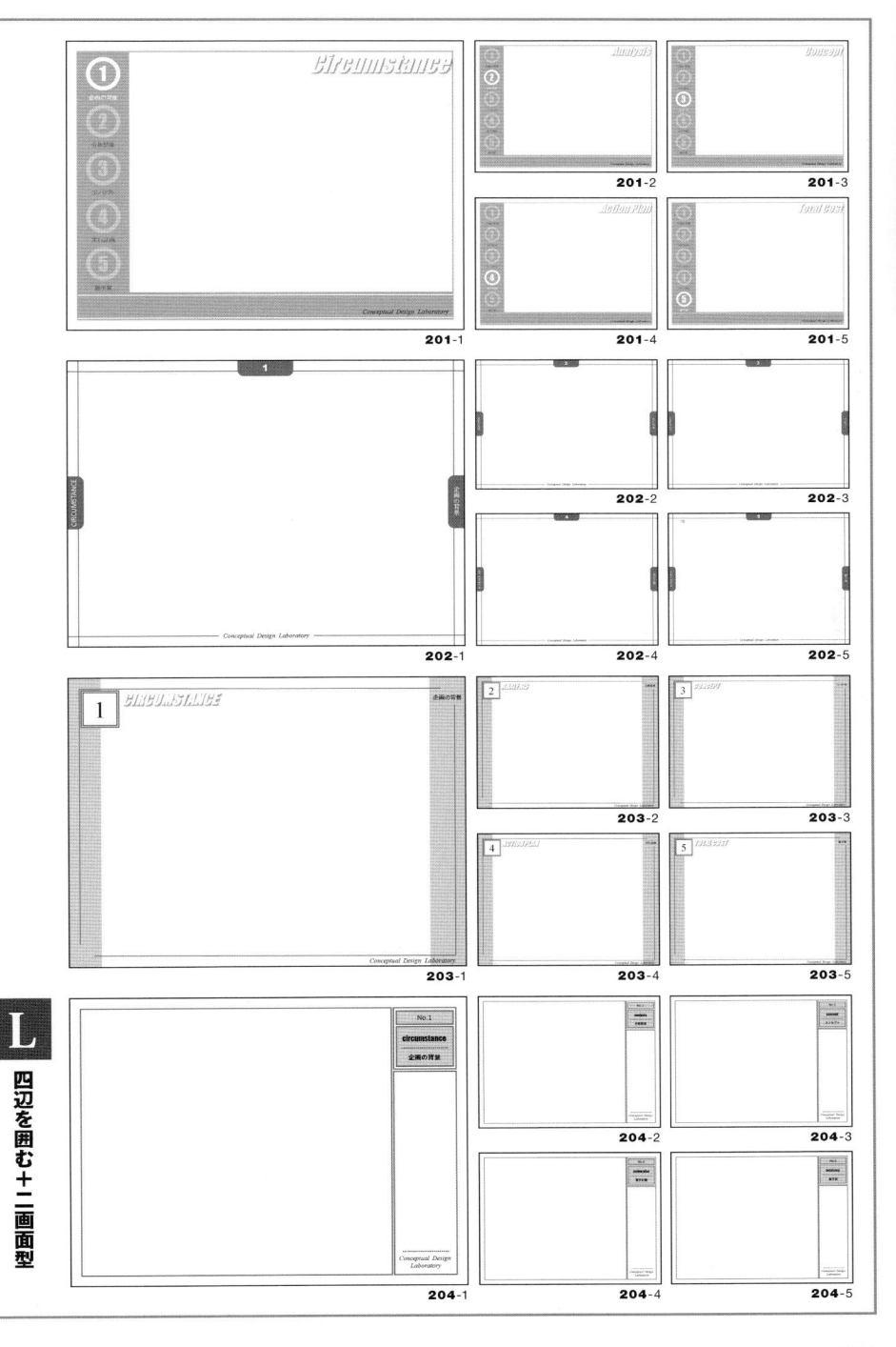

付録 L

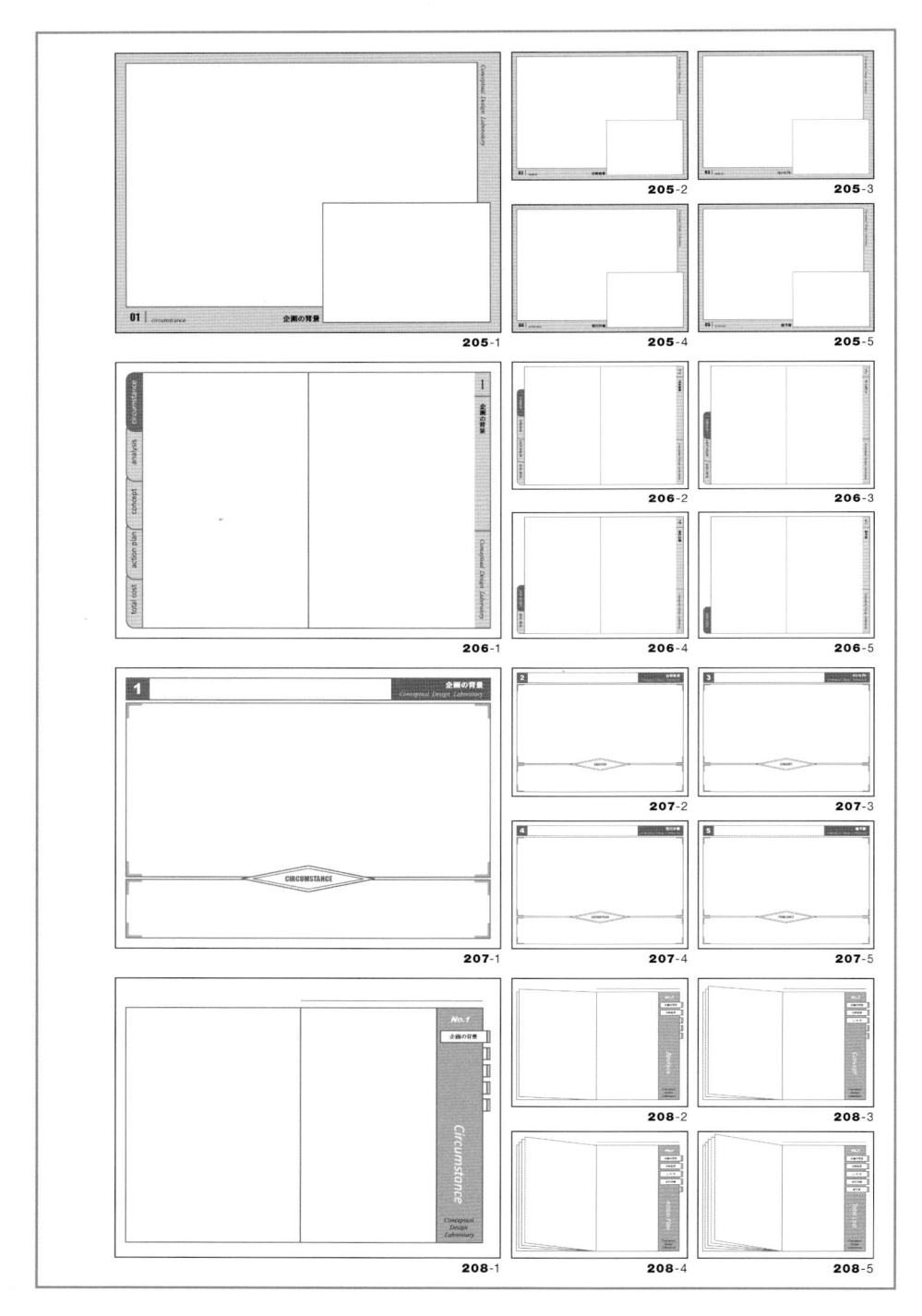

205-1
205-2
205-3
205-4
205-5

206-1
206-2
206-3
206-4
206-5

207-1
207-2
207-3
207-4
207-5

208-1
208-2
208-3
208-4
208-5

210

「5枚プレゼン」フォーマットのダウンロード

「5枚プレゼン」フォーマット 108+33例のダウンロードと使い方

108例（巻末）＋33例（本文）の「5枚プレゼン」フォーマットは、小社のWebページよりダウンロードすることができます。以下の使い方をお読みになったうえで、ご利用ください。

■ ご利用にあたっての注意事項

　Webページで公開している作例ファイルは、株式会社アスキー・メディアワークスが著作権者の許諾を受け、本書の読者に使用許諾するものです。ご利用にあたっては、下記の注意事項をお読みください。なお、一部加工を含む商用での転用、転載にあたっては、小社までご連絡ください。

1　作例ファイルは、個人利用の範囲内において使用できます。
2　利用者は、作例ファイルの全部、または一部を第三者に譲渡、貸与、自動公衆送信（送信可能化を含む）することはできません。社内外の会議等に紙の配布物として利用できますが、社内や外部公開されているサーバへのアップロード、社内や外部へのデータの送信は一切できません。
3　利用者が作例ファイルを運用した結果生じた損害については、株式会社アスキー・メディアワークスおよび著作権者は、一切の責任を負いかねますのでご了承ください。
4　本サービスは、予告なく内容変更、中断、または中止する場合があります。あらかじめご了承ください。

■ 作例ファイルのダウンロード用Webページ

　以下のWebページより、ダウンロードが行えます。Internet ExplorerなどのWebブラウザを使って、次のURLを入力し、画面上の案内に従って、本書のサイトにアクセスしてください。

http://books.ascii.jp/

※上記URLは、予告なく変更する場合があります。その場合は、小社アスキー・メディアワークスのサイト内にある本書タイトルのページを表示して、アクセスしてください。

■ ダウンロードの方法

　作例ファイルは、すべてZIP形式で圧縮されていますので、ダウンロードを行う前に、ZIP形式のファイルを解凍するソフトをご用意ください（なお、Windows Vista/XP/Meでは、標準の機能で解凍が行えます）。
　作例ファイルのダウンロードには以下の2通りの方法があります。

【作例番号検索】
付録に記載された作例番号を入力して、該当するファイルをダウンロードする。

【一覧ダウンロード】
付録の分類（「ワン／ツーポイント型」など）を参照し、ファイルを一覧表示させて必要なファイルのみをダウンロードする。

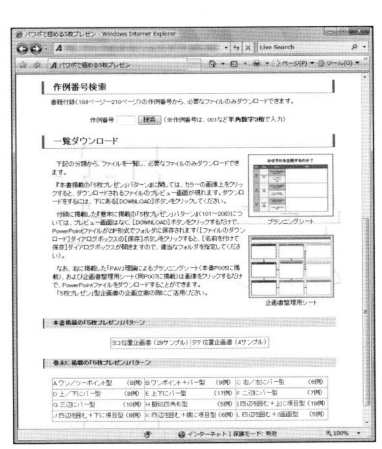

「作例番号検索」「一覧ダウンロード」の結果画面にて［DOWNLOAD］ボタンをクリックすると、［ファイルのダウンロード］ダイアログボックスが表示されるので、適当な［保存］場所を選ぶと、指示したフォルダに選択したファイルがダウンロードされる。

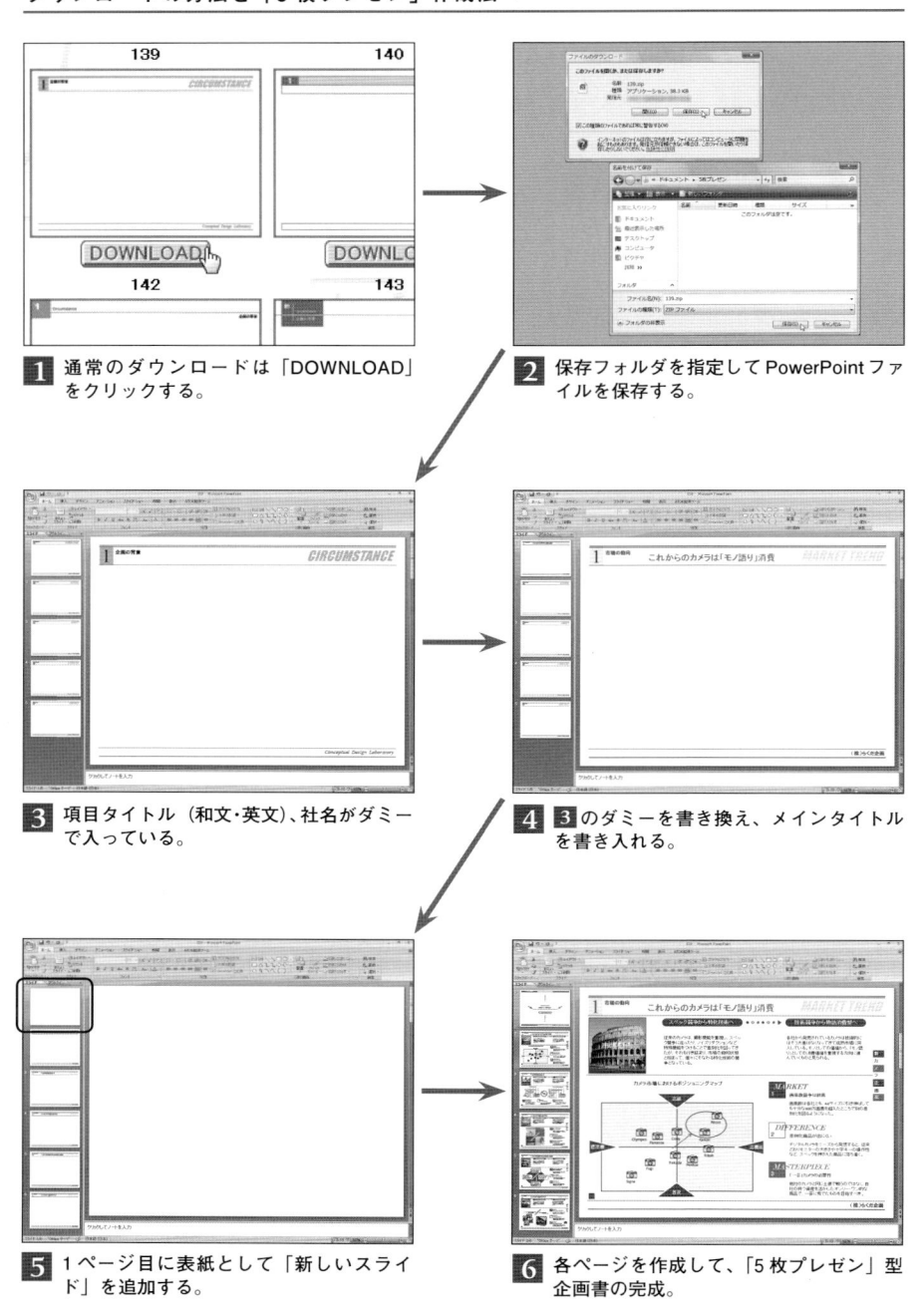

ダウンロードの方法と「5枚プレゼン」作成法

1 通常のダウンロードは「DOWNLOAD」をクリックする。

2 保存フォルダを指定してPowerPointファイルを保存する。

3 項目タイトル（和文・英文）、社名がダミーで入っている。

4 **3**のダミーを書き換え、メインタイトルを書き入れる。

5 1ページ目に表紙として「新しいスライド」を追加する。

6 各ページを作成して、「5枚プレゼン」型企画書の完成。

竹島 愼一郎 Shinichiro Takeshima
コンセプチュアルデザイナー（プランナー）／チャートクリエイター

早稲田大学卒業。広告会社でコピーライターを経てコンセプトプランナーとして活躍。普及間もない Macintosh を駆使したビジュアル企画書のフロントランナーとして数多くのプレゼンをものにする。

1994 年、コミュニケーションデザインの研究を行うコンセプチュアルデザインラボラトリを設立。一貫してロジックとイメージの統合を目指す「コンセプチュアルデザイン」に関する提言を続ける。その理論と実践法は海外でも高く評価され、韓国、台湾、中国で計 16 冊の翻訳書を出版。

著書では『PowerPoint でマスターする 企画・プレゼン 図解の極意』（アスキー）が図解企画書のバイブルとしてベストセラーに。新しい時代のプレゼンの方法論を提示した『パワポで極める 1 枚企画書 PowerPoint 2002、2003 対応』（同）は「1 枚企画書」ブームの火付け役となり、ロングセラーを続ける。メディア近未来論『テレビはインターネットの夢を見るか』（同）で第 7 回大川出版賞を受賞。企画書デザインの No.1 カリスマ。

■ 主な著書

『テレビはインターネットの夢を見るか』
（アスキー、1997 年：第 7 回大川出版賞受賞作）

『PowerPoint でマスターする 企画・プレゼン 図解の極意』
（アスキー、1999 年／韓国版、2001 年）

『Adobe Illustrator を使った コンセプト・デザイン』
（毎日コミュニケーションズ、2000 年）

『Word でマスターする 見せる企画書 作成の極意』
（アスキー、2001 年／韓国版、2002 年／台湾版、2005 年／中国版、2008 年）

『PowerPoint でマスターする 攻めるプレゼン 図解の極意』
（アスキー、2002 年／韓国版、2002 年／台湾版、2005 年／中国版、2008 年）

『Excel でマスターする 伝わる企画書 グラフの極意』
（アスキー、2003 年／韓国版、2004 年／台湾版、2005 年／中国版、2008 年）

『速プレ／カリスマがこっそり教える企画＆プレゼン 30 の極意』
（アスキー、2004 年／韓国版、2007 年／台湾版、2007 年）

『企画魂／プレゼン兄貴のかけこみ企画書相談室』
（アスキー、2005 年／韓国版、2006 年）

『パワポで極める 1 枚企画書 PowerPoint 2002、2003 対応』
（アスキー、2006 年／韓国版、2008 年／台湾版、2008 年）

『PowerPoint でマスターする「見える」企画書＆プレゼンの極意』
（アスキー、2007 年／台湾版、2008 年）

コンセプチュアルデザインラボラトリ（企画のメモ箱）
Ｕ Ｒ Ｌ：http://orange.zero.jp/lab/
E-mail：lab@orange.zero.jp
（お仕事のご依頼は事前に上記 Web サイトをご覧ください。）

■ 社内文書の宛名書きについて
　本書ではすべての企画例に「〈名前〉部長様」という宛名表記法を使用しています。これは、日本の会社組織では「〈名前〉＋〈役職名〉」はセットで上司個人を指す呼称として定着しているので、その方に「宛てる」という意味合いで「様」を付けるのがふさわしい、などの著者の見解によっています。一般的には「部長〈名前〉様」という表記も使われています。
　こうした使用法は「慣例」によるもので、表記の正否は一概には決められません。所属する会社や組織で適切とされる表記法をお使いになることをお勧めします。

●本書の読者アンケート、各種ご案内は下記よりご覧ください。

小社ホームページ　http://asciimw.jp/
※ただし、本書の記述を超えるご質問（ソフトウェアの使い方など）にはお答えできません。

パワポで極める5枚プレゼン
PowerPoint 2007,2003,2002 対応

2008年 6月16日　初版発行
2009年 4月 1日　第1版第3刷発行

著　者　　竹島愼一郎
発行者　　髙野　潔
発行所　　株式会社アスキー・メディアワークス
　　　　　〒160-8326　東京都新宿区西新宿4-34-7
　　　　　編集 0570-003030
発売元　　株式会社角川グループパブリッシング
　　　　　〒102-8177　東京都千代田区富士見2-13-3
　　　　　営業 03-3238-8605（ダイヤルイン）
印刷・製本　凸版印刷株式会社

©2008 Shinichiro Takeshima　　©2008 ASCII MEDIA WORKS　　　Printed in Japan

本書（ソフトウェア／プログラム含む）は、法令に定めのある場合を除き、
複製・複写することはできません。
落丁・乱丁本はお取り替えいたします。
購入された書店名を明記して、株式会社アスキー・メディアワークス生産管理部あてにお送りください。
送料小社負担にてお取り替えいたします。
但し、古書店で本書を購入されている場合はお取り替えできません。
定価はカバーに表示してあります。

ISBN978-4-04-867161-3　C2030

本文デザイン／制作　磯辺加代子
カバーデザイン　　ヒラノコウキ（有限会社ワンズマーク）
編集　　　　　　　大西望代

アスキー書籍編集部　編集長　　野末尚仁
　　　　　　　　　　編　集　　遠藤さちえ